在焦虑的世界里

养育不焦虑的孩子

[美] 凯蒂·赫尔利 著

孙莉莉　朱　瑾 译

朝华出版社
BLOSSOM PRESS

著作权合同登记号　图字：01-2019-2329号

THE HAPPY KID HANDBOOK: How to Raise Joyful Children in a Stressful World

Copyright © 2015 by Katie Hurley

All rights reserved including the right of reproduction in whole or in part in any form. This edition published by arrangement with TarcherPerigee, an imprint of Penguin Publishing Group, a division of Penguin Random House LLC.

图书在版编目（CIP）数据

在焦虑的世界里养育不焦虑的孩子 / （美）凯蒂·赫尔利著 ；孙莉莉，朱瑾译. -- 北京 ： 朝华出版社，2019.5

ISBN 978-7-5054-4471-3

Ⅰ．①在⋯ Ⅱ．①凯⋯ ②孙⋯ ③朱⋯ Ⅲ．①儿童教育－家庭教育 Ⅳ．①G782

中国版本图书馆CIP数据核字(2019)第066314号

在焦虑的世界里养育不焦虑的孩子

著　　者	[美]凯蒂·赫尔利
译　　者	孙莉莉　朱　瑾
选题策划	赵　曼
责任编辑	吕　哲
责任印制	张文东　陆竞赢
封面设计	杨泽江

出版发行	朝华出版社		
社　　址	北京市西城区百万庄大街24号	邮政编码	100037
订购电话	（010）68413840　68996050		
传　　真	（010）88415258（发行部）		
联系版权	j-yn@163.com		
网　　址	http://zhcb.cipg.org.cn		
印　　刷	天津联城印刷有限公司		
经　　销	全国新华书店		
开　　本	710mm×1000mm　1/16	字　　数	220千字
印　　张	18.5		
版　　次	2019年5月第1版　2019年5月第1次印刷		
装　　别	平		
书　　号	ISBN 978-7-5054-4471-3		
定　　价	49.80元		

致肖恩、瑞利和利亚姆，你们的存在让世界更快乐！

致我的妈妈，您是藏在无数美好回忆背后的真正智者！

——凯蒂·赫尔利

我五岁的时候，妈妈经常告诉我，快乐是打开生活之门的钥匙。当我走进学校后，他们问我长大以后想成为什么样的人，我写下了"快乐"二字。他们说，我没有理解问题。我告诉他们，是他们不理解生活。

——约翰·列侬

序

世界上最重要的事情就是享受你的生命，做一个快乐的人。再没有什么比这更加重要。

——奥黛丽·赫本

随手翻开一本杂志，打开日间电视节目，或者浏览一下你的朋友圈，每天你都会看到无数的育儿经，还有无数的畅销书教你如何轻松做父母，如何不骄不躁做父母，当然还有很多新媒体博主、主播，都在教你如何成为更好的父母……这年头儿，到处都是亲子教育专家（也许是"砖家"呢），所以想修炼成称职的父母、更好的父母或者更有能力的父母，你绝对不缺信息。

是的，当人们有了孩子，他们的角色就会随之转变，"父母"这个词也从一个名词转换成了一个"动词"。所谓"动词"就意味着当事人从此担当起了世界上最高强度的一项工作，这项工作既令人心满意足，又令人精疲力竭，而且还要随时提心吊胆。那种随心所欲做父母的日子已经一去不复返了。今天想要做一个合格的父母，要遵循一长串父母守则。就算你不信，那些畅销书、杂志、新媒体也一定会让你相信。

然而，这些大量、过量甚至超载的信息还是缺了点儿什么，那就是在这些育儿经中，孩子们感受到了什么，到底是什么让他们茁壮成长。一本接一本的育儿书可以教会你在成为优秀父母的路上少犯错误，绕开成千上万的育儿陷阱，但是很少有书聚焦于如何培养一个快乐的孩子。

你知道吗，一个快乐的孩子可以取得更好的学业成绩，更容易交到朋友和维护友谊，更重要的是，身心会更健康。这是千真万确的。毕业于哈佛大学的快乐和成功专家肖恩·埃科尔把他的研究写进了畅销书《快乐竞争力：赢得优势的七个积极心理学法则》，他认为快乐的视角和幸福能够带来成功。在他的第二本书《幸福原动力：赢得快乐竞争力的五个秘诀》中，埃科尔建议：想要获得快乐，你需要正确的视角。埃科尔相信，只有父母致力于营造自己的快乐生活，他们才能养育出更加快乐和成功的孩子。

市场上很多畅销育儿书专注于消减孩子的消极行为或不良行为。这些书绝对不愁销路，因为父母总是承受着极大的压力。长期睡眠不良造就了疲惫和易怒的母亲，她们很可能变成"大吼大叫妈妈"，而长期的坏脾气会让人筋疲力尽。想想那些随时会顶嘴的学龄儿童，他们绝对有能力把一个往日心平气和的妈妈送去庙里"避难"。毫无疑问，父母是一种高难度的职业。虽然有时候权宜之计能发挥一时之效，但仔细想想，那些"短平快"的方法真的能应对孩子长期的成长挑战吗？

是时候好好儿思考一下是否该用培养快乐儿童的方法来替代那些头痛医头、脚痛医脚的办法了。是时候让我们的孩子自己成长起来，让他们学会快乐的技能，让他们自己跳过成长道路上的那些大坑了。是时候让我们慢下来，让孩子像孩子一样生活，好好儿审视一下那些看起来微不足道的小事儿了。人生苦短，难道你不想让你的孩子幸福快乐自由自在地生活？不希望他们对他人充满同情？不希望他们满怀感激？不希望他们能够很好地管理和应对他们将要面对的各种压力吗？

目录 / Contents

6. 说出你的想法——变得更有主见

7. 包容差异

8. 支持孩子所热爱的事情

下篇 应对之道

9. 减轻儿童压力

10. 焦虑的儿童

11. 沮丧袭来时

上篇
养出快乐的孩子

　　浏览各种育儿信息时，一个很大的难点就是这些理论与概念总会让你有种感觉：只要你这样做或者那样做，那么育儿就会轻而易举。可是当你和老一辈的人交流一下就会发现，育儿根本不可能易如反掌。育儿是一个过程，它包含着尝试与错误。世界上也不存在"一招儿走遍天下"的育儿神技。开始养育之路也意味着没有所谓的"退休"。一旦为人父母，那么终身都担负父母之责。

　　本书上篇主要讲的是为了养育快乐的儿童需要建立哪些"前社会"技能，涉及的主要内容包括：游戏的力量，理解情绪，教会宽容，培养换位思考和坚定表达自己主张的技能，培养自信，包容差异以及培养对事物的热爱。

1. 了解你的孩子

> 今天你是你，比真实还真实。世上没有
> 另一个人，比你还像你。
>
> ——苏斯博士

我从事了多年儿童发展研究，曾帮助无数的家长解决育儿难题；我也曾作为一线专家站在育儿课堂的讲台上，我相信我能应对任何育儿困境，保持冷静，经常换位思考并且坚持不懈。我觉得我已经准备得相当充分了，但是我万万没想到自己会生出两个个性截然不同的孩子。

我本人相当内向，我的先生肖恩也如此（尽管他是个非常成功的贝斯手，经常面对数以万计的观众进行演出）。情况需要时我们可以表现得很活跃，不过我们也不介意躲起来静静消磨时光。在大型聚会活动中，你会看到我俩手牵手和不同的人寒暄交谈，而活动一结束我们就一起回家喝点儿葡萄酒，享受安静的时光。对于我们这种喜欢窝在沙发上看上一两集《我为喜剧狂》的人而言，那些社交寒暄简直让人筋疲力尽。

我们俩就像小孩儿一样被贴上了"害羞"的标签，我们经常自娱自乐打发时间（大家都知道我先生肖恩会像两三岁小孩儿那样爬进他的"婴儿床"）。我们俩都宁愿和一个关系好的朋友闲逛，也不愿意去和一大群人玩儿。我们并不是孤独的"孩子"，我们只是不那么强烈地渴望和人互动。我们丰富的内心世界就像挚友一样陪伴我们。

于是，当我们的长女瑞利看上去似乎有点儿内向时，我们一点儿也不意外。令我们意外的是自打她开始学习说话那刻起她就滔滔不绝说个没完！不到两岁的时候，她就试图把她那些史前人类语言一般的句子连贯起来，而且一旦开始就停不下来。七岁的时候，她能从早上6:45一直说到晚上7:15，我绝对不夸张。太可爱了、太有趣了、太甜蜜了，我们很快就适应了有一个话痨孩子。在外面，她有些内向，而在家里，她判若两人。

瑞利一岁九个月大的时候，她的弟弟利亚姆出生了。哇，她的弟弟和她完全不同。他的第一声尖叫就显示出了他强烈的情绪，而他毫不介意让整个世界都知道这一点。随着利亚姆的个性逐渐显现，我们意识到这两个孩子如此不同。同样是说话，利亚姆确认你在认真听的时候他才会说，而不像他的姐姐那样从黎明说到黄昏。利亚姆需要"你们都离开我的房间让我一个人静静"的独处时间。在一个"内向—外向标尺"上，姐姐瑞利会处在中间的位置，而弟弟利亚姆更加靠近内向那一端。他需要一个空间自己玩儿拼图走迷宫、琢磨数字或者打鼓。他五岁时仍需要午睡。当遇到可怕的、令人不满的或者令人困惑的事情时，他的反应一贯都是巨大的、激烈的并且持久的。姐姐瑞利倾向于尽力将情感默默藏在心中直到自己实在压抑不住为止，而弟弟利亚姆则会让它们立刻爆发，每一次都如此。

我和肖恩都喜欢拿自己的内向"水平"开玩笑，而利亚姆的内向"水平"更是达到了一个新的高度。"大聚会？不去，谢谢。和大家一起玩儿？我一个人挺好的，一个朋友就足够了。热闹的音乐、游乐场的各种娱乐设施以及兴奋地大叫着跑来跑去的小孩儿们？把耳塞给我，让我离开这儿吧！"他的想法其实就是：万一我不喜欢的话咱们就赶紧走，回去待在家里吧。利亚姆绝对是个小宅男。待在他舒服的房子里，有他喜欢的玩具和爱他的人陪着他，这才能让他感到安全。

我们很快就意识到，在我们家根本无法简单地制定出一个规则和期望列表，然后对此抱着乐观的期望。我们有两个情感需求截然不同的孩子。我们的女儿需要有人帮她疏导和释放情绪，而我们的儿子需要有人帮他疏解强烈的情绪以免更加激化。用计时隔离的办法？并不好。这会让瑞利感到孤独，让利亚姆感到失落迷茫。用积分奖励表？那就得设计出完全不同的奖励体系，并且两人需要的奖励也很不一样。弟弟需要持续不断地刺激输入，姐姐则需要学会延迟满足。这太麻烦了。

不过在我们家有些一般性的规则还是适用的（睡觉时间固定，规定好了看电视的时间）。我们发现真的需要针对每个孩子来调整我们的养育"风格"。姐姐瑞利有时会感到焦虑，她需要我们和她一对一地相处，帮助她消除焦虑，从而感到快乐与自信。有时，我会对利亚姆感到内疚，因为瑞利"霸占"了我更多的时间。可是相比之下，利亚姆更渴求个人空间。他当然希望我在他身边，不过在他情绪稳定的时候并不需要我说什么或者做什么。当有什么状况发生的时候，利亚姆就需要我的"额外"关注了。他会在几秒钟内从高兴到沮丧，遇到这种情况时他需要我的共情和理解，同时也需要我的爱和拥抱。

无论你有几个孩子，一个还是四个，为人父母都是辛苦的工作。父母心中会有一些憧憬——一个自己理想中的家庭蓝图。有的父母看重学业成就，而有的家长在意家庭的团结和睦。无论怀有怎样的养育目标，都需要不懈地努力方能达成，毕竟父母一职不存在"假期"。

面对养儿育女这件事儿，父母很容易就陷入到繁忙的事务中。换尿布、做饭、接送孩子、辅导作业，总有各种事情要做。这些看上去琐碎繁杂似乎没什么价值的事情却是必须去做，不能逃避的，它们占用了父母大量的精力，使人筋疲力尽。养育的过程充满了任务清单和待办事项。

在这些鸡零狗碎中，父母通常会列出一系列他们所期待的孩子行为。这些期待的行为就是所谓的"规矩"，而孩子是否需要遵从，则完全取决于父母。停下来仔细想想，其实就是这么回事儿。规矩与准则能帮助孩子更好地成长，但是，只有孩子了解父母对他们的期望，他们才能更好地达成这些期望，减少紧张和焦虑。理论上，这样会让孩子更快乐。

而现实是，没有两个完全一样的孩子。那套通用的规则与期望每天都在不断打破我们的臆测和猜想，孩子需要有机会遵循本性做他们自己。有的孩子天生就很贴心，愿意与他人共情，而有的孩子往往会以自我为中心。有的孩子遇事镇定不情绪化，能云淡风轻地处理好自己的沮丧情绪，而有的孩子一看到事情变糟就尖叫抓狂。很有可能你的三个孩子个性完全不同，在这种情况下，如果对他们采用同一套毫无变通余地的行为准则与标准，那么怎么可能让每个孩子都表现出色呢？

我们只能因人而异，因材施教。

有些行为规则是普遍使用的，比如做好自己的事情，使用礼貌用语，不对别人指手画脚。除了这些一般性的准则以外，在制定任何"家庭规则"时都要充分考虑每个孩子的性格。例如，当事情不尽如人意的时候，一个脾气大的孩子很容易感到不满并失控大叫。我很清楚这一点，因为我家就有一个这样的孩子。对一个情绪强烈的孩子设定"禁止尖叫"这样的规矩是不可取的。这类孩子要花费很长的时间不断地练习、付出极大的耐心才能处理好剧烈的情绪，父母要学会用更温和的方式做出反应。如果他们稍一提高嗓音就算违反规则而要受到惩罚，那显然是非常不公平的。

如果你有一个富有创造力爱幻想的孩子，那么你可要慎重立下"令行禁止"的规矩。若孩子没听你说话，很有可能那个时候他正陷入沉思，在构想他的下一件伟大艺术作品。爱幻想的孩子在沉思的时候很容易完全脱离当下的状况。他们是真的没有听到你在说什么。与其指责你的小小幻想家不好好儿聆听，还不如给他们提供一些言语或者非言语的线索，以便他们能从神游中回到现实。例如：轻轻敲两下桌子，或者简单提醒说："等你想清你的事情后，我需要你来帮我一下。"

容易紧张焦虑的孩子只能承受有限的批评。处在焦虑中的孩子自己就是个严厉的批评者。当他们破坏了规则或者忘记了重要的任务时，他们自己就已经很自责了。在大庭广众之中训斥他们会将他们完全击垮。对于紧张焦虑的孩子，最好的办法是一对一地和他回顾所期望的行为，帮助孩子总结经验教训，避免重蹈覆辙。

针对个体差异，教育机构大力提倡因材施教。家长们也希望老师不要进行"一刀切"式的教学，希望老师能看到孩子的优势从而有的放矢进行教学。这种想法与做法合情合理，孩子们擅长的方面各不相同。教会每个孩子最基本的内容固然重要，能尽早发现孩子在某个领域的特长并及时加以"打磨"使其绽放光彩则更为可贵。

父母养育孩子也大可遵循此道。

当然，父母不是要教孩子读写技能，或者教一些容易让孩子焦虑的复杂知识，比方说列竖式做除法（学校还在教这个吧？真希望有人告诉我已经不教这个了）。但是养育孩子的过程中也包含着"教"的成分。如果最终的目标是让孩子独立，那么在此之前你肯定得教给孩子许多必要的技能。你的孩子将掌握一系列不同种类、不同水平的技能，而教育的时机也正在于此。

你肯定不止一次听到别的家长说自己的小婴儿或者小宝宝"少年老成""心大乐天""杞人忧天"。父母总是喜欢给孩子创建一个标签，哪怕其他人只打算和自己的孩子相处一两分钟，他们也会告知别人这个标签，用以解释孩子的行为举动。我们会说："这个孩子与众不同，他有自己独特的个性。"作为父母，我们都能意识到每个孩子都不一样。

那么，我们为什么还要试图用通用的一套方法去养育他们呢？

迫于某种社会压力，我们会希望孩子按我们的期望行事。如果我们遇到一个有点儿古怪的孩子，很难将他放入任何一个"模子"，那么养育这样的孩子对父母而言是很困难的。当我们逼着孩子按照某种方式行事的时候，我们其实是在让他违背天性。有的孩子是真的不愿意去参加同伴聚会活动。这些孩子可能觉得同伴聚会太闹腾，也可能觉得同伴聚会没什么意思，或者觉得每天只在学校进行一些同伴之间的交往就已经足够了。利亚姆从不要求去参加同伴的聚会活动。在学校和附近的小公园见到其他孩子对利亚姆而言已经足够了，不需要再额外安排什么聚会。我学会了不自作主张地为他安排此类活动，如果他自己想去，他会告诉我。

当我们注意到孩子在关注自己的个体需求时，我们要做的就是向他们传递信息，让他们知道我们非常理解他们。帮助焦虑紧张的孩子想办法解决他们所担心的问题，而不是对他们的情绪不屑一顾，这会让他们知道你是非常认真地对待他们所面临的问题的。当孩子需要一个人待会儿时，不擅自替他规划时间，这会让孩子知道我们已经察觉到了他想要休息，我们可以在忙碌的生活中为他安排独处时间。我们花费很多时间去教导急脾气的孩子如何处理自己强烈而暴躁的情绪，我们要让孩子知道：生活中不如意事十常八九，而你有时需要我们的帮助。了解孩子的长处，接纳他们的不足，关于这个话题，还有很多内容要讲。

你可能每天要听到几百万次"这不公平"，当你的头脑中浮现出这个场景时，请你记住：公平并不意味着每个人都要分毫不差地去做一样的事情。公平应该是每个人的需求都得到满足。孩子在面对公平与否的问题时可能会采用非黑即白的标准，但事实上公平中充满了灰色的地带。我们最好能将这些灰色的地带教给孩子，给孩子解释差别对待的原因，让他们知道你用在他们身上的养育之道都是最适合他们的。这些解释和说明对孩子而言也是非常有价值的一课：包容每个人，接纳每个人本来的样子。

如你所见，真正的公平能让我们意识到每个孩子真实的那一面，从而让孩子更加快乐。

我们会带着一些先入为主的观念开始养育这份工作，但事实是，如果没有充分了解自己的孩子，那我们就无法确定哪种养育方法对他而言是最佳的。想养育一个快乐的孩子，我们必须要尊重这个孩子本来的样子。

如果你认为养育是件容易的事情，那你可就大错特错了。大不一样的孩子会给你的日常养育带来大不相同的困难与障碍，养育孩子真的很不容易。有计划有规律的日常作息可以让生活井井有条，同时要制定一些无须讨价还价的"家规"（比如不允许武力解决问题，看电视、玩儿电脑的时间需要限制等）。找到适用于各个孩子的方法需要花费很多时间，要不断尝试，你不可能每次都一击而中。不过你可以先尝试在家中为每个孩子找到一个能让他们感到快乐的地方。

当家中有多个孩子，每个孩子的日程安排与活动计划又各不相同的时候，我们如何做到个性化的养育，让每个孩子都能快乐成长呢？我们要从了解他们的个性入手。

内向，外向，还是其他"向"？

我们在谈论个性时普遍会犯的一个错误就是过于依赖"非此即彼"的思维方式。这种错误我在办公室里会经常听到，在生活中也同样常见。如果一个孩子很开朗，能很快融入新环境，家长会迅速给这个孩子贴上"外向"的标签。而那些稍微安静一些的、不能迅速融入新环境的小家伙儿则被归入了"内向"家族。

虽然这种标签可能被普遍使用，但是，将内向和外向看作一个连续标尺上的两端更为准确可靠。不同的孩子具有不同的个性，有时孩子的个性特点还会随着环境因素、社会情境甚至一天内的不同时间而发生变化。

事实上，每个人都同时兼具内向和外向两种个性。有的孩子甚至一天一个样儿。那些在大型生日聚会上沉默寡言拒不开口的孩子大概比较适合参加在自己家里举办的只有几个亲近好友的小型聚会（就像我的儿子利亚姆）。一个从早到晚说个不停并且时刻需要朋友环绕身边的孩子也有可能在某些"能量不足"的时候情绪低落失控大哭，因为即使是处在"内向—外向标尺"的外向一端的孩子偶尔也需要喘口气。

　　每个人都是既需要独处时间也需要和他人交往的。内向和外向的差别只是在于他们对二者的需求程度不同。如果你静下心仔细观察每个孩子，就会发现他们各自的模式与规律，你就会意识到每个孩子真正需要的是什么了（妈妈们，拽着一个内向的孩子在一个周末去赶场参加三个聚会，简直就是让他去战场送死，这样的孩子需要大量的拼图迷宫游戏和充足的独自玩耍时间才能"充电成功"，重新获得能量）。如果能基于每个孩子特定的个性去建立对他们的期待，他们就会感到自信、体验成就感并获得巨大的快乐。

　　养育快乐的孩子，意味着在家庭中进行权力平衡大战，让每个孩子都能享有适合自己的权利，这也意味着你每天可能要应对处理无数次"这不公平"的抱怨。

你觉得你的孩子是内向型的吗？

　　处在"内向—外向标尺"的内向一端的孩子通常会或多或少地表现出如下特征：

　　· 持有"等等看"的态度；

· 在进入一个新的环境之前会仔细观察和权衡；

· 需要时间进行适应，哪怕身处朋友和亲近的人之中；

· 分阶段进入（先观望，再谈论交流，然后才真正参与进去）；

· 可能会表现出紧张焦虑；

· 可能看上去有些冷淡、漠不关心甚至有点儿粗鲁，因为他们需要时间，直到自己感到安全了才愿意和他人互动；

· 倾向于在一段时间内只关注一个人或一项活动；

· 抗拒变化（大的或小的）；

· 开口之前（通常）会三思；

· 经历热闹的活动后需要一段时间才能恢复平静。

无论孩子的内向程度如何，是有时外向还是所有时候都很内向，他们都需要"停机时间"。和伙伴们一起玩儿的确很开心，不过非常耗费精力，因此需要一些独处的时间来恢复能量。在独处时，孩子能真正建立自己的想法。

有时内向的孩子也会让父母感到非常困惑，因为这些孩子在某些时候可能的确会表现得特别外向，但是一旦让他们身处一个大型聚会或者全新的环境中，即便周围都是友好的面孔，他们依然是一言不发拒不开口。这种时候，"内向—外向标尺"就派上用场了。大多数孩子都是既有内向的时候也有外向的时候，当我们要确定他们的个体需求时，我们可以引导他们朝标尺中间的位置靠近。这有助于培养出快乐的孩子。

养育内向孩子的技巧

尊重他们的隐私

内向的孩子通常都有非常丰富的内心世界，徜徉在自己的思绪和想法中会让他们获得巨大的能量。你唯一能为你的内向孩子所做的重要事情就是尊重他们。

有时他们也会找你玩儿，或者和同伴以及兄弟姐妹玩耍，但是他们可能不会让你完全进入他们的内心世界。别在意，这没什么。他们需要时间去思考去创造，或者仅仅是一个人待会儿。当你允许他们独处，就是在向他们传递一个信息：你理解他们。

试着为你的内向孩子每天安排出至少四十五分钟的"停机时间"。如果遇到日程特别满需要参加多个活动的日子，要延长"停机时间"。他们需要这个"停机时间"整理回顾经历的事件并且重新获得能量。他们经过"停机时间"后会再次开心起来，这是一定的。

尊重他们的偏好

如今我们身处一个社会化的世界中。过去你可能只是邀请七八个孩子来参加生日聚会，现在似乎你得邀请全班的孩子以及他们的兄弟姐妹。同伴活动？现在"同伴活动"也有了新的含义。以前和街坊邻居家的孩子在附近玩儿一会儿就算是"同伴活动"了，现在"同伴活动"已经变成长时间的"群体活动"。有的孩子很喜欢这种大型的长时间的"同伴活动"，然而内向的孩子并不喜欢。

内向的孩子更愿意和一两个亲密的朋友黏在一起，而且他们也不需要每天都有"同伴活动"。为此感到担心的父母们，深呼吸一下吧，拒绝同伴、避开众人并不意味着孩子抗拒社会化。内向的孩子只是更喜欢一对一的交往而已，对额外的"同伴活动"没那么狂热。对内向的孩子来说，在学校待上一天已经非常耗费精神了。回到家在舒服的房间里玩儿会儿乐高积木或者洋娃娃是他们渴望的放松方式。独自玩耍会让他们格外开心。

至于内向孩子的生日聚会，你在计划这件事儿之前最好和他们好好儿沟通一下。他们很可能就想办一个小型的只有少数好友参加的生日聚会。这想法再正常不过了，也是需要我们尊重的。感受到我们在倾听，孩子也会非常高兴的。

理解他们的情绪

内向的孩子（在遇到重大的冲击时）倾向于自己在内心默默地消解情绪。和外向型的兄弟姐妹相比，内向的孩子并不会时刻将情绪外露，但是他们的内心和其他孩子一样经历着情绪的波动起伏。

由于他们并不总是喜怒形于色，因此内向的孩子有时会突然崩溃或者勃然大怒。这种剧烈的情绪可能和某个特定的触发性事件有关，不过这个事件往往只是"压倒骆驼的最后一根稻草"，在此之前他们已经积累了一系列未能说出的不满、焦虑以及受到压制的情绪。一旦你能理解孩子的这种状况，你就可以帮助他们学习表达自己的情绪感受。

- **制作一本情绪书。**给你的孩子一摞纸，在每页纸上写一个表示情绪的词语（如：高兴、难过、兴奋、灰心、生气等）。当孩子感受到某种情绪时，让他找出写有那种情绪的那张纸，在上面画一幅画（或者写一段描述性的文字）。等这些情绪纸都用完以后，装订成册，大声朗读，并和孩子逐页讨论。

· **情绪宾果游戏**。对于不喜欢画画儿的孩子来说，这是一个很好的游戏。制作一个宾果游戏卡（你可以在网上下载模板），每个格子里都有一个带有某种情绪的面孔。组织者喊出一种情绪，参与游戏的人在卡片上找出相应的情绪图打叉。最先把一组情绪连成线的人获胜，获胜者喊出"宾果"，逐一讨论做了标记的情绪。

教内向的孩子表达自己的情绪很重要，以平常心对待他们的极端情绪也同样重要。由于内向的孩子总是习惯将自己的情绪掩藏起来，因此他们经常无法成功地向成人求助。他们需要知道，所有的情绪与情感都是成长的一部分，没什么好担心的，以平常心对待自己的情绪体验。这可以让他们在令人焦躁的世界中减少一些焦虑的情绪。

理解他们的思维方式

正如我们之前所说，内向的孩子愿意沉浸在自己的思考中，他们在开口说话之前喜欢仔细斟酌，尤其是在他们要进行一些自己不太想做的事情之前。而带来的问题便是这个安静思考的过程常常被误以为是在做白日梦或者注意力不集中而被打断，特别是在课堂上，这种情况经常出现。

要点：内向的孩子需要时间进行思考。要求内向的孩子即时做出回应就好比是让一个外向的孩子安静地坐着。内向孩子的大脑需要花点儿时间加工信息，然后得出令他们感到满意的答案。

记住这一点，你就会有一系列的应对办法帮助他们减少沮丧，使他们更加快乐。

- 当计划有变或者需要新的信息时（如：你打算在那个必须去参加的才艺表演活动上做什么？），要预留出更多的时间。
- 行程和活动发生变化时要进行多次的提醒。
- 使用计时器帮助孩子将注意力聚焦在任务上（毫无疑问，手机可以用来帮助家长进行育儿工作）。
- 在事情发生的前几天进行一场谈话（如：要不要在朋友家留宿？）给孩子留出时间考虑，然后他们会带着自己的想法和问题来找你聊聊。
- 和老师或者看护人提前沟通，向他们说明与你的孩子进行沟通的最佳方式。
- 不要催促孩子立刻回应，那样只会让他们做出糟糕的选择。他们需要一些准备时间才能进行讨论并向前推进。

为活动做好准备

既然重大的意料之外的事件会让你的内向孩子内心产生焦躁，那么你就不能指望他们会马上和一大群叽里呱啦大声叫的孩子一起冲进蹦床屋。如果他们不知道蹦床屋里发生了什么事情，进去会怎么样，那么他们可能还没下车就先崩溃了。

对于内向的孩子来说，所见所听所感都有可能引起他们的焦躁。热闹的聚会似乎能给某个孩子带来无尽的快乐，但是很可能会让某个内向孩子感到焦虑和恐慌。他们躲在你身后或者寸步不离黏着你的真正原因并不仅仅是害怕社交，更有可能是感官负担过重。

大多数的父母都期望或者想要自己的孩子能快速融入群体并享受其中的乐趣，可是内向的孩子需要更长的准备时间以及密切的关注才能参与进去。

那么，你要如何帮助孩子做好准备去参加这种有趣但是过于热闹的活动呢？你可以遵循下面几个简单的步骤：

- 至少提前一天开始向孩子尽可能细致地描述这个活动，介绍这个活动中会出现的食物、游戏、蹦床屋等，让他们知道在那里会发生什么。
- 观察。参加活动时，让他们先在一旁观望一会儿。
- 练习。和孩子一起进行角色扮演，练习如何融入群体。
- 帮助。陪着孩子一起参与活动或者到人群中去，当孩子逐渐进入状态后你可以待在不远的地方。
- 离开。慢慢退出，然后去和其他家长聊天。
- 安全暗号。事先让孩子选定一个安全暗号。如果孩子感到可以了就说出这个安全暗号让你离开。

试着将大型社交外出活动控制在较小的温馨的范围内。过多的负担会让内向的孩子精疲力竭。

理解他们的社交方式

一般来说，内向的人不太热衷于闲聊。他们觉得寒暄和聊天太浪费时间，他们宁愿用这些时间思考点儿什么或者直接切入主题。作为家长一定要克制住自己的冲动，不要打断孩子的思考或者强行将他扯入到社交性的交谈中。内向的孩子将问题想通之后才会感到格外开心。先让孩子开口说话，然后通过角色扮演的方式模拟发起交谈，通过这种方式回顾基本的交谈技巧（例如："你好呀，今天过得好吗？"这样的问题可以用"今天我学到了一些有趣的东西"来回应）。

　　非常重要的一点就是要避免当众去纠正一个内向孩子的行为。当他们进入状态后可能会犯点儿小错误或者忘记一些礼仪，不过内向孩子很容易感到羞愧困窘。他们会将这些时刻记在心里而表面上不做什么回应。此外，你可能会打断孩子的思考，因为你担心其他人也许在评判孩子的行为，你所打断的没准儿是孩子花费了很多心思和精力在构思的精彩故事。如果你真的希望孩子能随着时间的推移逐渐适应这种交谈，那么最好的办法就是在这种时候支持他们，然后把他们带到一旁再沟通之前出现的行为问题。

教会灵活变通

　　内向的孩子为了得到自己想要的东西可能会毫不妥协，简单点儿说就是顽固。在家里，这可能还不是什么大问题。但是在学校呢？是的，那就需要灵活变通了。有的时候，事情可能会毫无预警地发生变化，而孩子需要有能力接受这些变化。

　　· **使用一个帮助他冷静的说辞。**当孩子因变化而感到心烦意乱时，你可以重复某个帮助他冷静的句子，这个办法可以给孩子一种暗示——爸爸妈妈知道你适应这个变化很困难，但是爸爸妈妈会和你一起面对。例如，由于外出旅行导致日常作息被打乱，你可以安抚孩子说："我知道你的日常作息受到了影响，不过妈妈会在这儿帮助你。我们一起，肯定能解决这个问题。"对年龄大点儿的孩子，你可以简单些说："我们一起，肯定能搞定一切。"

· **变动提示板**。做一个毛毡布告板（或者用一块儿可擦写的白板），上面用一些符号标志代表一天中的主要日程活动。每天做一点儿小的变动，让孩子直观地看到日程和计划是可以改变的。

· **友谊地图**。当内向的孩子感到被某个朋友抛弃时，他会觉得像是世界末日一样。内向的孩子倾向于待在一个亲密的小团体中，因此当他的朋友某天又选择了一个新朋友时，内向的孩子会格外受伤。和孩子画一幅友谊地图，其中包括所有和孩子玩儿得来的朋友。和孩子讨论一下这个不可回避的事实：地图上朋友的位置可能会随时间而变化，但是并不意味着友谊就结束了；你可能今天和这个朋友玩儿得很开心，而明天会和另外一个朋友相处得愉快。

一旦内向的孩子知道每次做出一点儿妥协并不一定会让自己崩溃，他们就会变得越来越自信，因为他们意识到自己有能力应对这些变数。这种自信会为日后带来更大的快乐，让孩子减少焦虑。

放弃一些操控

在内向孩子的小世界中，完全掌控自己的一切是件很棒的事情。但是，真实世界并不是这样的。毕竟，在现实中内向的孩子要不断尝试去符合其他人的标准，遵循一些可能看上去很复杂的规则。关键就是：这些他们无法控制。

给内向的孩子一些掌控自己生活的机会不仅能锻炼他们的独立能力，还会减轻他们的压力，让他们感到更加愉快。这并不是说让他们负责生活中的一切事情，而是需要让他们感受到自己可以做出一些选择，可以有所掌控。一开始可以尝试每周有一天让孩子帮你一起确定做什么饭吃什么菜。可以考虑让孩子按照他自己的喜好去整理房间，挑选自己要穿的衣服（只要符合天气状况就行），自己决定要参加哪个聚会或者学校活动。

给内向孩子选择甚至否决的权利，可以将他们从那些引发焦虑和孤立行为的压力中解放出来。这是在告诉他们：我们理解他们，我们做出的选择与决定是真正适用于他们的，并不是为了我们自己。这也会让孩子更加愉快幸福。

一对一相处时间的作用

养育一个内向孩子的好处是他们渴求大量的独自玩耍的时间，你每天都可以处理些计划外的事情，洗个澡或者洗洗衣服之类的。坏处就是，除非你真的刻意去和孩子待在一起，否则你可能会在某个时刻突然意识到这个星期你几乎没怎么在这个内向的孩子身上花费时间。

和那些吵吵闹闹聒噪不停的兄弟姐妹不同，内向的孩子并不会总要求一对一的关注。可是他们同样需要关注。如果他们没有获得足够的和父母一对一相处的时间，他们的内心会难过、生气甚至焦虑，他们会感到自己被忽视了。那样的话还有什么快乐可言？

所以一定要为内向的孩子安排出特定的与父母独处的时间。如果能将这个特定的时间固定下来列入日程表就更好了，这样可以减少孩子的猜测，避免可能产生的焦虑。让孩子自己选择活动、目的地或者项目，关闭一切电子设备。我敢保证，在这段一对一相处的时间里你会对这个内向的孩子有更多的了解，效果要比这一周的其余时间好得多。

友情提示：特定的一对一时间肯定会让孩子更加开心愉快。当孩子感受到被爱与被理解，他们会很幸福。

鼓励兴趣爱好

社会常识告诉我们要注意全方面培养孩子，让他们多才多艺。他们必须十八般武艺样样精通，才能拥有一个美好的未来。我们也被这样的观念不断洗脑。

内向孩子倾向于只拥有少数几项兴趣爱好，但是当他们能够展示这些兴趣爱好时，往往显示出高度的热情。你最好能够对他们的爱好表示出相当大的兴趣。例如给他们购买相关主题的书籍，去相关的场所、机构参观，尽可能多地向孩子请教相关的问题并倾听他们的回答，向他们复述你听到的信息，让他们知道你确实在认真倾听。

孩子能否放下被其他人评判的恐惧完全取决于我们做父母的行为。假设你五岁的孩子一天到晚着迷于美国国家航空航天局怎么办？他快乐吗？如果让孩子和你分享他所知道的东西或者让他给你展示一下新做好的乐高积木火箭模型，他会兴致勃勃地答应吗？这才是问题的关键。当你让孩子沉浸在他自己所热衷的事情中，你其实是在向他传递非常积极的信号。而这个积极的信号对孩子的身心愉悦是非常重要的。

对内向孩子而言，将精力聚焦在少数几个兴趣爱好上固然重要，但更关键的是，要培养他们对这些兴趣爱好的热情。在第八章里，我们还会讲到如何培养发自内心的热爱，从而增加孩子的快乐。

如果你养育的是个外向孩子

有个外向孩子的话，你的生活将"动感十足"。外向孩子是天生的实干家，他们喜欢冲、冲、冲！有时你禁不住想知道这个外向的孩子怎么有说不完的话，他会不会有一天无话可说了。基本上没有这个可能！这个小小的"说话机器"能从他身边的任何事物中获得能量。他热衷于刺激与互动，这些都能给他充电，让他能量满满。

美好的一面是，你可以知道孩子在学校每天发生的每件小事儿，这一点是毋庸置疑的。不那么美好的一面就是，这种频繁不断的信息轰炸会让人筋疲力尽。别为此感到烦恼，疲惫的妈妈们，微笑面对，总会有办法的。

处在"内向—外向标尺"的外向一端的孩子通常会表现出如下行为：

- 出声思考（外向孩子倾向于一边说一边想，有时可能听上去有点儿傻，不过这是思考过程的一部分）；
- 行动在先，然后才会去反思自己之前到底经历了什么；
- 在社交场合能迅速融入；
- 热衷于同伴聚会与交谈；
- 能量指向外部；

· 喜欢变化与行动；

· 爱表现，热情洋溢；

· 喜欢热闹，在人多的场合格外兴奋。

外向的孩子似乎一刻不停地动来动去，他们到处走到处看，好像无法专注在某件事情上。你经常会听到人们用"精神饱满"或"能量十足"这样的词语描述外向的孩子。虽然外向孩子精力充沛，有说不完的话，但是并不意味着他们就无法专心致志。他们的思维过程就是如此，他们需要边说边想，通过动手操作与行动去发现自己想要专注的事情。只需要一点点帮助，他们就能学会如何用满满的能量引领自己开开心心地实现目标，达成期望。

养育外向孩子的窍门

接纳他们爱社交的天性

让一个外向孩子静下来简直是摧毁他的精神。和其他人待在一起、大声说出自己的想法和主意，这些会让外向的孩子重获能量精神振奋。只有鼓励他们做自己擅长的事——尽情地说尽情地释放能量——他们才会感到开心，体验到极大的快乐。

记住这一点，最好能为外向的孩子安排足够多的社交活动。他们在人群中才会感到兴奋，他们喜欢动来动去的状态。尽量避免那些流程严谨的聚会，因为这可能会让外向的孩子感到束手束脚受到限制。记住，整天乖乖坐着并且遵循一整套特定规则的学校生活可能会消磨外向孩子的精神。对他们而言，自由地闲聊、自由地表达自己的想法与主意，以及自由地动来动去至关重要，这些才能让他们感到精力充沛，开心快乐。

对于外向的孩子而言，并不是所有的社交活动都需要提前计划，他们很喜欢见到新面孔。到本地公园来一次"说走就走"的旅行会让外向孩子兴奋不已，这种感觉就像是和十个好朋友一起愉快玩耍一样。

情感负荷过重

既然外向孩子习惯于将自己的喜怒哀乐都写在脸上，那么你会发现有时候他们会表现出情绪负荷过重。要记住非常重要的一点：交谈与分享是外向孩子处理自己的情绪与感受的途径，不要轻易就得出结论，认为他们心情愉悦。他们可能只是需要将大脑清空，宣泄情绪。有时生活会让孩子感到压力过大，这十分正常，哪怕生活条件非常优越也会有这种情况发生。一旦他们学会了释放与整理自己的情绪，他们就能体会到更多快乐（参看第三章中有关理解情绪的内容）。

记住一点：有很多活动可以让你的孩子用有意义的方式疏解情绪。如果你把这些活动中所创作的视觉化的作品挂在孩子的墙上，或者贴在一个笔记本里保存下来的话，就可以在活动结束后很长一段时间里依然能让孩子接触到这些作品。

· **情绪色彩**。让你的孩子为一天中体验过的每种情绪指定一种颜色（例如生气是红色、难过是蓝色等等），然后给孩子一张白纸，让他把一天中体验过的情绪在纸上用相应的颜色涂出来。根据不同情绪持续的时间长短，色块儿的大小也会不同。比方说，如果他生气和抓狂的时间很长，那么这张纸上可能大部分都是红色的。涂好颜色之后，一起聊一聊这些情绪可能会产生什么后果，下次可以采用哪些不同的做法。

· **雨天/晴天/雾天**。天气会影响人的心情已经不是什么秘密了，但是除此之外，天气还可以用来比喻情绪。将一张纸折出两道折痕，折痕将整张纸分成三等份，左列画上太阳，中间一列画上暴风雨，右列画上大雾。让孩子说一说哪些事情会让他感到像阳光一样灿烂而开心，哪些事情会让他感到难过生气像暴风雨一样，哪些事情给他的感觉是介于两者之间的。将孩子所说的内容写在相应的一列里。和孩子讨论一下用什么方法能在以后的日子里增加好心情。

帮助疏导过剩的精力

对一些家长特别是比较内向的家长而言，养育一个叽里呱啦说个不停的外向孩子是件非常耗费精力的事情，保持耐心并帮助孩子释放精力是非常重要的。

和孩子一起出声思考可以帮助他们找到解决问题的办法，或者尝试在进行搭建拼插类玩具的活动时和他们交谈。外向孩子和人积极分享的时候会感到特别开心并且也会做得非常出色。

外向孩子需要将自己的能量与活力向外部释放，这样才会让他们感到平衡。帮助你的外向的小家伙儿找到合适的活动，既能满足释放能量的需要，也能让他感到快乐。装扮游戏、木偶表演、喜剧小节目，这些需要有观众参与的活动能让孩子发挥创造性。建构类的活动或者做手工也是不错的选择，既可以让他们消耗能量，制作过程中他们也有机会进行沟通与交谈。如果你愿意的话，还可以帮他们录制一系列"如何做……"的小视频。比方说"如何举办一场茶话会"或者"如何正确地荡秋千"，相信你也能从中学到很多。这样的活动有趣又吸引人。

要确保外向孩子参加足够的体育活动。仔细观察你的孩子，确定最适合他的体育活动项目。有的外向孩子喜欢集体活动项目中的社会交往部分，而有的外向孩子会感到规则和规定限制了自己。想要确定什么项目最适合你的孩子，最好的办法就是直接和孩子沟通。别担心，他会很愿意和你聊聊的。

教会他们放松的技巧

外向的孩子也需要沉静放松，虽然他们自己可能不愿意承认这一点。有些外向的孩子只是不知道该如何放松缓和下来。完全沉默或者翻看图书（这是内向孩子最向往的）可能会耗尽外向孩子的能量，因为他们需要的是感官的输入与刺激。

我们可以教外向孩子一些适合他们的放松方式。"安静时间"是一种很有益的方式，"安静时间"让他知道他是可以一个人待着的，他并不是每时每刻都需要听众。很多外向孩子都很好奇为什么会有人愿意独处，事实上有的时候的确需要一个人待着。学会如何独处是一项非常有价值的技能。

· 尝试做引导性的放松活动，有很多节目和手机应用程序会在有趣的自然音效或者令人愉悦的画面伴随下，教孩子做一个五到十分钟的放松活动。（一款叫作Simply Being的应用程序是目前我的最爱。）

· 试试"预备—开始—放—松"，这是一个专为孩子设计的放松活动，可以教孩子如何进行肌肉放松，里面的配图和指导语特别符合儿童的特点。

· 借助有声读物保持他们的阅读兴趣。

· 帮孩子找到他喜欢的音乐，鼓励他一边听一边跟随音乐自己创编动作跳舞。

· 找一张儿童瑜伽DVD试试看。

· 跳绳和荡秋千都是适合外向孩子的放松活动，这两项活动都可以独自进行。

· 玩儿黏土既可以刺激肌肉，同时也可以缓解被压抑的情绪。

教会他们积极倾听的技巧

有时外向的孩子有太多的话想说，于是忘了停下来倾听。虽然他们在家里可以一刻不停地说下去，但是在学校、团队或者其他课堂中这可就是个问题了。他们需要掌握你来我往的交谈技巧，他们特别需要了解什么时候最好停下来仔细听（比方说，老师正在讲授内容的时候）。

教孩子学会倾听，最好的办法就是给他们做示范。当我们觉得孩子没有认真听的时候，我们会变得生气抓狂，可是我们是不是也经常简单机械地用"嗯"或者"哦"回应别人？当孩子说话的时候，我们也应该停下手中的事情，保持目光交流并适时地根据谈话内容进行追问。

以下的策略可以在家庭生活中用来锤炼和提升倾听技能：

- **和孩子保持平视**。如果你和孩子隔着房间说话，那就无法认真倾听对方所说的内容。
- **进行复述**。让孩子简单复述一下你刚才说的内容。当他想了解你是否明白他说的内容时，你也应该同样进行简单的复述。
- **玩儿倾听游戏**。家庭聚餐时可以玩儿故事接龙游戏。第一个人说一句话作为故事的开头，然后每个人在前面的基础上继续往下编故事。这就迫使每个人都要仔细听别人所说的，并且要合理地把故事接下去。"西蒙说"也是加强倾听技能的好游戏，它需要游戏者仔细观察和倾听。"一网不捞鱼"游戏也很适合用来鼓励孩子认真倾听并仔细确认信息。

教授倾听技能需要时间与耐心。外向的孩子有太多的想法与主意想要说出来，让他们坐下来安静地听是很困难的。我经常让孩子在回应别人或者提问之前深呼吸四次并且在心中默数呼吸的次数。这样可以让他们放松一下身体，重新组织一下思路，而不是不过脑子就脱口而出。

强调依次轮流的规则

如果孩子的心里总是充满着各种好主意，迫不及待要在第一时间说出来，那么他就很难耐心等到轮到他的时候才说。遵守依次轮流的规则通常是在学前阶段进行培养的，孩子在上小学时要很好地掌握并遵守。不过外向孩子在掌握这一项技能上通常会有些落后。

"依次轮流进行"是一个广泛应用的社会技能,无论是在沙坑玩耍还是进行棋牌游戏。虽然多数成人都会耳提面命提醒孩子注意排队,轮流进行活动,但是仍然很难奏效。很多时候,孩子可能会因为没有等够时间就开始行动而功亏一篑,未能成功遵循依次轮流的规则。下面这些策略可以让家长帮助孩子更好地遵循依次轮流的规则。

· **故事连环画**。当我和孩子一起就社交技能做些活动的时候,我很喜欢用故事连环画,因为这个活动能很好地将创造性和实际生活场景整合在一起。将一张白纸(任何纸张都可以)对折三次后打开,纸上就会出现八个格子。让孩子编一个故事,故事主要是关于两个小孩儿一起玩儿的。让孩子画出一系列的事件,每个格子里画一个活动。等孩子完成之后,让孩子指出哪个格子里的活动是需要等待其中一个人完成之后另一个人才能进行的,哪个活动需要一个人认真听另一个人说话。孩子很喜欢把自己作为故事中的一个角色。这个故事连环画活动在发挥孩子创造力的同时,也教会了他们一些有价值的规则与道理。

· **非语言线索**。孩子学习依次轮流规则的时候需要不断地得到反馈。当孩子习惯了一边举手一边就念叨出答案或者说出自己的想法,那么这个模式就很难改变。让孩子学会用一些非言语的线索提醒自己注意等待,轮到自己时再行动。比方说伸出大拇指的手势,或者是伸出三个指头的手势(提醒孩子呼吸三次),这些都是不错的非言语线索。

· **玩儿桌面游戏**。我知道连续玩儿上三次"糖果乐园"会让人感到无聊乏味,但是桌面游戏提供了极好的机会,可以让孩子练习依次轮流进行活动并遵循规则。更好的一点是桌面游戏会让孩子体验到失望（因为参与游戏的人不会同时到达糖果城堡，总会有先有后）。一定要重视家庭游戏之夜。不要总是想办法让着孩子使他次次获胜，这样可以让他体验到实际生活中也会经历难过的事情，他和其他孩子一起玩儿的话也会有输有赢的。除了桌面游戏，还有其他一些不错的活动可供选择，比如"请你跟我这样做""捉迷藏""山谷里的农夫"。有时你需要做的只是等待。

- **沙漏。**电子计时器虽然也不错，但是对满怀期待的孩子来说古老的沙漏更加适用。你可以买两分钟、五分钟和十分钟时长的沙漏。从时长最短的开始，然后逐步增加。孩子看着沙子漏下，看到时间一点点过去，可以帮助他们理解并预见很快就要轮到他们了。

解释说明其他类型的个性特征

内向孩子享受独处的时光时，他们并不是特别在意其他的人。而外向的孩子会感到非常惊讶：为什么人需要一些独处和安静下来不说话的时间？他们不明白这一点，所以总是围着其他孩子转，试图让他们和自己一起玩儿。

教会孩子读懂别人传达的非言语信息非常重要。让孩子观察其他玩耍中的孩子或者其他的成人，指出他们的面部表情和身体姿势所代表的含义。你也可以利用孩子喜欢的图书或者电视节目来教他识别非言语信息，向孩子描述人们会通过表情和动作传达什么信息线索。

给孩子解释，有的小朋友需要一些独处的时间，才能像充好电一样重新活跃起来。如果车一直开而不停下的话，可能就会坏掉。所有的人都需要休息，只不过有的人需要的休息时间比别人更长一点儿。每个人都有自己独特的平衡点，达到这个平衡点才会感到快乐幸福。

增加动手实践活动

我们现在所处的时代格外重视学业上的成功，即使是低年级也不例外，学习已经和以前大不相同了。如今很多地方的教育就像是搭乘高铁（芬兰除外，我希望能搬到芬兰去住），这就意味着孩子的学习往往要加速进行。有的孩子的确很享受这样的学习氛围，然而有的孩子偏爱更加有创造性的方式。每个孩子都有不同的学习风格，对某些孩子适用的方式未必是另外一些孩子所需要的。现实就是并非每个家长都有机会或者有经济能力去为自己的孩子精心挑选最适合的学校。通常我们也只能做到现在所做的样子。虽然我们无法告诉学校该怎么教，但是我们可以为改善学习环境做些支持性的工作，比方说担任学校班级的志愿者，和校方探讨新的项目，加入学校的家长委员会，或者哪怕只是开辟一个小小的班级种植角。我们还可以帮助孩子在家里用有意义的方式进行学习。

外向的孩子愿意进行动手操作的项目，他们也喜欢在做中学。你可以让孩子在家里继续进行学校里的有趣手工或者烹饪活动。带孩子去科技馆或者可以进行动手实践学习的博物馆，让他们在那里打发时间。

当然，他们需要完成老师布置的家庭作业，但是要允许他们加上自己的想法。例如，一份读书报告，他们可能会加上一幅海报或者小模型。虽然看上去可能额外增加了孩子的作业量，但是这些任务为他们提供了动手的机会，会让他们感到兴奋和开心（那些单纯的书面作业很容易让孩子厌烦和抱怨）。

如果你要养育的是个其他"向"的孩子

事实上，大多数的孩子都是处在"内向—外向标尺"中间某一点上的。他们的个性特点会根据周围环境的线索以及身边其他人的个性特点而产生变化。我的女儿特别喜欢在家里进行各种聚会（无论规模大小），但是她却不太容易快速融入一个新的环境。我们不得不慢慢摸索适合她的办法。

处在中间地带的孩子可能在某些特定的场合（学校、喜欢的课堂上、家庭聚会中）非常活跃，但是在另外一些场合（全新的班级、团队运动项目、某个过度刺激的项目）彻底"死机"。这些难以琢磨的孩子看似需要我们不断地去猜测，但是只要我们近距离地去观察并持续地进行评估，就会找到令他们开心快乐的那个平衡点。

处在中间地带的孩子可能具有以下共同的特点：

· 在家活泼好动精力充沛，在学校或其他大型场合中安静沉默；

· 喜欢同伴聚会，但是会黏着一小群熟悉的朋友；

· 在某段时间里热衷于社交和互动，但是接下来一段时间就很安静；

· 在熟悉的社交情境中感到自在舒服并且很健谈，但是在新的环境中就比较安静并显得很黏人；

·情绪和情感会因为环境因素而产生波动；

·既喜欢变化也喜欢遵循既定的流程。

养育其他"向"孩子的窍门

使用日常感受—需求评价表

如果孩子很容易受到天气变化（或者其他某些事情，但是如果你恰好住在加利福尼亚州南部的话，那就不用担心天气变化了，它永远都那样）的影响，他们就很难关注自己的感受与需求。他们还可能向自己施加压力，要努力显出很开心很投入的样子。这会导致压力与难过，让人感到失落与困惑。

可以用一个小工具帮助孩子每天了解自己当下的情况。将一页纸分为左右两列，第一列标上"早晨"，第二列标上"晚上"。在"早晨"那一列，写下一系列的问题（注意留出写答案的地方）。可以从一些简单的问题开始，比如"我现在感觉……"，接下来还可以写"我现在盼望的是……""让我感到担心的是……""可能会让我度过美好一天的是……"。在"晚上"那一列也写上类似的问题，"我现在感觉……"，接下来写"今天进展不错的事情是……""今天经历的困难的事情是……""我解决了一个问题，它是……""今天让我开心的事情是……"。

让孩子了解他们当下的情况，和他们沟通交流一天的开心与烦恼，可以帮助他们学会关注自己的情绪，识别出自己的需要以使自己更加快乐。

偶尔允许他们退出

我知道，我明白，没有人愿意养出一个容易轻言放弃的孩子。但是有的时候退出并不意味着彻底放弃，而是一种自我保护。

如今的孩子都生活在巨大的压力下，处在"内向—外向标尺"中间某处的孩子更像是讨好者。他们可能会报名参加某个课程（例如芭蕾课，或者其他课），因为这门课看上去很有趣（可能是因为他们学校有其他十来个孩子报名了），结果六个月的课程只上了三个月就后悔了。如果有这种情况，和孩子好好儿谈谈，帮助孩子解决这个问题。一起来决定如何做出更好的选择，讨论怎样选择能让他们更快乐。不要总是纠结于孩子轻言放弃了，而要关注孩子的快乐。

利弊清单

处在"内向—外向标尺"中间的孩子可能会难以做出选择。当我问瑞利问题时，一半儿的回答都是"我不太确定"，因为她真的是不太确定。比方说，她知道自己很喜欢大型聚会，也知道自己不喜欢聚会之后随之而来的那种筋疲力尽的感觉，因此她有时不知道该怎么办。很多孩子在做出适合自己决定的时候都很纠结，因为这些孩子兼具内向和外向两者的特点。他们需要一点儿帮助来厘清头绪。

找块白板，教会你的孩子使用利弊清单。首先，列出某个情境下所有让他们喜欢与盼望的东西，再写出这一情境下他们不喜欢的东西或者可能会让他们后悔的事情，两相对比，能帮助孩子更好地做出决定，到底怎样选择才能让自己更开心。

家庭会议

每周固定一个时间段召开一次家庭会议对提升家庭的幸福感大有帮助，特别是对那些平时不经常畅所欲言的孩子来说，更加有效。设定一个固定时间（不要选择用餐时间，选定的这个时间最好是不受任何打扰），全家人围坐桌旁一起讨论和商量，什么方法有效，什么方法不管用，我们一家人可以做些什么来进行改变和调整。给孩子发言的机会，让他感到自己的意见会得到家庭成员的关注与倾听，同时也能让孩子学会成为解决问题的一分子，而不是等待着问题得到解决或改善。

在手边放一份每周日程计划表，鼓励孩子在日程表上添加内容，写上这一周所遇到的困难或者问题。这样的话，在每周的家庭会议上，你就能把日程表上孩子写下的困难或问题拿出来讨论。全家人共同努力，提高沟通质量，有效发挥家庭的作用，这会让父母和孩子都感到快乐。

设定界限

既然我们的最终目标是培养独立而快乐的孩子，那么我们就应该朝着这个目标分阶段逐步达成。身为孩子其实很容易感到困惑，如果让他们独立去做太多的决定，可能会给他们带来过重的负担与压力。家长必须保持理智，要经常未雨绸缪保持先见之明，协助孩子做出决定。

你是最了解自己孩子的人。如果对你的孩子来说，错过一场生日聚会简直就像世界末日到来一样，那你就得帮着避免这一情况发生。如果孩子在周末日程太满，忙得连轴转会导致压力增加、筋疲力尽以及潜在的疾病，那你就得做出艰难的取舍。曾经有无数来到我咨询室的孩子坐在沙发上对我说同样的话："我就想当个孩子呀！"

要设定合理的界限与期待（特别是对作息时间和"前社交"行为）。和你的孩子沟通这些问题，随着孩子的成长要不断调整修订你的限制与期待（就寝时间可以随着孩子长大而有所调整，是否去朋友家也是个人自由）。但是当发生状况，孩子需要父母的支持时，你要确保能及时伸出援手。

了解孩子处在"内向—外向标尺"上的准确位置虽然只是发现了个性性格问题的冰山一角，但是却是一个很好的起点。当我们能真正平心静气地去将每个孩子都当作独立的个体去理解时，我们会从中收获颇丰。比方说，我们会了解到有的孩子是靠直觉行事，他们似乎能设想到方方面面的可能性，而有的孩子则是依赖自己的感官，他们倾向于相信自己所见所闻的东西。

用完全相同的方式去对待每一个孩子可能看起来更容易，但是针对个体差异区别对待每个孩子更加有效。培养一个幸福快乐的孩子（尽管他们也会有压力，也会有情绪的起落），关键在于首先认清你的孩子到底是谁，然后根据他的特点满足他的个体需求。

一旦你确定了什么对你的孩子行之有效，孩子对压力的反应如何，以及当事情变得糟糕时最适用于每个孩子的帮扶途径时，你就能为每个孩子做出最适合他的决定。你已经在前面读到了许多培养快乐孩子的方法，你可以试着在每一节里挑选出最适合自己孩子的策略。有的策略适用于某些孩子而不适用于另一些孩子，而有的策略可能适用于所有家庭成员。只要你记住：当你要帮助孩子找到他们的快乐之道时，一定要充分考虑每个人的个性特点。

2. 玩耍的力量

会玩儿是快乐的天赋。
——拉尔夫·沃尔多·爱默生

　　埃弗里第一次来我这里时才九岁，她重重地坐在我的沙发上。我那时正在一个学校里担任咨询治疗师，埃弗里刚入学一周就被送到了我这里。她的身材小小的，但是脾气可不小。她坐在我对面，双臂交叉抱在胸前，双唇紧紧地抿成一条直线。栗色的头发散乱着，看上去像是一星期都没洗过了。指甲缝里残留的污垢让人以为她是个园丁，要不然就是一个洗手时敷衍了事蒙混过关的高手，我猜是后者。"我敢说你是这个学校里最无趣的治疗师，你这儿连个'娃娃家'都没有。"听她这么一说，我只好先停下我的工作。

　　她绿色的眼睛闪烁着猫一般敏锐挑衅的光芒，坐在沙发上直直地盯着我，无所畏惧。连着三周她每次都是坐在那儿盯我四十五分钟，除了抱怨我的办公室多么令人厌烦之外，她拒绝任何交谈。埃弗里一出生就被一个非常保守的家庭收养。在她自己想成为什么样的人（外向的、文艺的、喧闹的）和父母期待她成为什么样的人（安静的、举止恰当的、遵从规则的）这个问题上，一直以来都充满着争执。她没有一天过得开心。

要想弄清楚埃弗里的需求从而理顺她的复杂情感，仅靠交谈对话是不够的，我就去购买并组装了一个"娃娃家"，她之前声称"娃娃家"可以改变一切。事实的确如此，"娃娃家"能够改变一切。她一瞥到我布置的"娃娃家"眼睛就放光（虽然她极力想掩饰自己的兴奋）。她毫不迟疑立刻坐到"娃娃家"前面，自此开启了长达一年的"化解"之路。一周接着一周，她随着自己的心情进行玩耍，她会给我分配角色和台词，让我也参与进去。她的方向非常明确，我得严格遵从她的剧本。只有她自己能做变动。随着时间推移，我开始注意到她的行为举止发生了变化。在校园里遇到我时她会对我微笑，当她坐上校车离开时会和我挥手告别，有时没什么特别的缘由她也会停下来。

她的玩耍活动进行到六个月的时候，她的父母知道了这些事情。对于埃弗里如此"浪费"时间进行玩耍的行为他们感到非常生气，他们打电话要求我针对一系列行为目标对埃弗里开展工作，而不是让她玩儿"娃娃家"。我们之间的对话进行得很困难。有的孩子在学校会有所掩饰，而在家才会爆发出某些行为问题。家长希望能解决具体的行为问题，这一点很容易理解，但是除非孩子一起努力，否则潜在的根本问题将一直存在而不会消失。一段时间内只解决一个行为问题顶多算是一种短期的"解决方案"。我向埃弗里的父母描述了我所观察到的她的行为变化，并介绍了如何用游戏玩耍改善行为，最终我们商定了一个新的方案。我每次和埃弗里会面时，前半个小时进行谈话，后半个小时让她玩儿，过程中会添加一些特定的目标，但是她可以自由选择，用自己的方式来解决情绪问题。

我和埃弗里的定期会见持续了三年多，她玩儿的内容也一路发生着变化，但是她从未停止玩耍，即使上了中学也一样。她看上去长大了，行为处事也成熟了。她有着青少年的思想与行为，但她依然像之前一样热爱游戏玩耍。玩儿能暂时消解压力、紧张与气愤，玩儿使笑容重回她的脸上。通过和我的会面，她找到了能让她快乐的方法。她与家庭产生冲突矛盾的时候，她学着去寻求和平相处之道。她从一个内心充满愤怒与伤感的小女孩儿成长为一个快乐而富于冒险精神的大姑娘。她学着去准确表达自己的意图，即使得不到让她满意的回应。她还学着从不同的视角——她父母的角度去看待世界。经过三年，埃弗里终于能理解自己的父母了，当事情不能遂意的时候，她也不再像以前那样猛烈抨击了。她和家人、周围的事物以及她的梦想和平相处。她找回了自信，更重要的是，她找到了自己存在的价值。

玩耍的益处

玩耍是儿童的语言。通过非结构化的游戏活动，儿童学习沟通，进行创造性思考，解决自己的情绪问题，提升问题解决技能，更从容地面对挫折，建立社交技能（学习与人相处），以及享受快乐。给孩子一定的自由玩耍时间，能够加强他们的言语和认知技能，提高记忆力，增强口语技能，促进身体发展（有的自由玩耍活动需要孩子跳跃、翻滚、奔跑等，有的户外活动真的会让家长吓一跳）。非结构化的游戏玩耍多种多样，如角色扮演游戏、艺术活动、搭建乐高积木、几乎跑遍半个房子的堡垒要塞游戏等等。只要是由孩子主导进行的游戏玩耍活动都算是非结构化游戏。非结构化游戏活动的本质是让孩子自主选择能让他们开心、平静或振奋的活动。

非结构化的游戏活动会带来很多好处。随着学业越来越占据孩子的生活舞台，这些游戏玩耍活动的益处也被忽略了。玩儿可以帮助孩子发展以下技能：

· 遵守轮流活动的规则；

· 责任感；

· 解决问题的能力；

· 与他人共情；

· 自信与魄力；

· 处理负面情绪；

· 自我表达；

· 情绪识别；

· 社会互动；

· 符号表征；

· 高水平思维；

· 身体的力量、耐力与平衡；

· 语言发展；

· 创造性思维；

· 探索的热情。

玩耍的益处远远不止于此。

所有的孩子都以这样或者那样的方式展示着自己的创造性。对于创造性的一个常见误解就是将其局限在艺术领域内。如果一个孩子更喜欢拼图猜谜之类的智力游戏而不那么喜欢绘画，他有可能被视为缺少创造性。不过完全不用担心，这样的孩子很可能是某种数学奇才。创造性并不只是画一幅漂亮的画儿，也不只是谱写一曲动人的乐曲。创造性是发挥想象力去创造新事物或者产生新想法。创造性是不走寻常路，跳出常规去思考（三年级的学生说，老师特别喜欢在作业和练习中用这个说法）。

当我们真正去花时间进入孩子的世界中，坐下来和他们一起玩儿（不是待在他们旁边刷着微博和朋友圈），我们就会看到孩子天生拥有创造性。在想象游戏中，孩子创造出一个迷你的真实世界，或者创造出一个他们幻想中的世界。有时他们会表演出他们眼中的你的生活（他们的演出或夸张或精准，活灵活现）。有时他们可能会虚构一个魔法世界，有仙女，有恶龙，还有自己脑海中那些令人激动的故事情节。在玩耍过程中，他们的头脑中充斥着各种问题，闪现着各种奇妙的点子。他们思考这些问题的时候通常会把现实世界和想象世界融合在一起。

玩耍能创造联系

除了创造性，游戏还可以帮助孩子与他人建立联系。如果你驻足于学校或操场边上，或者只是一块儿有几个孩子的空地上，你就会发现孩子都有着强烈的和其他孩子一起玩儿的倾向。有的孩子在参与活动之前会有一段纠结的时间，于是他们会等待和观望（随着时间推移，他们会一步步靠近），直到有人向他们发出邀请。有的孩子会立刻进入状态指挥整个活动。更多的孩子是处在这两种情况之间，他们会加入游戏但不一定会负责组织。无论是以何种方式参与游戏的，孩子在全心投入进行游戏的过程中都要学习与他人合作、解决问题并且考虑他人的感受。游戏是练习共情技能的最佳途径。

在群体游戏活动中难免会产生争执，这再正常不过了。只要是一群人聚在一起（无论是多小的一个群体），想法和观点都难免有冲突。角色扮演游戏中每个孩子都想当妈妈或者当宝宝，三个孩子想玩儿消防员救火而另外两个（大叫着）非要玩儿太空探秘。好心的家长常常迫不及待地进行干预，帮助孩子沟通协调（"你们先玩儿十分钟消防员救火，再玩儿十分钟太空探秘，好不好？"），协商如何进行游戏其实本该是孩子自己的事情。在群体游戏活动过程中，当有问题产生时，孩子要学习去考虑他人的感受，去观察别人的表情所传递的信息，将表情与情绪联系起来，识别问题并提出可能的解决方案，以及有效地进行合作。如果孩子不去解决问题，而是尖叫、争吵或者伤害他人的感情，游戏可能就被迫终止无法进行（对小孩子来说这是重要的一课）。

还记得那些在一旁等着别人邀请才肯加入游戏的安静孩子吗？他们和其他孩子一起参与非结构化游戏的次数越多，越能学会表达自己的需求与感受。经过一段时间，他们就学会了无须等待别人的热情邀请也能加入游戏——他们会随着自己的心情加入或者退出。随着练习，他们还会知道自己的想法是很有价值的，在游戏中他们可以大声提出与分享自己的看法。自由的游戏活动能帮助他们建立自信，勇于表达自己的观点。

玩儿能释放压力

大量的群体游戏可以磨炼社会交往技能，提高问题解决能力。非结构化的个人游戏或者家庭游戏可以鼓舞孩子战胜恐惧，有助于孩子应对、处理愤怒以及其他负面情绪，当压力过大时游戏有助于帮助孩子恢复平衡状态。

我先生肖恩的工作地点离家很远，当夜幕降临而肖恩还在回家的路上，这段时间对我女儿瑞利来说是个很大的挑战。天色渐暗，她的担心也随之而来。白天活跃了一天的大脑此时还有所挂念，身体已经放松下来为入睡做好了准备，可是大脑还时不时地向小小心灵的"担忧中心"发出警报——"为什么这里这么黑呀？那些声音是怎么回事儿？"

我和瑞利在这个昏暗的只开着手电筒的房间里玩儿了无数次的"露营"游戏（开手电筒当然是瑞利要求的），我们还准备了一些喜欢的故事书和有营养的全麦饼干。在我们营造的这种昏暗环境中，我们听猫头鹰的叫声，探究那些未知的声音与影子究竟是什么，讲故事（有的是恐怖故事，有的不是）。在勇敢的领队的带领下，我们徒步穿过了黑暗森林，救出被抓捕的动物。当一个人感到害怕时，另一个人就会来营救。我们彼此安抚哄对方入睡，一起战胜了黑暗。

游戏可以帮助孩子克服恐惧。当允许孩子根据自己的主张进行游戏时，作用尤其明显。通过各种形式的非结构化游戏，孩子会推动自己突破限制——他们试图弄清楚自己究竟可以掌控什么。他们努力控制住潜伏在表面之下的恐惧。能够自己掌控游戏会让他们感觉自己站在一个有利的位置，可以将恐惧之源牢牢压制，无论是黑暗、怪物、蜘蛛还是其他什么可怕的东西。这种力量可以不同程度地带来一些改变。随着时间的推移，孩子会将这种力量不断内化，在游戏之外也能掌控好自己的恐惧。

游戏可以帮助儿童处理很多种情绪。埃弗里通过玩儿"娃娃家"来处理自己内心的愤怒与挫伤，她在游戏的过程中练习使用不伤害他人的方法来表达愤怒，学习着和其他家庭成员去沟通自己的需要。一开始，也会有很多冲突、尖叫与失控。埃弗里认为目前的生活对她而言毫无意义，她想要逃离她的生活，在游戏的过程中，当她的这种愤怒出现时，她就会让娃娃收拾行李，逃到纽约去。

不能使用强迫手段让孩子在游戏中化解问题。孩子需要用自己的方式去处理情绪并探索各种可能性。有段时间，埃弗里似乎被困在某处而停滞不前。直到有一天，她勇敢地说出："假如娃娃真的跑到纽约去了，她的爸爸妈妈会有什么感受呢？没有了娃娃，爸爸妈妈的生活会更好吗？"就在那一刻，埃弗里的情绪从愤怒转为了悲伤。埃弗里渴望拥有一种完全不同的没有什么限制的生活方式，失去从未谋面的生母令她感到哀伤，但是她也开始能站在养父母的角度体会他们的感受了。在角色扮演游戏中，孩子可以练习识别情绪感受，在遇到挫折时保持冷静。当然这些并不是朝夕之间就能成功的。埃弗里投入了很多时间，进行了大量的练习，而她的父母也同样付出了很多。现在，埃弗里学会了平静面对那些自己无法改变的事情。在家中感到有压力的时候，埃弗里学会了坚持维护自己的需求，但是不会诉诸负面的令气氛紧张的沟通途径。

游戏无处不在

毋庸置疑，游戏的绝妙之处就在于它并不需要在某个办公室里或在某个受过专业训练的游戏治疗师的监督之下就能开展。孩子可以在任何时候通过某种对他们有意义的方式感受到游戏的力量。在游戏的情境中，孩子可以梳理悲伤、焦虑、受挫以及其他无数令他们不舒服的情绪感受。

父母有时会对孩子用乐高积木或小棍子做枪，甚至用手指比画出枪的样子感到担心。为什么孩子会玩儿这种暴力的游戏？对枪的喜爱是否反映出了一些深层的问题？其实孩子这样做只是想弄明白一些事情。父母往往对这事儿想得太多并且会设置一些限制，而孩子只是想知道枪到底意味着什么。当枪出现在孩子的游戏中时，如何进行应对是个棘手的问题，特别是在近年来校园枪击案时有发生的背景下。作为父母，我们当然想要保护孩子远离这世间的一切恐怖事件，我们也希望孩子知道伤害别人是错误的，问题就在于孩子天生会对这些事情感到好奇。某本关于西部牛仔的图书或者某些儿童电影或故事都有可能为孩子创造机会，点燃他们对枪械和射击的好奇。

对孩子而言，区分想象与现实是很困难的，因此他们通过游戏来试图搞清楚这些复杂的概念。而强行禁止某些主题的游戏会让孩子受到打击，会向孩子传递一些负面的信息。你可能只是想传达某种普遍的道理（伤害别人是错误的，枪是很危险的），而你的孩子可能接收到的信息是他们犯了很大的错误（他们的游戏很糟糕）。对家长而言，孩子玩儿的某些游戏确实会让人感到不舒服，但重要的是家长要和孩子深入地展开讨论。我们要允许孩子满足好奇心，允许他们关注自己的感受，我们还可以就这个话题和孩子聊得更多更深。在这个枪的例子中，一个折中的方案可以是允许孩子在家里用乐高积木做玩具枪，但是在学校或者游戏场地不能这样做。在游戏之后把你所担心的事情告诉孩子，这样可以有助于他们用一种有意义的方式去加工信息。

当孩子进入到一种"游戏状态"中，他们所想象的世界中会有善良与邪恶的对抗，会有各种武器来帮助正义（或邪恶）战胜对方。当他们结束游戏后，这时就该和他们聊一聊武器意味着什么了。还有一点很重要，家长要牢记，尽管孩子在游戏中会梳理自己的想法与感受，但是他们进行游戏主要还是因为好玩儿！

慢下来——孩子在玩儿

以前孩子们花大把的时间玩儿游戏是常态，而现在，孩子们很缺乏自由游戏的时间。波士顿学院的彼得·格雷教授在《美国游戏期刊》发表的文章《游戏作为狩猎采集社会存在的基础》中指出，随着时间的推移，自由玩耍发生了很大的改变。以前的儿童放学以后以及整个夏天都在自由玩耍，而现在的孩子更多是参与竞争或者进行成人主导的活动。格雷强调说，非竞争形式的社交游戏是发展平等、建立关联以及关心他人的基础，而现在的孩子缺乏坐下来游戏的机会。

我认同他的观点。孩子从婴儿期开始就参加小组游戏，在成人的引领下活动。虽然我也很喜欢这种活动中妈妈们之间的相互支持与鼓舞（毕竟，做一个"新手"妈妈很不容易），但是在这类活动中，一切活动受到指导的方式会让人产生习得性无助。另外这种活动也会让家长们习惯性地把孩子送到"适宜的年龄"群体或者课程中去。婴幼儿并不需要每日结构化的课程。也许一两个活动会让他们乐在其中，但是他们真正需要的是几块儿积木或者一支蜡笔。

急功近利地学习看上去是教育系统的问题，实际上是整个社会的问题。从婴儿来到这个世界开始，我们就在等待和观望着一个个"里程碑"。我们把玩具放在小宝宝够不着的地方，因为有专家说这样做可以帮助宝宝学习伸手去够东西，还可以学习向前爬。我们和其他妈妈交流比较育儿笔记心得，我们向儿科医生事无巨细地咨询这样做对不对、那样做可不可以。千万别做错任何一步，我们在内心深处不断地这样提醒自己。我们想把最好的一切都给自己的孩子，我们希望他们每一步都走得不出差错，但是我们所做所想和所教的这一切中，唯独忘了让孩子以自己的步调去发展。我们拽着他们四处活动，让他们成为佼佼者，可是我们却忽略了坐在地上玩儿积木的重要性。我们的速成教育往往在孩子进入学前班之前就已经开始了。

当然，最具讽刺意味的是，游戏玩耍对于学业的确有促进作用。通过游戏玩耍，孩子可以学会检验与完善自己的想法，更加具有学习动力，能形成概念，能向其他孩子学习，有助于发展口语能力、故事讲述能力和排序能力，能培养换位思考能力，有助于情绪管理。通过游戏进行学习，可以让孩子成为有自信有能力的学习者。

当我们慢下来让孩子自行探索，实际上我们是在培养孩子的自信心和解决问题的能力（探索的主题通常来自教学内容）。如果我们从一开始就严加控制，一刻不停地对他们的生活指手画脚，我们实际上是在让孩子成为学习上的习得性无助者。如果我们让孩子主导游戏玩耍的过程，我们其实是在承认他们有能力，让他们知道自己的想法很重要。你也许认为坐在地上玩儿一堆积木或者几个农场小动物玩具并不是什么重要的活动（尤其是和那些要在等候名单上排三个月才能参加的婴幼儿音乐课相比，这些课程号称能培养语言和交流等重要能力）。可是事实上，坐在地上玩儿一堆积木或者几个农场小动物玩具真的非常重要。让孩子玩儿适合他们年龄的游戏，这一简单的活动有助于他们理解自己周围的世界。

我的另一个咨询对象柯林就是一个极好的例子，他在玩耍中茁壮成长。八岁的时候，柯林还很难与其他孩子建立友好关系。他有极其丰富的内心世界，在他醒着的大部分时间里，他都沉浸在自己的内心世界中。他徜徉在自己的世界中进行着假想探险，而朋友和学校的要求只是他进行探险间隙不得不处理的事情。父母工作的地点很远，要花很长时间在路上，他们于是把柯林和妹妹交给保姆照顾。柯林每天忙着进行"逃离舱口"的假想游戏，玩儿这个游戏会让他在父母离开时感到安全。柯林难以和其他人建立友好关系这一点很让他的父母担心。柯林只喜欢科幻小说，这让他的父母很担心他无法交到朋友。虽然父母很爱他现在的样子，不过他们依然希望能帮助柯林增强交友技能，能让他在假想的世界之外还有其他选择。

而游戏就是解决这一问题的关键。几个月以来，柯林的游戏一直围绕着科幻小说展开，这是他最喜爱的主题。很容易就能看出这类游戏会带给他控制感，他迫切地渴望这种控制感。他特别想念自己的父母，可是他无法用言语恳求他们留下来陪他，或许因为他已经知道自己的恳求会得到什么结果。毕竟，孩子有时是非常敏锐的，于是我让他进行主导。有段时间，玩耍似乎并没有产生什么效果。他并没有准备结束这个故事——至少看起来是这样。我循序渐进地给他介绍各种解决问题的策略，引入一些新的角色，他并没有拒绝。过了一段时间，他自己开始均衡地分配角色以便让我在其中发挥更大的作用。直到有一天，他直视着我的眼睛（对这个孩子来说，这是很少见的），对我的"工作"进行了解读："我知道你在做什么，凯蒂，你在向我展示如何做一个更好的朋友。"我听了他的总结，露出微笑并点点头，那一刻，我从他的脸上看到了完全的放松。最终，他知道了如何在自己的想象世界之外与人建立联系。

越来越多的早教强化课程不再花时间培养创造性，孩子们疲于应付这些强化课程以及其他超负荷的课外课程，忙得没有时间去游戏玩耍。我们将如此之多的期待加诸孩子身上，很容易就会忘记一点：游戏玩耍在社交、情绪和认知发展中扮演着至关重要的角色。在《早期教育的危机：基于研究的案例——玩儿得越多压力越小》中，琼·阿尔蒙和爱德华·米勒对有关游戏益处的文献和有关速成法带来恶果的文献进行了分析。在这些研究中，教育者和医生都发现了学前儿童的攻击行为和孩子在学校体验到的压力之间存在某种联系。只要有机会，学前班和幼儿园就会加快儿童的学习进程，带来的结果就是增加了孩子的压力。

事实上，阻碍儿童寻求身心平衡以及导致儿童无法获得充分的非结构化游戏时间的罪魁祸首并不仅仅是填鸭式的加速学习，科技手段的发展也成为越来越大的绊脚石。家长们有关科技手段的讨论通常走向两个极端，推崇者和痛恨者的声音都很强烈。无论家长们是否在脸书之类的平台上旗帜鲜明地加入了某个阵营，多数家长在真正面对孩子与科技手段的问题时都是纠结于如何寻求一个平衡点。

我们的孩子在一个科技发达的世界中长大，我们当然不希望他们落后于时代。但是我们也不希望他们过分着迷于科技，离开了科技工具与程序就忘记该如何游戏玩耍与跟人互动。孤立隔离终将造成终身的孤独寂寞，而孤独寂寞所在的地方，距离沮丧抑郁不远了。出于这个考虑，我们给孩子玩儿教育类的玩具或者应用程序，认为这些工具或媒介能给孩子带来快乐。孩子利用这些进行学习，难道会有什么害处吗？

很不幸，事情并不是这么简单。孩子安静地沉浸在这些高科技程序与游戏中时，时间在一分一秒地流逝。很多电脑游戏和应用程序（是的，即使它们是"教育类"程序）通过一些设计吸引孩子不断玩儿下去。当你玩儿得好时，程序还会时不时地出现奖励和新的刺激物，一关接着一关，一级接着一级，总也看不到尽头。这些电脑游戏和应用程序就这样吸引着孩子，使他们舍不得停下来。我们都知道一切事情都应该适可而止，在使用电子设备这个问题上，我们更要格外小心加以监督。我们需要确定哪些程序的本质是"具有教育功能"的，我们需要设定限制并坚定地执行。规定的时间一到，就要将电子设备从孩子那里拿走（至少要放在孩子够不着的地方），让它离开孩子的视野，同时孩子心里也不再惦记。

一些孩子对电脑游戏或者上网念念不忘（甚至是沉迷上瘾，是的，我说的是上瘾），一旦禁止他们继续玩儿下去，他们简直要崩溃了。过多的屏幕时间会对社交技能和问题解决技能产生负面影响，孩子离开了电子设备和即时的反馈，甚至都不会游戏玩耍了。过多的技术手段不利于身心健康，尤其影响心理健康发展。

用游戏来拯救

缺乏游戏和玩耍会降低孩子的好奇心与创造性，甚至会剥夺孩子的基本应对技能，这是一个很严峻的事实。你当然可以滔滔不绝地给孩子讲述该如何做，但是要想让孩子真正掌握适宜的应对策略、提高沟通技能、会设身处地为他人着想、有效运用社交技能，必须让他们去游戏玩耍。

我和一个心理治疗师好友多年来一直在合作带领社交技能团体辅导小组。小组成员年龄在五到八岁之间，这些来参加团体辅导的孩子在社交中存在不同方面的问题。有的孩子无法融入其他伙伴，有的孩子总是不给别人说话的机会，有的孩子在和伙伴玩耍时不懂得你来我往平等交换的原则，结果就是他们常常感到被忽视或者很沮丧。

家长一再恳求我们提供一份分步指南来教他们的孩子学习社交技能。家长觉得一份详细的问题和解决方案清单会加速和简化教授的进程。在很多时候这种"清单思路"是可行的，以问题导向为基础的方法可以让家长和孩子在某个时刻很容易就找到症结所在。但是，我们的团体辅导小组中每次都有四到六个孩子，这些孩子的个性不同，学习方式不同，他们还有着无穷的精力需要释放，因此实际情况并不是每次活动教授一种特定的社交技能那么简单。我们必须了解这些孩子处在进程中的什么位置，找到让他们兴奋的方式，使他们愿意参与进来。

最终，我们将两种观念整合在一起。我们为家长开发出一套课程（老实说，这可比大纲列表更复杂），他们可以在每次团体辅导活动之后巩固加强每周的技能。不过在进行团体辅导活动的时候，游戏玩耍才是法宝。在一个全是陌生人的小组中，他们一起构建与发展出

"完美的学校"，他们编写关于友谊的剧本并担任主演，他们使用艺术的形式表达和分享自己在结交朋友和维系友谊的过程中经历的恐惧与担心，他们通过活动和游戏练习如何成为好朋友。

通过这些一周一次的团体辅导活动，孩子寻获友谊、信任与相互理解。当然他们也会有争执，小组中也会有爱说闲话搬弄是非的成员，但是他们都是朝着共同的目标一起努力的。他们学会了行动之前先观察、反应之前先思考（有的时候他们会反应过度）。在他们离开这个小组的时候，他们已经知道自己是有能力去结交朋友的。在一个阶段的团体辅导活动结束时，我们会看到孩子的自尊提升了，问题解决能力提高了，各种社会技能也更加完善了。最棒的是，我们看到那些焦虑而畏戒的小家伙儿成长为快乐的孩子，他们感觉到自己是有能力在这个世界上交到朋友的。也因此，我们要感谢游戏玩耍的力量。

不同的年龄和阶段，游戏玩耍的形式和内容也有所变化，并非千篇一律一成不变。两三岁的幼儿和学前儿童的标准游戏形式就是平行游戏或是模仿日常生活进行想象假扮游戏（拿着遥控器假装打电话之类），而大点儿的孩子（学前班或者再大一些）就开始进行一些高水平的游戏了（会考虑连续的游戏场景、多重角色、象征含义以及进行计划）。穿衣打扮的游戏逐渐消失，取而代之成为主流的是想象开个美甲沙龙店；那些放在柜子里积满了尘土的火柴盒儿大小的合金汽车正好用来装点星球大战的场景。有的孩子只想出去玩儿会儿自己喜欢的运动项目。虽然大点儿的孩子在有组织的活动中能够并且也的确感到重获活力，不过有时他们也依然想进行一些传统的家庭（或者邻里）间的威浮球（译者注：一种儿童当作棒球玩儿的塑料空心球）游戏。就像人们常说的，想玩儿什么就玩儿什么。

孩子需要时间去做一会儿孩子——玩耍、写字、画画、唱歌、跳舞或者冒傻气。他们用这些方式去发现自己到底处在这个世界的什么位置。通过游戏玩耍的力量他们弄清了自己喜欢什么、不喜欢什么，从而探索自己究竟是谁。这也给他们时间去和父母、兄弟姐妹、看护人或者其他孩子建立联系。虽然孩子可能也很乐意参加各种集体运动项目或者艺术课程，但是给他们提供充足的时间让他们去探索身边的世界才是至关重要的。

促进非结构化游戏活动的技巧

放下不安

孩子对游戏不存在负面情绪，他们会在游戏过程中梳理和调整负面情绪。游戏就是孩子的日常功课。他们心中可能有一个特定的故事情节，或者他们的游戏是随机发生的，但无论是哪种情况，他们都毫不担心，坐下就玩儿。他们也许会想和最佳游戏伙伴——他们的父母——分享他们的游戏时光。

而另一方面，父母往往会对孩子的游戏产生一些负面情绪，他们会觉得孩子的游戏愚蠢幼稚、不安全，他们甚至觉得很紧张。父母心中有个长长的待做事项列表在滚动，坐下来游戏玩耍在他们看来简直就是任性放纵——是对宝贵时间的极大浪费。这些盘踞在父母头脑中的想法会导致负面情绪的堆积，使陪伴儿童游戏的时间变得令人厌烦、琐碎不堪甚至令人沮丧。但是我们不能因为这些负面情绪和不安，而影响和干扰帮助孩子重获活力。

父母的态度会影响孩子游戏玩耍的方式。如果你的孩子认为自己进行想象游戏会对你造成烦扰，那么他可能就会越来越少地加入这类重要的游戏中去。不进行想象游戏的孩子会缺乏问题解决技能、社交技能以及高水平思维能力，而积极沉浸于想象游戏的孩子则会在游戏玩耍的过程中发展这些能力。

　　如今的父母要面对和处理各种不可预测的情况。因此，他们依赖于各种计划好的活动推动着每天的进程并描绘着蓝图。重压之下的父母更愿意将孩子的课余时间用更多的活动填满（孩子完全不用担心起床之后的每一秒该如何度过），这样他们觉得稍微轻松一点儿，而这样的安排则剥夺了孩子游戏玩耍的时间，剥夺了孩子按自己的方式学习的机会，剥夺了孩子进行创造的时间，也阻碍了孩子情绪情感的正常发展。家长要学会容忍计划和预期外的日程活动，这一点非常重要。

　　作为父母，还有很重要的一点就是要负责创建一个好玩儿的环境，不要总是担心孩子可能会把家里弄得乱七八糟。改变一下你的想法，考虑一下可能带来的其他效果（比方说孩子脸上的笑容）。教你的孩子如何玩耍，参与进去。别介意家里弄得脏兮兮的，把你的紧张和担心暂时抛在脑后。

　　孩子并不需要我们时时刻刻都陪着他们玩儿，很多孩子都会在一天中的不同时间点选择独自玩儿一会儿，由此释放压力恢复平静。不过当我们加入游戏时，他们需要我们一直在场。这种参与并不像一对一游戏时间那样强调数量，而是更看重质量。

　　为了这个目标，还有一点很重要，你要了解自己在游戏这件事儿上的个人障碍并找到解决方法。对成人而言，一次又一次玩儿同样的波利口袋（译者注：类似芭比娃娃的一个玩具品牌）游戏，连续四十五分钟肯定是非常单调枯燥的。当自己有数不清的差事和任务需要去处理和完成的时候，还得在幼儿的指令下像小狗一样满地爬，当然会让人筋疲力尽甚至还会有些沮丧懊恼。这时还要让成人徜徉在一个幻想世界中的确是强人所难了，因为我们心中总有很多其他的事情。

将亲子游戏时间作为一个借口，把你自己从外部世界（朋友，请把你的手机或其他电子设备收起来）抽离一个小时。你可以利用这个机会让自己完全沉浸在自己的想象世界中，而不是跟孩子装样子走过场。假如你住在一个巨型草莓中，开着一家咖啡馆，你感觉如何？如果你突然发现自己戴着一顶皇冠，那么你的城堡会有哪些规矩？孩子热衷于游戏玩耍，是因为他们在尝试各种新角色时产生的想法会让他们格外兴奋和惊讶。不要去关注你手里拿着的玩具本来是什么，让你的想象力赋予它们新的象征意义。

不要带着焦虑去游戏，不要带着担心去游戏，玩儿的时候尽情尽兴就好像没人看着你一样……只有这样你的心灵才是完全自由的。

腾出时间

我们大声宣告要腾出时间去游戏，这看似非常简单，但是实际上却不是总能做到这一点。当家里有多个孩子时，我们就要调度多个日程表，安排多项事务，承担多项责任。如今的孩子从很小的时候开始就要参加结构化的活动和团体体育项目，这些活动把孩子原本该自由玩耍的时间瓜分了。与此同时，很多学科领域对刚刚进入学前班的孩子所提出的学业要求都在不断提高，这就意味着家庭作业也将成为孩子的一大任务。要把握的底线就是：我们必须设法为孩子腾出玩耍的时间。

我们可以花上半小时到一小时计划和准备一场高水平的游戏情境并将它付诸实施。你要将下面一些时间因素考虑进去：头脑风暴想出主题、收集小道具、选择角色、设置场景，以及最终开展活动。如果孩子的非结构化游戏总是被打断和破坏，总是给那些结构化的课程和活动让位，那么孩子就会错失很多锻炼的大好机会，他们就没有机会经历一个将游戏活动变得更有意义，达到更高层次、更高水平的过程。而且，为了避免再次经历那些让人沮丧的打断，他们学会了以后避免进行这些想象假扮游戏。

腾出时间进行玩耍，让孩子有机会不受限制地计划和设计他们的游戏情境。他们可以尽情沉浸在想象游戏中，不必时刻关注着时间问题。这样可以使他们思维开放，想象力更加活跃。

安排每周进行一次亲子游戏活动

"我知道你在想什么，你不是强调非结构化吗，为什么还要每周进行安排？"游戏确实是非结构化的，但这并不意味着不用提前安排。父母都很忙碌，无论是外出工作还是在家照顾孩子，都有很多事情需要去做。一眼望不到头的待办事项像迷雾一样充斥着你的大脑（不是只有我一个人这样，对吧？），正是这些事情阻碍着你享受和孩子一起进行非结构化游戏活动的乐趣。

确保每周有一次亲子游戏活动，在这一个小时里，由孩子来搭建舞台发号施令（当然是在合理范围内的），这会成为孩子心心念念盼望的一段时间。在这个时间段，请你千万克制住自己的冲动，不要安排其他事情。游戏玩耍会使亲子关系更加亲密，因为玩耍使人快乐，使孩子摆脱了规矩与限制尽享自由，而且孩子在这个过程中是主导者，有掌控权。父母在这段时间要放下各种禁令，释放自己内心的小孩儿天性，吃下游戏中餐厅供应的"虫子三明治"吧。如果你的孩子年龄大一些的话，你们可以一起学习编织、做些木工活儿或者一起在花园里做些园艺类的活动。去做那些可以真正拉近亲子关系的事情，因为你和孩子的关系越好，你的孩子才会越快乐。

摒弃一些昂贵花哨的玩具

首先我得声明我热爱科技。科技变革可能是一件非常好的事情。不过说到玩具这个问题，变革却不是那么必要的。再说到游戏玩耍的话，变革就更加不必要了。曾几何时，木头积木是我们的唯一选择，又是什么时候，根本不用担心孩子会玩儿电子游戏上瘾。因为那时候的现实情况就是你有大把的时间，可是翻过来倒过去的只有一款《爆破彗星》（译者注：这是雅利达公司在1979年发行的一款街机游戏。它是街机黄金年代里极受欢迎、极具影响力的游戏）。街机游戏可以玩儿，但玩儿着玩儿着也就厌烦了。

随着科技进步、教育以及教养方式的发展，玩具也发生了很大的变化。以前，乐高积木只有几种基本的颜色，需要孩子通过思考和想象去搭建，而现在的乐高积木定价昂贵，成盒成套出售，里面附带详细的拼搭步骤说明书，将孩子非常喜欢的电影和电子游戏世界重现出来。遵从指导？做到了。耐心？做到了。创造性？没有。

要强调的是，那些造型逼真的喇叭、哔哔作响的建筑工地玩具卡车以及一套只能拼搭出霍格沃茨魔法学校的乐高积木玩具，只有在一开始的时候让孩子感到有趣和兴奋，而这类玩具会潜在地阻碍孩子的创造性发展。一点点的时髦和花哨没问题，但是我们必须要回到最基础的东西上。

　　家长要努力达成一种平衡，在那些新潮的、会说话的、哔哔作响的影视动画的衍生玩具，以及建构材料类、洋娃娃和真正需要孩子思考与想象的动手操作类玩具之间做出平衡。只要给孩子机会，他们就会重新认识到自由游戏玩耍的魔力，在那些充分利用他们创造力的活动中感受到无穷乐趣。

支持高水平的游戏玩耍

　　如果我们希望年龄大些的孩子进行一些高水平的游戏活动，就是那种真正能激发创造力和表征能力的游戏，我们就需要创造一个适合游戏的环境。作为一个有点儿控制欲的怪人，我很能理解父母不想让孩子玩儿那些会把家里搞得乱七八糟的创意游戏。那些让孩子情绪和缓下来的游戏未必会让成人的情绪和缓下来。不过，为了能让孩子进行真正受益的游戏，我们需要放下"让家里纤尘不染整洁美观"的执念。总有一天我们的家里会像家具商品目录册里的样板间照片一样，也总有一天整理甚至修复沙发不再是我们深夜必做的家务（虽然那个时候我可能会在没有孩子的大房子里低声啜泣，这一天会来到的），但是，现在这个房子就是用来让孩子玩耍的。

　　事实就是，在游戏活动丰富的家庭中长大的孩子，他们的学习技能总的来说也更强，而且他们还学会了梳理和应对情绪问题。丰富的游戏活动并不依赖于大量的玩具或者市场上最新型最贵重的玩具。丰富的游戏活动意味着孩子有一个安全的空间以供玩耍，不用担心把家里弄脏弄乱，不用担心打坏什么贵重物品，也不用担心父母认为游戏玩耍会对家里有什么害处。丰富的游戏活动意味着孩子有玩耍、创造和想象的自由。

不过，创设一个适合游戏玩耍的环境并不是说让孩子无所顾忌地占领每一个房间而不用打扫和整理，也不是说让你同意孩子在客厅正中央摆一个巨大的纸板做成的海盗船，而是让你为孩子提供一个鼓励他们进行想象游戏的环境氛围。

可以做一些小道具放在不同的地方，布置出各种游戏情境。在我们家，家庭活动室的大沙发就是我们的登机通道，如果有人要去外层空间旅行，必须要朝着我的书房方向前进（是孩子告诉我的）。瑞利的卧室布置成了一个很大的学校，利亚姆的房间是最棒的探险地。给孩子一块画布和一些工具，剩下的事情就交给他们吧。还要教会他们如何收拾和整理，这样他们下次就可以开始全新的冒险活动了。

永远不要低估回收垃圾桶的作用

手工材料商店非常棒，因为那里几乎什么都卖。喜欢艺术的孩子可以在那儿进行一站式购物。那儿有各种各样的半成品小套装，种类和数量多得够你玩儿上一辈子，当然价格也不便宜。我敢说进麦考斯商店（译者注：一个专卖手工制作材料的连锁店）一趟至少得花上八十美元。

虽然这些小套装和各种补充材料很漂亮很好玩儿，也能启发灵感，但这些都不是必不可少的。通过非结构化的游戏玩耍去挖掘孩子的创造性，关键是要去除各种指导和完美主义。当我们给孩子机会自由创造而不附带任何期待时，他们会感到很愉快。他们所做的一切是自己真正想做的。

对孩子来说，绿色环保艺术是激发真正的创造力的最佳方法之一。身为孩子，最棒的一件事情就是他们通常能透过表面去看问题。在孩子的心中，纸巾筒可不仅仅是用硬纸卷成的一个筒，它可能是一个望远镜，或者是一艘船上的桅杆，还可能是公园里的隧道式滑梯。你明白我的意思了吧。

在你每周扔掉可回收垃圾箱里的纸制品和瓶子之前，给孩子一个机会，让他们发掘一下有没有什么宝贝。请你克制住冲动，不要根据思维定式习惯性地给所见物品贴上标签，鼓励孩子跳出原有的限制去思考。愿意创造的孩子才是快乐的孩子。

当我的女儿发现她可以用那种可回收的装草莓的小篮子给她的小动物们做一个动物园时，她的脸上洋溢的那种纯粹的欢乐给我留下了深深的印象。快乐似乎就是"无中生有"地做出些什么东西来。

扩充戏剧的主题

说到戏剧的主题，小一些的孩子会陷入一个循环。有时陷入这种循环没什么大问题。孩子倾向于去再现一些熟悉的主题（比方说学校）或者是一些引发恐惧以及其他不那么舒服的情绪的主题（怪物、鬼魂还有狗熊，我的天哪！）。他们会花费一些时间去梳理自己复杂的情绪，有时再现某些熟悉的积极的主题会让孩子在一整天结束时获得平静。

但是，有的时候孩子不知道自己还能做什么。随着"剧目"主题的增多，孩子的词汇量、口语水平、问题解决能力和情绪管理技能也在提升。当孩子想要呈现一些新的主题来梳理不同的概念和问题时，他们就需要进行更高水平的思维活动了。因此我们很有必要帮助孩子发现新的玩耍主题。

现实生活中的经历是很好的激发新主题和戏剧概念的途径。去博物馆、水族馆、动物园，甚至是去当地图书馆的经验都能让孩子展开想象，找到新的可能性，其他的日常生活体验也可以有类似的作用。想象类游戏的一个重要部分就是尝试新的角色。——找出你们一天中遇到的各种不同角色和身份，从商店、超市的收银员和装袋工作人员到水族馆的司机和训练员，这些都是值得探索的各不相同的新角色。可以和孩子聊一聊图书管理员是如何帮人们找到图书、借阅图书以及归还图书的。在现实生活中，身处这些场景和环境时，孩子往往没有留意关注这些细节信息。当我们帮助他们将这些零散的点联系在一起之后，他们的眼界得到了扩展，也会在戏剧中尝试新的（有时甚至是更复杂的）角色。

家长也可以使用一些家里的小道具或者参考现实生活中的经历来帮助孩子拓展新的戏剧主题。比方说，可以让孩子用硬币购买家里水果篮里的香蕉，通过这个游戏提醒孩子回忆去商店、超市买东西的经历。拿张废旧信用卡当作图书馆借书卡，模拟一下去图书馆的经历。对于年龄稍小的孩子，一些细小的线索有助于激发出新的主题，不至于让他们陷入旧主题的循环中。

提供与主题搭配的材料

如果你家有大量的旧物件，那么你们就有机会进行数小时的非结构化游戏了。有时一点儿创可贴之类的小东西就能让孩子高兴地玩儿上一个小时的急诊室游戏。我特别热爱春季（以及秋季、冬季还有夏季）大扫除，在我扔掉旧东西之前，我都会仔细想想它们是否有可能被再利用。比方说孩子拿着废弃的塔吉特百货（译者注：类似沃尔玛的美国连锁综合超市）购物卡和环保购物袋假装购物会让他们特别开心。在你扔掉东西之前记得要停下来想一想，这些东西可能会有数百种新的可能性。你可以从以下这些物品开始：

· 过期的音乐会门票；

· 用过的飞机登机牌；

· 旧的行李箱；

· 游戏币、真正的硬币、外国货币（你肯定知道的，在沙发上玩儿海外旅行游戏）；

· 旅行中用于联系的明信片；

· 重复冲印的照片；

· 急救包（空的创可贴盒子、空药瓶、小滴管、纱布片等等）；

· 旧课本；

· 电话本（你现在肯定不会再用它了，对吧？）；

· 塑料厨具；

· 书写材料（用来记笔记、写购物清单或者留言）；

· 旧手机；

· 碎布头儿；

·旧床单（可以做堡垒的屋顶）。

这下你明白了吧，被父母当成垃圾的东西在孩子眼里可能就是宝贝。把这些零零碎碎的可以激发孩子灵感的小东西放在他们容易拿到的小盒子里，你将会亲眼看到孩子用这些创造出不可思议的高水平的游戏场景。

给孩子建一个仿真衣帽箱

你的小家伙儿坚持要穿着你的三寸高跟鞋踢里踏拉地走来走去，他的理由很充分，他要试图去体会一下你穿的时候是什么感觉！无论什么年龄的孩子都很喜欢在爸爸妈妈的衣橱里玩儿装扮游戏，但是，不是所有爸爸妈妈都喜欢自己的衣橱日复一日地遭到"突袭"。没关系，我这里有个简单的解决方案。

给你的孩子建一个仿真衣帽箱。当你打算把一些不要的衣服拿去捐赠之前，先把它们归归类，看看哪些可能会给孩子带来乐趣。还有的衣服因为磨损了不太适合捐赠，这些也可以留下来。挑选一些爸爸和妈妈的衣物放在这个仿真衣帽箱里，无论你的孩子是什么性别。关键在于为孩子提供可以模仿日常生活中所见的各种角色的装扮。比方说，某天下午他们想假扮一个图书管理员时，他们可以从这个衣帽箱里挑上一件符合身份的衣服（也可以是他们觉得符合该身份的衣服）穿上。

那些在商场里买到的公主礼服裙或其他角色的服装配饰虽然会让孩子新鲜快乐一阵子，但是当孩子要自己构建幻想世界时，这些真正的衣物才是更好的。

提供非现实的小道具

为孩子准备与主题搭配的小道具时，一箱子没有明确指向的小玩意儿也是至关重要的。当我们给孩子一堆各种各样的材料让他们创建一个游戏场景，而这些材料和他们头脑中的游戏主题似乎都不太匹配时，孩子就必须想办法解决问题了。他们可能拿一把梳子当作手机打电话，或者在进行总统竞选时用一个塑料块假装是讲台，开始一场重要的演讲。

给孩子提供非现实的小道具让他们进行想象游戏时，他们必须依赖更高水平的思维和想象能力才能让这些小道具发挥作用。这也会让孩子的象征类游戏能力得到飞跃。符号表征是一种将物体的功能与物体本身进行区分的能力。比方说，孩子把球袜当作兔子耳朵，说明他理解了可以用袜子代表长长的耳朵。这样，在进行想象游戏时，他就不再依赖于那些特别逼真的物品了。

在现实世界中，这也意味着更强的问题解决能力和更深层的主题参与。游戏活动丰富的家庭能为孩子带来安全感，这样的孩子真正获得了快乐。

让孩子出去玩儿

拥有各种小道具的适合游戏玩耍的家的确很令人惊叹，不过说到想象游戏的话，户外才能开启无限的可能性。小孩子是"无中生有"做出些东西的天才，小道具对他们而言并不是必不可少的。大家都知道我和利亚姆经常在小公园进行漫长而曲折的步行探险，我们去寻找狮子、老虎和长颈鹿。我们躲在树后偷偷接近动物，小心不去惊吓到它们。然后我们用想象中的照相机抓拍这些动物的影像。瑞利喜欢在后院儿进行海盗探险。在她的魔法海盗船（后院儿的秋千）起航之前，她会用小树枝、树叶和掉落的玫瑰花瓣在甲板（后院儿的野餐桌）上准备一顿海盗大餐。一旦她离开现实世界进入她最爱的海盗探险活动中去，想叫她回家吃饭几乎是不可能的，有时我们不得不让她在海盗船上吃晚饭。

你不用添置什么时髦昂贵的游戏设施来激发孩子进行户外探险，在大城市逛逛和在小镇或者海滨逛逛都一样能启发灵感。孩子会任意使用各种工具来创建他们自己的幻想世界。在户外，工具简直随处可见。

日常的户外活动会带来很多益处。在户外（即使是寒冷的雪天），孩子会进行更多的运动类游戏。进行户外玩耍的孩子在力量、耐力和平衡方面都表现更好，因为他们在不断加强肌肉技能训练，发展大运动技能。他们的睡眠和饭量也更好。现在小学正在兴起一种趋势，把休息时间变成额外的体育课以增加学生的体育活动。这种趋势也是由近年来的儿童肥胖问题所造成的。虽然现在的孩子不用通过跑圈和开合跳来提高身体健康水平了，但是跑步、跳跃、快步走还有捉迷藏依然是很好的体育活动。在大型活动器材上玩耍、转呼啦圈以及进行户外的想象游戏也是孩子锻炼身体的方式。

休息对孩子而言就是坐在教室一段时间之后，他们需要释放精力并且随心所欲地玩耍。在小学每日的活动安排中，把休息时间变为锻炼时间会剥夺孩子真正游戏玩耍的乐趣。家长无法控制孩子在学校的休息时间做什么，但是可以在家里把游戏玩耍时间还给孩子。

教会你的孩子游戏玩耍的力量，确保他们有充足的时间进行想象游戏、把家里弄得乱七八糟的游戏、户外游戏和其他任何让他们快乐的游戏。优先做童年最基本的事情，这样你的孩子才能按照适合他们的步调去学习与成长，你的孩子才会更快乐。

3. 理解情绪

脸上常挂微笑的人往往隐藏着一种可怕的强硬。

——葛丽泰·嘉宝

　　杰克来进行心理咨询的时候刚刚七岁。尽管他年龄不大，但是他已经成功掌握了分散他人注意力的艺术。他每天在学校的大部分时间都是捣乱胡闹，惹得全班同学哄堂大笑。他笑的时候眼睛微微眯着，像一弯新月，特别有感染力。如果你不了解情况的话，你会很好奇最初是什么原因让他来到我这里接受咨询的。

　　肚子疼，头疼，嗓子疼，浑身肌肉酸疼，总之，每天的抱怨各不相同。一周又一周，他坐在我的沙发上，向我列出种种身体不适。当我问他是不是在头疼数学课时，他笑着说数学根本不是问题。当我发表看法说他的肚子疼似乎是在体育课上突然出现的，他让我别告诉他妈妈。每次我问他感觉如何时，答案总是千篇一律：他很开心，一切都很好，没问题。

　　而他的老师告诉我的故事却是完全不同的版本：他总是很纠结，

当事情稍有一点儿超出控制时他就会显得很焦虑，会让他难受呕吐。于是我决定从情绪识别这个方面入手做点儿工作。要么是这个孩子防卫心理过重，对自己的情感避而不谈，要么他只是不清楚自己的真实感受是什么。总之，在整个咨询阶段，我们其他什么事情都没做，每次都是一起玩儿一摞卡片，卡片上有各种情绪的面孔。这个小游戏很快就让我发现他根本没有和自己的情绪感受建立起联系。一张又一张的卡片，一副又一副的面孔，可是他看到的情绪感受完全一样：高兴。对杰克来说，快乐似乎是唯一的情绪感受。这是他唯一能识别和理解的情绪，于是他把这种情绪牢牢放在心上。即使焦虑使他带着一大堆身心失调的症状来向我求助，他依然只知道高兴这一种情绪。

在长久以来的临床实践中我知道了一件事儿：无数的孩子终其一生都不曾真正了解自己的情绪。他们不知道自己当下的情绪感受如何，他们不知道该如何处理和应对自己的情绪。能将情绪情感的健康与身体的健康联系在一起的人更是少之又少。缺乏认识情绪的意识真的是太令人遗憾了。孩子只有了解是什么引发了自己的情绪并且能真正识别出这种情绪意味着什么，才能找到令自己快乐的方法。

当我们的小宝宝来到这个世界，我们就开始不断和他们说话并代表他们发言。我们竭尽所能去理解他们的需求，努力弄明白每一次哭声是什么意思。我们拿着一个行为清单仔细检查核对，找出不同情况所对应的解决方案。饿了？不是，他刚刚吃过。累了？不是，他刚睡了一上午觉。尿了？不会吧，我刚给他换过尿布。胀气？噢！没错，他需要打嗝儿。我们疯了一样地（虽然我们试图显得自己没那么疯）排查可能的原因，我们用语言和行动安抚着小宝宝："我知道你很难过，我们来打个嗝儿吧，打个嗝儿你就会舒服多了！"我们吹着口哨，温柔地前后摇晃着宝宝。没错，当我们面对着一个小宝宝时，我们不断地确认他的情绪感受并努力抚慰着他。

当孩子长大一点儿成为幼儿或者学龄前儿童时，父母突然之间"换挡"了。那些为每次哭声进行分类标记确定原因的日子一去不复返了。出于某种原因，当小家伙儿从婴儿长成幼儿、学龄前儿童甚至更大一些孩子时，我们对他们的期待也变了。许多父母专注于纠正行为而不去处理那些引发行为的情绪。似乎一夜之间，遵循一套特定的规则和循规蹈矩成为孩子新的生活主旨。首要的问题从"快乐的孩子"变成了"举止端正的孩子"。

和很多家庭一样，我们的父母住在美国的另一边。于是我们的小家庭经常要进行横跨全国的飞行。一想到要带着小家伙儿飞行六个小时，很多家长恐怕都会感到恐慌（我的丈夫，一个周游世界的人，对于带孩子长途飞行这件事简直是格外担心发愁），但是我一点儿也不担心。我的观点就是：一旦你进了那个巨大的金属管子，那就得听天由命；一旦旅途开始，你能做的事情也就只有这么多，你最好镇静下来，然后一路上画上一万张画儿。通常情况下，航班会一切顺利，孩子们也很好，我们也只经历了一点点抓狂的情况。然后坐在旁边的那位善意的旅客会转过来微笑着说："你真该为你的孩子感到骄傲，他们真是太懂事儿了，表现得非常好。"我笑着点点头矜持地客套着，其实内心已经在尖叫了："他们很开心！孩子们很开心！童年这么短暂，开心就是一切！"当然，那位乘客可能不太理解或者无法产生共鸣，于是我也只是表达了谢意然后继续该干什么干什么。

这并不是说我的孩子每分每秒都很高兴，那样的话就是傻子了。没有人会一直都高兴的。生活总会给我们设些障碍，而我们必须要学习如何去应对这些坎坷（好吧，偶尔我们也会掉进沟里）。在我们家，有关情绪的讨论特别多，差不多每天都有。从我的孩子两三岁起，我就开始教他们认识自己的情绪，随着他们的成长，这件事情我一直在做。

年龄小一点儿的孩子每天经历的情绪很多是和成人一样的。成人能用词语去描述他们的情绪情感，也有一些技巧去处理这些情绪情感，然而孩子通常没有。当然，孩子在学前班已经开始学习一些社交技巧了，随着成长他们的社会化程度越来越高，但是社会性发展和情绪情感发展是两个非常不同的成长领域。很多学校并没有太多时间去关注学生的情绪情感发展，这些必须从家庭开始做起。

孩子和成人还有一个很大的差别，谈到每天面对和处理的情绪情感问题时，成人可能只会遇到一两件影响他们情绪的事情，而孩子往往会遭遇好几件他们无法处理的事情。

孩子在一天中会不断经历情绪转换，这是很正常的。这一秒他可能还在为获得一份新的友谊而欢欣雀跃，下一刻可能又会因为被纸划了一下而歇斯底里。你小的时候也差不多是这样。而当孩子还不是很清晰地了解自己的情绪过程时，他们可能会在这高低起伏的情绪状态中感到迷失。如果孩子能为自己的不同情绪情感进行命名，并能找到相应的解决方案，那么他们就能在经历不同的情绪之后迅速恢复，继续向前。进一步地说，即使事情发展不尽如人意时，他们也能敞开心扉更加乐观面对。理解情绪是掌控快乐的重要的一步。

理解情绪要从识别一天中（有时是每个小时）所体验到的各种不同的情绪情感开始。小一些的孩子在一天中的不同时间会体验到生气、高兴、难过、受挫、筋疲力尽、焦虑、难堪以及兴奋，但是他们未必掌握了相应的词汇去描述这些情绪。于是他们只能做些他们能做的事情：他们踢踢踹踹，他们尖叫，他们笑到肚子疼，他们使劲儿跺脚，他们在停车场中央躺着耍赖。他们用身体和声音传达自己的情绪，这真的会让家长感到受挫、焦虑，或者二者皆有。为什么呀，为什么？为什么这些总是发生在大庭广众之中呢？

　　我永远也不会忘记那个春天的下午，我带着我的两个孩子去当地一个购物中心去看复活节兔子。从我有记忆以来，我的两个孩子就是复活节兔子和圣诞老人的忠实粉丝，他们对于和圣诞老人或者复活节兔子进行近距离会面并不太感兴趣，不过他们真的很喜欢坐在熟悉的曼哈顿海滩边上的一个小小的购物中心里惊奇地盯着这些坐在他们面前的尺寸巨大的家伙。我不太记得我小的时候父母是不是和我讨价还价非要让我坐在圣诞老人的膝盖上，我也从不勉强我的孩子非得遵循这种节日惯例。我们以往无数次地和孩子讨论关于陌生人的话题，我们告诉孩子要先和爸爸妈妈确认才能和陌生人说话，但是现在我们又要让孩子勇敢向前去坐在一个陌生男人的膝盖上合影，这个人你以前从来没见过，而且长得和你最喜欢的那本圣诞故事书里的圣诞老人也不一样。我们真的需要这样一个时刻吗？我真是想不明白。尽管如此，还是有很多父母想要这样的节日纪念。

　　就在这样一个围观复活节兔子的特别日子里，瑞利和利亚姆在非常靠近兔子房子的一张桌子那儿享用着蛋卷冰激凌，他们身旁排着长长的一列队伍，队伍中有很多盛装打扮的小孩子，他们在耐心等待着复活节兔子的到来。"兔子"准时到场了，他停下来和孩子们挥手致意，然后才坐在他的座位上。瑞利看着这个大家伙出现在她眼前，下巴都快掉了，而利亚姆正在玩儿一个合金小汽车。拍照环节开始了，一个又一个的小孩子挥舞双臂踢腿尖叫，他们的父母焦躁不安地试图摁住他们，就为了拍张照片。尴尬的笑声充斥着房间，而现场的灾难状况像是多米诺骨牌效应一般。在这一小段时间里，我们仿佛置身于焦躁小孩儿的大合唱中，然而那些父母似乎仍然不肯放弃，继续进行拍照活动。空气中到处是这样的话语："你在害怕什么呢？""听话，别这样！"我的灵魂似乎也被这些孩子一声声的尖叫带走了，最终是瑞利打断我让我回过神来。"妈妈，为什么这些孩子非得来看复活节兔子呢？"当我们手拉手往外走的时候，我帮她缓和之前混乱状况带给她的担心，我向她保证一定尊重她的决定，她愿意来我们才来。

那些孩子不会用词语表达他们所经历的恐惧，他们受到惊吓，感到恐惧。对于幼儿和学龄前儿童来说，恐惧真人扮成的圣诞老人还有复活节兔子是相当普遍的。如果你退回去想一想就能明白了：在图画中，兔子小小的很可爱，它们用四条腿蹦蹦跳跳，它们爱玩儿爱吃胡萝卜。这是一提起兔子时就会印刻在小孩子脑海中的景象，而一个真人大小，戴着眼镜穿着条纹外套的"兔子"怎么不会让孩子感到害怕呢？孩子当然有权利在那一刻感到恐惧！他们当然也有权利说"不要，谢谢"。可悲的是，无论孩子多么歇斯底里，家长依然想要留影纪念，他们不断地推着孩子向前，筋疲力尽地把眼睛已经哭得肿胀的孩子安顿好，然后匆匆拍张照片。随后他们把照片发给吉米·法隆的节目组，期望能在这个晚间节目中播出。

小孩子的情绪无处不在，他们也很容易受到伤害。朋友不愿意和他分享可能就会引得他伤心落泪，拒绝他购买玩具的请求可能会让他生气和受挫。他会嫉妒兄弟姐妹得到了比他更多的关注，一天即将结束的时候筋疲力尽可能会引发一大团混杂的情绪。想象一下，每天要处理一大堆的情绪，而无法用言语词汇去描述这些情绪。如果你处在这样的境况中你的感受如何？你肯定会觉得无法承受、疲惫不堪甚至受挫抓狂。家长习惯于针对行为"对症下药"，他们更加关注孩子身上出现的行为表现，而不去思考隐藏在表象之下的情绪情感。对家长而言，迅速采取行动，立竿见影地终结眼前的灾难状况才是最优的最合理的选择，然而这样做并不能帮助孩子处理和理解自己的情绪情感。教会孩子如何识别自己的感受以及如何应对才是至关重要的。

查理就是这样一个被情感和行动拉扯的孩子。在他七岁的时候，他的父亲搬出了他们的家。他的父母开诚布公地说了一切事情。他们共同规划时间，保证不让查理的正常作息受到影响。他们达成共识一起参加学校的活动，也尽量均等地参与查理的课外活动。他们觉得自己已经尽其所能地把查理可能担心的一切问题都考虑周全了。但是他们忽略了一点，当父亲最终搬出这个家时查理所体验和经历的情感剧变。

虽然查理在大多数日子里依然能看到爸爸妈妈，他们也会按计划在周末的时候一起外出活动，但是查理的行为还是开始发生一些变化。尽管父母为了查理已经很努力地将这一家庭剧变尽量正常化，但是他们依然感到很有压力。当查理不听话的时候他的父母互相指责，当各种问题和状况持续出现击垮父母的时候，他们开始责备查理。一直以来，一次次小的负面反应不断累积内化，查理开始把内心深处这些累积的负面情绪施加到学校的其他孩子身上。他取笑戏弄自己的朋友，他大声叫，他注意力难以集中，他的怒气四处发泄，直到有一天老师也对他失去了耐心。他不会识别和处理自己的情绪，日复一日，他总是处在混乱抓狂中。

我从忧心忡忡的家长那里听到了很多关于情绪管理的困惑。家长担心自己孩子的愤怒程度超出了两三岁孩子应有的水平，他们想知道什么样的焦虑程度才正常而不是过度焦虑。当孩子的情绪稍微有点儿波动时，家长就坐立不安了。当孩子的紧张担心状况稍微持续一段时间，或者孩子在瞬间就爆发出巨大的怒气时，家长简直如临大敌身负重压。然后很自然地就开始想象这样下去会有什么恶果，或者想知道还有其他什么方法可以控制事态的发展。

"情绪管理"现在似乎是个很时髦的说法，其实就是指孩子能用建设性的方式去表达自己的感受，不要用伤害的方式，不要过度反应。本质上来说，教孩子管理自己的情绪就是教他们去表达自己的想法和感受，而不要冲动行事（很多年轻人很容易冲动行事）。

决窍就是必须要教给孩子情绪管理的方法。孩子天性冲动，还相当地自我。当情绪高涨时这二者的结合可不是什么好事儿。当父母发出嘘声让他们平静下来时，很可能会让他们的情绪更加恶化，因为他们真的不知道该如何平静下来。设想这样一个情境：某一刻你不小心跌入了波涛汹涌的大海中，岸边的人不断对你大喊"快游哇！快游哇！"，这时的你是什么感受？估计你满脑子想的都是"我不知道怎么游哇，我从没学过游泳啊"。教会孩子如何在情绪的海洋中游泳才是关键。那么该如何开始呢？先扔给他一件救生衣。无论是担忧、生气或是其他什么引发反应的情绪，孩子都会感到事情超出自己的控制，他们不知道该如何停下来。他们并不是故意惹你心烦。让眼下的状况变得更糟通常也不是他们的本意。他们只是不知道如何处理应对，不知道如何在自己的想法、感受和行为之间建立关联。于是他们放声尖叫直到引起他人注意。

孩子希望自己的感受有人倾听和理解。情绪管理不是说停止愤怒或者控制住焦虑。情绪管理是教会孩子去理解究竟是什么原因引发了那些剧烈的情绪，以及在那一刻他们可以做些什么来解决问题，而不是迁怒于他人。我们希望孩子一整天下来都能有自己的感受。如果孩子一味去压制自己的感受，他们就会将自己经历的负面情绪不断郁结在心中，直到最终大爆发。教会孩子管理情绪意味着要教会他们使用有利于健康的策略去表达和应对自己的感受。当孩子悲伤的时候，哭泣并不仅仅是哭泣，一旦悲伤随着眼泪流走，他们就可以重新开动脑筋想办法解决问题，而且一整天都不会继续被这个问题困扰。

在儿童的情感健康中，情绪管理扮演着至关重要的角色。孩子每天会遇到很多困难，他们需要学习如何去处理自己的情绪而不是被自己的情绪所操控。一旦孩子知道自己可以选择适宜的应对策略来对抗那些侵入脑中的想法或者情绪的引爆点，他们就能释放空间专注于问题，积极互动，独立解决冲突，同时他们身体发出的压力信号可能也会更少（身负压力的孩子往往因为头疼和肚子疼而变得虚弱）。

家长每天可以做很多事情来帮助孩子对自己的感受进行命名和理解并找到应对方案。认为情绪是非黑即白的想法非常危险，我们都希望多多体验积极的情绪（可能包括幸福、爱、得意、共鸣以及兴奋），我们也希望尽可能地避免负面情绪（包括悲伤、生气、担忧、受挫、失望和嫉妒），但是就像生活中很多其他事物一样，情绪并不能这么简单处理。当我们给情绪贴上好或者坏的标签时，我们无形中就在传递一个信息：有的感受是可以接纳的，而有的感受则不能，这并不是我们希望孩子学到的。积极的情绪当然会让人感觉很好，但是我们从负面情绪中一样能有所收获。要向孩子传递这样的信息：每种感受都是有用的，即使有的感受会让你不太舒服。这一点很重要。

帮助孩子进行情绪管理的第一步应该是建立一本"感受词典"。如果孩子掌握了一个强有力的表达感受的词语，他们更有可能运用这个词语来表达自己的感受。两三岁的时候，多数孩子都知道高兴和难过。进入学前班之后，他们可能还会在这个词汇表里加上"兴奋"、"担心"和"发疯了"。这不仅仅是一些词语，这意味着他们理解了这些词语的含义，并且知道自己何时体会到了这些。比方说，你的孩子可能知道通常可以用一个笑脸来描绘幸福。但是你的孩子是否知道幸福的时候身体会有什么内在感觉？你的孩子是否知道什么事情会让人内心感到幸福？

建立一本"感受词典"意味着给孩子提供了一种表达感受的语言，也意味着让他们知道伴随每种感受会出现哪些视觉线索和内在感受（比方说坐不住了，心跳加速，肌肉紧张）。同时还意味着要花很长时间和孩子讨论哪些人、什么地点、什么事件或者其他东西会引发什么特定的感受。这是一个过程，不会一蹴而就，需要随着孩子的成长坚持不懈地进行日常练习与强化。孩子不断长大，压力源和阻碍物也在发生变化，他们体验和经历的感受也会随之变化。一个好办法就是把制作"感受词典"作为一个固定的日常家庭活动，只有掌握了这些词汇才能用有意义的（有望平静下来的）方式去运用它们，因此这是重要的一步。

一旦孩子学会了这些词语，能够用它们描述那些每日侵入他们小小世界的各种情绪时，你就可以帮助他们将一些零散的点联系起来。一开始，我们需要花很长一段时间去评论他们的感受并替他们将零散的信息联系起来（如："汤米抢走了你的玩具，你感觉很难过很生气"），一旦孩子很好地掌握了这种语言模式，我们就得停下来让孩子自己来说。由家长代表孩子表达情绪过渡到孩子自己表达情绪，这一转变对孩子来说是相当重要的一步，不过要完成这个转变过程还需要借助"桥梁"。孩子需要在我们的提示下确定该使用哪个表达感受的词语，也需要在我们的提示下理解是什么引发了他们的情绪，使他们不堪重负（有可能是积极的情绪，也可能是负面的情绪）。

描述孩子的表现，是一个很好的提醒孩子关注自己情绪状态的方法。注意到脸上泪流成河并不难，但是很多孩子很难意识到自己肌肉紧张、浑身发热冒汗或者啃指甲，以及用手指卷头发玩儿。详细地描述情绪状态并且问一些开放性的问题（如：你为什么认为你可能是这样的感受呢？），有助于孩子停下来仔细思考自己面对某个诱因时真实的感受到底是什么。

作为成人，我们一天中会遇到很多的压力源，我们会暂停和重组这些压力源。有时我们甚至不用花时间停下来思考就能表达出难过或者受挫的感受。我们可能会出去走一走或者让自己休息一下，暂时摆脱一下为人父母的职责，以此来缓解自己的压力。但是出于某种原因，我们对孩子却有着更高的标准。我们期望他们停止尖叫，停止哭泣，在情绪最强烈的时候停止采取任何行动，但是那些情绪强烈的时刻——眼泪滂沱或者永无止境般地进行"原始的哀号"，这样的时刻正是需要父母陪伴在一旁，允许这些感受和情绪存在。只有当我们让孩子发泄完了之后，我们才能帮助他们识别这些感受，帮助他们厘清前因后果，让他们知道是什么原因让情绪发展到这一步的。

有时孩子受挫或者难过时的表现常常被认为是"乱发脾气"或者

"制造麻烦"，成为一种行为问题。父母把这种表现认定为是孩子对父母的挑战反抗，而不是从情绪情感表达的立场去看待问题。孩子因为得不到棒棒糖而发脾气哭闹，表面上看似乎是在反抗，但是如果你抽丝剥茧地去分析，从情绪情感的角度去考虑这个状况，你会发现对于处在这个发展水平的孩子来说，他的反应也算不上太过粗暴。这意味着你就要把棒棒糖给他以此来平息这场混乱吗？当然不是！只是家长需要承认孩子的感受，一起努力来处理情绪的起伏，帮助孩子学习如何应对类似的剧烈情绪感受和受挫状况。这样持续进行下去，诸如撒泼哭闹之类的强烈反应会逐渐减少。

帮助孩子学习识别和处理情绪的关键既不是过度教养，也不是漠不关心任由其发展。帮助他们掌握这些必备技能（毕竟人的一生中各个阶段都会出现一些强烈的情绪）的关键在于支持他们、引领他们，以及帮助他们开始尝试将事情的前因后果联系起来并且独立解决问题，而这一切都应该基于你的家庭中已有的边界与界限。当孩子发现自己并不需要通过尖叫才能获得倾听与理解时，乱发脾气的现象就会减少，他们开始尝试使用更加适宜的应对策略，从父母或者其他可以信赖的成人那里寻求帮助。

学习控制情绪，了解亲子关系背后是无条件的爱与支持，对于提升童年时期的幸福感来说这二者缺一不可。要养育快乐的孩子，我们就必须在自始至终关爱他们的同时，给予他们处理负面情绪和困难情境时所必需的工具。

教授情绪识别以及理解情绪的技巧

镜子，镜子

很多孩子在解读面部表情所代表的情绪时都会遇到困扰。对于常见的情绪他们能够识别解读，例如高兴和难过，但是有时面部表情也会让他们感到困惑。在压力下，孩子会有一种展示相反情绪的倾向，例如用紧张的笑容掩饰自己的焦虑。眼泪可以传达难过与生气（甚至是自豪与幸福），然而生气也可以表现为失控地大笑或者茫然地凝视。面部表情可能包含着一系列复杂的信息，我们可以在孩子心情平静的时候帮助他们进行一些表情练习。

例如，我们可以在索引卡上写下各种情绪（这里要考虑到孩子的年龄和发展水平），把卡片放进一个帽子里，和孩子坐在一面大镜子前，轮流从帽子里选出一种情绪，然后和孩子一起表演这种情绪。虽然这个情绪小练习很搞笑，有时还会显得有点儿傻（这是好事情。顺便提一句，如果你想让孩子感到舒服和自在，那么在遇到比较难表现的情绪卡片时不要强迫孩子去表演），但是你得注意在表演时表情不要太夸张。在这里，表演的目的是帮助孩子学习去解读与识别不同情绪体现在表情上的微妙之处。

你是否遇到过这种情况，当你感觉非常好的时候，有人却问你"你还好吗？"瑞利就这样问过我。我是一个内心世界特别丰富的人，当我沉浸在自己的思考中回顾和整理思绪的时候，我会对外界事物浑然不觉。随着时间流逝，我意识到这种自我沉浸的时刻对于别人而言特别难以解读，尤其是不太了解我的人。我由此学会了在独自一人时进行这种沉思，或者是愉悦地告诉别人一声"我陷入沉思了"。即使对于成人而言，解读面部表情也不是一件容易的事情。

孩子一开始是学习寻找自己的面部线索，然后理解自己的情绪是如何通过面部表情传达出来的，这时他们才能更好地理解别人在各种情境下会有什么感受。

自制感受表

还有一个很好的方法就是自制感受表，它可以将面部线索与情绪进行匹配对应。孩子可以在一天中定时去查看感受表，选择自己当下的情绪感受，或者是利用这个感受表讨论一下各种不同的感受。

当然，你可以在网上或者商店里找到无数的表情海报，也可以下载一些免费的小模板。不过，你要是想让孩子着迷于使用这种方法，最好还是让孩子制作一个对他自己而言有意义的感受表。

有一个好玩儿的制表办法，让孩子练习做出各种情绪的表情，同时把这个表情画下来。要记得给孩子指出做出不同的表情时五官部位有什么变化（例如：眼角向下代表生气），和孩子讨论感到高兴、难过、惊讶和兴奋分别是什么意思，你已经明白这个活动的精髓了吧。当孩子完成之后（做出不同的表情并理解了所代表的情绪），可以让孩子做出这些表情然后拍照。把照片洗出来，然后贴在一个大大的布告板上，每张照片下面写上所代表的情绪。让孩子每天定时去查看这个表，不一定非得是在他情绪糟糕的时候进行。经过一段时间，孩子就能在感受与表现之间建立联系。一旦他能从表中准确挑选出能代表自己感受的那种情绪，你就可以和他聊聊在经历这种情绪时应该怎么做。

我从利亚姆那里得到了一个小启发：可以利用对孩子而言有意义的熟悉的卡通角色来进行这个活动。利亚姆用的是迪士尼动画《赛车总动员》中的角色去识别情绪。我们经常能听到他说路霸"眼角向下在狂怒"或者路霸"有一张生气的嘴巴"，还说奇诺"带着甜甜的微笑，很高兴"。别担心，你完全可以拍一些汽车、动物或者玩具的照片做成感受表。

情绪水桶

即使孩子已经能够阅读面部线索了，大一些的孩子有时在面对情绪问题时依然会难以理解起因与结果。比方说，他们可能会怪罪别人伤害了自己的感情，而不是去指责真实的情况（如：本应是"我没有接到球，我很生气"却变成"你害我丢了球"）。孩子需要练习分析起因与结果。一旦他们能准确分析出引发他们情绪的真实原因，他们就能学会去依赖那些真正带来快乐的事情。

坐在那儿讨论情绪感受并不是件有趣的事情，倒不如做个游戏来达到目的，还能让孩子感到好玩儿。"情绪水桶"可以帮助孩子讨论不同类别的活动与情况会导致哪些不同的情绪。

准备五到七个白色小桶，在桶上贴上孩子经常遇到的情绪标签。刚开始进行游戏时可以从高兴、难过、害怕和生气这几种常见的情绪标签开始，不过要记得尊重孩子的需要。让孩子站在一条线后面，给他准备一些小沙包（你也可以用密封袋和干豆子自制小沙包）。描述一种孩子日常可能会遇到的典型情境（如：萨拉忘了带作业本，她不想进教室，她现在是什么感觉？），让孩子选择一种最符合这种情境的情绪，把沙包扔进代表这种情绪的小桶里。在继续进行下一个场景描述之前先和孩子讨论一下这个场景的解决方案（如：萨拉可以要求和老师在教室外面说话，向老师解释自己忘记把作业本装进书包了）。

注意：本书提供了大量的场景实例供家长使用，不过在进行这类基于真实事例的情境讨论活动时，你的孩子往往才是案例的最佳来源。

情绪游戏

理解情绪需要时间。孩子需要大量的练习与强化才能将自己日常所遇到的各种情绪感受加以理解并内化。要想达到这一目标，尤其是对学龄儿童来说，真正有趣的途径就是将一些好玩儿的游戏稍做变化，加入一些有关情绪的讨论。

- **情绪九宫棋（井字棋）**。不用传统的空白棋盘，而是自制一个井字棋盘，这个传统的九宫棋游戏立刻就成功变身有了新的意义！在井字棋盘的九个格子里分别画上或者贴上一种情绪面孔。当你和孩子每次往格子里放置"○"或者"×"的棋子时，先花一点儿时间描述格子里的表情，并说一下自己在什么时候会有这种情绪。

- **情绪记忆力**。记忆力游戏是特别受学前儿童欢迎的一种活动。他们的发展水平使得他们总能在牌面朝下后清楚地回忆起每张卡片在哪里。想要自己制作一套独家版本的话，正方形的卡片再好不过了，上面上各种情绪的面孔。每张卡片上画一种情绪面孔，要注意每种情绪画两张（最好让孩子自己来画）。洗洗牌，然后将卡片有画面的一面朝下放在地板上。每当一种情绪配对成功后，就讨论一下这种情绪。这是一个很棒的和孩子分享你自己童年故事的好机会。要记得，多一些共情对这个游戏大有帮助。

· **情绪叠叠乐**。叠叠乐是很受大家喜欢的一个家庭游戏，因为这个游戏需要参与者一起围坐在桌旁耐心地进行游戏，遵守依次轮流进行的规则并且需要事先进行很好的规划。把这个游戏中的积木条稍做调整，就可以让大一些的孩子通过这个游戏进行情绪管理了。用一根油性马克笔在每块儿积木上写下一个问题或者一个句子的前半句，比方说："说一说让你感到灰心受挫的事情"，或者"在学校遇到生气的事情时该怎么办？"。每个游戏者从积木塔中取出一块儿积木后，要回答这块儿积木上的问题或者完成积木上的句子。在我的办公室里，我经常让八到十岁的孩子玩儿这个游戏。当我和他们在一起时，这是一个很好的不具有威胁性的方式，可以用来缓和关系，展开话题。

· **情绪滑道与梯子**（译者注：一种从起点走到终点的棋盘游戏，棋盘上有梯子和滑道，游戏者轮流掷骰子在棋盘上前进，遇到梯子时可以沿着梯子上行到更接近终点的一端，遇到滑道要沿着滑道退回到滑道远离终点的一端）。这个游戏很适合年龄稍小的孩子（学前班到小学一年级），他们刚刚开始理解情绪，但是还不能很好地将情绪的诱因与表现联系在一起。你甚至不用对这个游戏的材料做任何改变就可以进行有关情绪的有趣讨论了。当孩子爬上梯子时，你可以问他一个有关积极情绪的问题（如：什么事情会让你感到自豪？）。当孩子从滑道上滑下来时，问他一个有关负面情绪的问题（如：什么事情会让你非常生气？）。在孩子每次回答完问题后花点儿时间对他表达共情与理解，同时也分享自己对于这个问题的看法。对这个年龄的孩子来说，将他们的各种感受规范化有助于他们对各种情绪进行有意义的理解。要记得，当你遇到滑道或者梯子的时候，也让孩子问你类似的问题。

情绪气球

年龄稍小的孩子在进行动手活动的时候学到的东西更多。游戏和手工看上去似乎并不能将孩子引向有意义的情绪问题讨论，但是这些活动的确是让孩子参与这些谈话的最佳方式。而且附带价值是这些活动过程中产生的视觉上的效果即使在游戏和手工活动结束很久后，依然能长久地被孩子记住。他们在脑海中会不断回顾每个活动，一次次地练习他们所学到的东西。

情绪气球有两种玩法。很多年龄较小的孩子（特别是学前儿童）害怕气球爆炸的声音。巨大的声音和惊吓会引起他们的恐惧，也会吓哭他们。对年龄较小的孩子，我推荐大家使用比较温和的方式来玩儿这个情绪活动。把若干不同颜色的气球充上气，用一支记号笔在气球的一面写上一个表示情绪的词语（难过、生气、高兴等），在另一面画上与这个情绪相匹配的面孔。把气球扔向空中，试试看你能同时让几个气球留在空中不落地。过上几分钟，让孩子接住一个气球并拿稳。让孩子识别手中气球上的情绪，和孩子聊聊什么时候他会有这样的感觉。小提示：这是个非常适合班级进行的活动。

年龄稍大的孩子通常很享受气球爆炸时的紧张刺激，家长可以利用这一点让游戏变得有趣。这一次不要把情绪词语写在气球外面，而是把词语写在小纸条上，然后在给气球充气之前把小纸条塞进气球里。这样一来，每个气球里都有一个隐藏着的情绪词语。可以像前面所讲的一样进行游戏，也可以每次只使用一个气球，并在客厅里设置一个"气球球场"边界。过一会儿，让孩子抓住一个气球并用铅笔刺破它。在体验了气球爆炸的刺激之后，展开情绪小纸条，和孩子进行讨论。注意：这个版本的游戏并不适合对声音特别敏感的孩子。

情绪面具

有个喜欢艺术的孩子？没问题！有的孩子更喜欢手工项目而不喜欢游戏，那么情绪面具就是个很好的帮助孩子识别和理解情绪的动手活动。瑞利是我们家的艺术总监，她会想各种办法寻找各种材料制作面具。从纸袋子到纸盘子到麦片盒子，她利用各种东西制作面具，她对面具的热爱启发我设计了情绪面具这个游戏。

纸盘子是做这个活动的上上之选，因为纸盘子容易进行剪贴。和孩子一起做几个面具表达积极的和负面的情绪。将这些面具挂在墙上建成一面情绪墙，也可以戴上面具表演这些情绪。可以将这些面具作为道具，编一个有关情绪的故事。孩子可以在表演过程中根据出现的情绪以及情绪解决后的情况变换不同的面具。

核查布告板

你有没有经历过这种时刻：你去学校接孩子回家，你一路上问了千千万万个问题，想了解他这一天在学校的生活，结果他盯着车窗外面什么也不说。对于渴望了解孩子学校生活的家长来说，这种时刻会让他们感到特别失望，有时孩子在开口说话之前也需要一些时间放空大脑，回顾一下一天所经历的事情。在一整天忙碌的学校生活结束后，他们需要安静的反思时间，尊重他们的这种需求是至关重要的（还记得前面所讲的内向的小家伙儿吗？他们真的很需要自己独处的时间）。

家庭核查布告板是个不错的办法，可以让孩子更容易在一天结束之际说出自己的感受。在一个比较大的布告板上用卡纸做一些小"口袋"，每个口袋外面贴上一种情绪图片。给每个家庭成员准备一根冰棍棒（在上面写上名字或者用每个人喜欢的颜色做标记，如果特别热爱手工的话，还可以在上面画画儿），把这些冰棍棒放在布告板下方一个空口袋里。在一天开始和结束的时候，让每个家庭成员根据自己的情绪感受把自己那根冰棍棒放在相应的情绪口袋里。

这个练习为孩子（家长）提供了机会去回顾与讨论自己一整天所经历的各种情绪。这样的策略鼓励孩子去思考自己这一天中的感受到底是什么，而不仅仅是简单地列出在学校都发生了哪些事情。

情绪故事

一旦孩子牢固掌握了如何识别情绪并开始理解是什么诱发了不同的情绪，那么就可以开始进行情绪管理了。与孩子其他任何技能的发展类似，情绪管理技能也需要时间和练习。从制作一系列的情绪图书入手是个很好的办法，这些情绪应该是孩子经常体验到的。

制作情绪图书并不仅仅是简单地画出每种情绪所对应的图片，而是要求孩子为每种情绪都写出一本"书"。对于非常小的孩子，可以鼓励他们用图画来讲故事。对孩子而言，图画书的力量并不亚于文字书。大一点儿的孩子可以将图画和文字结合起来讲述自己的故事。

先和孩子讨论一下这一周以来所经历的情绪。在平静的时候，孩子往往倾向于辨认出那些积极的情绪。不要紧，积极情绪的图书和负面情绪的图书一样重要。你可以帮助孩子出声思考与回忆一些他们在学校、公园或家里可能经历的负面情绪。

给每种识别出的情绪准备一个空白小册子（你也可以在很多手工制品店或者文具店里购买制作好的空白小册子）。这本书不用太厚（十到十二页就足够了），以免让孩子感到他必须得把这么多页都填满。每次让孩子围绕一种情绪写一个故事。什么时候有这种情绪？是什么引起了这样的感受？可以做些什么来应对这种情绪？可以和谁去说一说？

对孩子而言这个练习是非常好的方法。这个过程应该缓缓进行，没必要让孩子一周之内就完成所有的故事书，可以和孩子一起逐步推进。在用文字和图画表达这个故事的过程中，孩子学会了停下来思考自己可以如何控制情绪，以及如何避免那些会导致负面情绪的压力情境。

变焦镜头

孩子在管理情绪中一个很大的困扰就是倾向于将问题的某一方面放大而忽略了整体。例如，一个孩子可能揪着"最好的朋友在午饭时间不和我玩儿"这一事实不放，却不去考虑另外一个事实：在早些时候是他先对好朋友不友好的。

孩子都喜欢照相机。他们喜欢从自己的视角出发去拍照，他们还喜欢回看自己所拍的照片。变焦镜头这个比喻可以很好地教给孩子如何在对情境做出反应之前考虑事情的全貌。我经常让孩子将镜头拉近拉远，然后让他们描述有什么区别。当他们将镜头拉近，他们会注意到很多细节。当他们将镜头拉远，他们会发现一些隐藏的物品，他们之前都不知道这些东西就在那儿。

从相机镜头跳转到情绪管理问题上，你只需要一支笔和一张纸。在纸上画一个大大的圆圈儿，在这个大圆圈儿的中心部分再画上一个小小的圆。让孩子复述一件令他感到难过的事情，并在这个小圆圈儿里写下或者画出让孩子感到难过的事件。当识别出压力源之后，让孩子深呼吸三次，然后将镜头拉远，看在那个时候还有其他什么事情发生，在那之前还发生过什么事情，还有什么隐藏着的事情是没有画在中间的小圆圈儿里的。

很显然这个练习更适合年龄稍大一些的孩子，他们能看到两幅"图画"的差异。这个游戏可以让八到十岁的孩子来玩儿，可以帮助他们在看待问题时不局限于某个特定的时刻而是去评估整个情境。和孩子讨论完大小两个圆圈儿里的内容之后，可以来一个头脑风暴，让孩子想象一下将来遇到这样的情况还可以怎么做，这一点非常有用。

如何避免变得过于情绪化？什么时候应该停下来去寻求帮助？在练习过程中，可以用"拉近镜头"和"拉远镜头"这样的短语进行提示。

木偶剧表演

永远不要低估木偶戏的威力。年龄稍小一点儿的孩子，特别是学前班到小学二年级的孩子，经常借助角色扮演游戏来处理他们的情绪。你并不需要一个现成的木偶剧场或者炫酷的场景来激发孩子的想象力进行木偶剧表演。事实上，从头开始创建场景并搭建一个临时的舞台也是这个活动的一部分。

无论是你的孩子带着某个特定的问题来找你，还是你想和他一起解决一下以前发生过的某件事情，都可以用木偶剧表演的方式，这是一个很好的建立因果联系、处理剧烈情绪的好方法，有趣又没有威胁性。当孩子感到自己成为被关注的焦点时，他们就倾向于保持沉默闭口不言。而当孩子积极参与一个有趣又有意义的活动时，他们就会开始处理自己的情绪。木偶剧恰恰提供了一个安全的距离，让他们更容易加工处理那些具有挑战性的主题。

使用木偶剧表演来进行情绪管理的一个关键点就是不要强迫。你需要时间和耐心，孩子要按照自己的步调来处理自己的感受与情绪。你不能指定某个主题强行让孩子去进行木偶剧表演，应该让表演活动自然而然地开展。

从情绪九宫棋和其他小游戏，到制作情绪手工作品和情绪图书，只要给活动过程增加一点儿趣味性，就可以减轻孩子的压力并帮助他们处理各种情绪。一旦孩子开始懂得每天经历多种情绪是相当正常的，也知道他们自己拥有修复情绪并重新找回快乐的力量时，他们就会体验到更大的快乐。

4. 宽容的艺术

> 宽恕是紫罗兰被鞋跟踩碎后散发出来的
> 芬芳。
>
> ——马克·吐温

到目前为止我所知道的能引发孩子之间大吵大闹的最佳方式可能就是去浴室洗个澡。你可能会打开电视给他们看，可能会安排他们做些耗费时间的手工，又或者让他们安静地玩儿一会儿（好吧，也许并不安静但是至少他们很开心），然而一旦你准备步入浴室，享受片刻的幸福时光，外面马上就发生翻天覆地的变化。所以，我给你的育儿建议就是：永远不要去洗澡。

现在，我就快洗完澡了。我站在热水下，思考并规划着一日的事情，头发上还涂着护发素。可能是我在浴室里稍微耽误了一点儿时间，正当我要冲洗头发的时候，我听到积木坍塌的巨响，紧接着就是哭声。我听到女儿跑上楼的脚步声，还有她歇斯底里拖长的哭喊声，她来向我控诉弟弟刚才闯下的祸事。"我敢保证弟弟并不是故意的，他只是走路的时候没有看到你搭的积木。"可是这样的解释并不能马上减轻搭建成果被毁带给女儿的伤害。她很想让我看到她搭建的作品。紧接着，弟弟跟在后面也上来了。"原谅我吧！原谅我吧！你必须原谅我！"眼泪顺着他的脸颊流下来，他来回看着我和姐姐，最后坐在我的脚边崩溃地大哭道："我不是故意要弄坏它的！"

　　孩子总会因为一天之中所发生的一些小事儿而被要求原谅别的孩子或者大人。"原谅他破坏了你的城堡""原谅我迟到了""原谅你的朋友在休息时间打了你一下"。当要求孩子宽容别人时，就是说"好吧，我接受对方的道歉"，很重要的一点就是要确保他们理解宽容究竟意味着什么，而不是简单地把父母教给他们的那句表示原谅的话重复一遍。

　　宽容并不是宽恕和原谅错误的行为，宽容也不是遗忘。遗忘可能会让孩子在下一次遇到这种情况时感到害怕。宽容意味着把整个情况回顾一下，告诉别人你的感受，然后让负面的情绪离开。要教会孩子宽容的艺术，这是一项基本的生活技能，可以帮助孩子在克制负面情绪和压抑愤怒时避免产生焦虑和沮丧情绪。

　　宽容，其核心是思维的转换。引起你巨大痛苦的那些伤害可能是你生活中的一部分，然而让那些和它相关的情绪感受离你而去，会带给你内心平静。孩子从小就需要学习的是：宽容是一个有意识的选择，它可以重塑你的思维过程。没有人可以强迫你去宽容那些对你做了错事的人（虽然他们可能会迫使你去说一些表示原谅的话），但是，当你做出决定去宽容别人的时候，你是将自己从负面的情绪中解脱出来。当你选择让那种憎恶的情绪离你而去的时候，你就朝着积极的方向迈进了一步。也许你会让这个犯错的人继续留在你的生活圈儿里，也许不会。无论怎样，你都不会再怀着让自己沮丧难过的负面情绪了。

杰米总是在和自己的情绪做斗争。当他感到朋友伤害他的时候，他想要原谅他们。但是八岁的杰米有着强烈的公平正义感，他喜欢尽力遵循规则与秩序。当别人没有遵守的时候，他就会觉得受到了深深的伤害。那些在父母看来再正常不过、无须在意的同伴互动，都会让杰米感到触碰了原则而令他非常困扰。当有人开玩笑戏弄他时，他会感到强烈的愤怒与焦虑，他一点儿也不想原谅戏弄者。无论当时是什么情况。戏弄是违反学校规则的，戏弄不应该被原谅。

有一次我在外面开完会回到办公室，看到杰米在茶点时间坐在我的办公室里默默地生气。他班里的一个女孩子对他用了一个让他觉得"很坏"的词，他感到生气、难堪与焦虑（实际上那是个褒义词，但是杰米固执地认为那个女孩子没有正确使用那个词，她的意思其实是指"私处"。这是我头一次听说这样的解释）。杰米很担心回到班里同学们会嘲笑戏弄他，他认为那个女孩子应该受到批评惩罚，尽管老师认为那个女孩子并不是用负面的方式在使用那个词。杰米双手抱胸，低着头，眼泪从眼角流下，他坐在我的沙发上要求公平。

在这种情况下，并不存在什么公平正义。因为那个女孩子并没有违反什么规则。无论她是不是想用这个词表达不适宜的内容，她使用的这个词本身并不是一个"坏"词。可是杰米感到委屈，他没办法迈过这个坎儿。

当公平和正义缺失的时候你会怎么做？你要做的就是让它过去。首先要把自己从负面情绪中解放出来。我让杰米先敲敲打打地玩儿一会儿橡皮泥，借此释放他的受挫感。当他的身体放松下来，看上去平静一些之后，我让他把自己在这个事件中表现出来的所有情绪感受都写下来。杰米花了一些时间，把他所体验到的每一种感受都写下来并加以确认。然后我们玩儿了一个垃圾筐投篮的游戏。我让杰米把每一种情绪都揉成一个小球，揉小球的环节给杰米提供了几秒钟的时间来释放剩余的愤怒，然后杰米把这些小球逐一投进垃圾筐里。这个举动可以让他把负面情绪都扔掉，朝着积极态度迈进一步。

当然，后来的日子里杰米和那个女孩儿依然是水火不容的死对头。我们依然持续练习着宽容。随着时间的推移，杰米学会了自己去排解负面情绪。他自己编了小咒语帮助自己释放负面的情绪，恢复到平静的状态中。最终，对他而言，建立友谊变得容易多了，生气与愤恨的感觉也出现得越来越少了。他学会了放开，由此也获得了快乐。

宽容会让人终身受益，它能够提升身体健康水平，减少压力，改善人际关系。来自密歇根霍普学院的研究表明宽容会带来身心两方面的益处，包括压力的减少、更少的负面情绪、更少的心血管问题以及更好的免疫系统功能。

宽容他人还有很多其他好处。放下怨恨尝试宽容会让人体验到更健康的人际关系与心理健康状态，表现出更少的焦虑与沮丧的症状，体验到的压力与敌意也在减少，血压也相对较低，酗酒和药物滥用的风险也降低。

然而，宽容是一种技能，是一种需要习得的行为，它需要练习。仅仅告诉孩子要释怀要向前看是毫无用处的。掌握宽容的艺术需要指导、耐心与重复。原谅他人并不总是那么容易的。有的时候，生活充满艰辛，人们所做的某些选择可能会引发他人的情绪混乱，有时真的是难以原谅。

亨利是因为胃疼而被带到我的办公室的，刚刚六岁的他在上了两个月的学前班后开始整天抱怨自己胃疼。他的妈妈经常说他是个"天才"儿童，并用此来解释亨利为什么缺乏社交，因为其他的孩子不理解亨利复杂的思维，或许她真的是这么认为的。他妈妈原本希望学校能给亨利提供足够的挑战机会让他积极参与学校生活，然而亨利所在的学前班采用游戏化课程模式，缺少结构化内容，因此导致亨利出现了行为问题。

事情从来都不会这么简单，亨利的案例也一样，不会这么简单。由于大家从亨利刚刚开始学说话起就认为他是个"天才"儿童，因此在亨利的幼儿时期和学前阶段，他的父母花费了大量的时间给他灌输各种知识信息。他在上学之前几乎没怎么和其他孩子一起玩儿过，他整日沉浸在知识和数字的世界中。无论亨利到底是不是天才儿童，这都没关系，问题在于他根本不会和其他人互动。

亨利很擅长针对自己感兴趣的话题发表长篇大论，如果其他人打断了他或者给予的关注较短暂，亨利就会丧失耐心。而学前班的孩子中很常见的问题就是打断他人或者给予的关注较短暂。当亨利坚持要给大家讲一讲某件事情时，大多数孩子都会选择离开。但是有一个孩子例外，亨利从第一天上学起就认定这个孩子是他的朋友。这个孩子会假装很耐心地听亨利演讲，然后过一会儿又会在活动场地上嘲笑亨利。这种嘲笑很轻微，也符合学前班儿童的发展水平，老师也尽可能地进行了干预。然而亨利却认为这是非常严重的事情。他既不想放弃这份友谊，但是也无法原谅朋友。他卡在生气与受伤二者之间，不知道该如何处理，由此出现了胃疼。简而言之就是：他现在心怀怨恨。

心怀怨恨于心灵毫无益处。如果你也曾有过一段时间受到伤害，你就会知道那会让人多么虚弱无力。如果它无法消解，你就会感到自己的心灵仿佛在某个地方溺水窒息一样。当然，需要一段时间才会达到这种程度，不过它总是在你猝不及防的时候发生。你试图告诉自己不在意，你试图劝说自己向前走，去看看积极的事情，但是如果你不给自己机会去原谅那个伤害你的人的话，一切都只能是空洞的话语。愤恨与负面情绪会随着时间不断累积，直到有一天你发觉自己完全无法从中逃离解脱。

心怀怨恨会让负面的感觉碾压排挤积极的情绪。心怀怨恨会迫使你不断去想那些生活中不好的糟糕的事情，而不是去想一些好的积极的事情。心怀怨恨还会在不知不觉中让你把怨气与愤恨带到你所有的人际关系中去。如果你不花些时间去宽容别人，继续前行，你就会陷入一个消极的怪圈，把消极投射到你身边的一切事物上。

人们可能觉得小孩子比大人更宽容，更容易原谅别人，通常来说也的确是这样。但也不是所有的孩子都这么宽容，有些孩子特别纠结要不要轻易原谅别人。有的时候，年龄稍小的孩子吵架时互相取笑，接下来的一两天不理对方，但是在某个时刻会因为一个笑话儿一起哈哈大笑，然后突然之间就和好如初了。还有的时候，因为和同伴闹矛盾，孩子会一直带着消极的情绪。他们将这种感觉深藏于心无法释怀；他们带着这种情绪提醒着自己，有时有的人一点儿也不友好；他们等着确凿的证据，等着事情被解决，期待公平和正义，或者至少是得到一声道歉。

当孩子受到伤害时，渴望获得道歉的强烈需求会成为他重获快乐的巨大绊脚石。从很小的时候开始，我们就告诉孩子如果伤害了别人就要道歉，哪怕你不是故意的。这样教孩子并没有错，他们听进去了，在成长的过程中他们也如我们所期望的一样这样云做了。因此，当他们被其他人伤害时，他们也希望得到道歉。他们希望听到"对不起"三个字，因为那意味着其他孩子承认自己所做的事情。他们真的希望听到。令人难过的是，当孩子之间发生争执时，并不是总会有人道歉的。

我们要教给孩子的很重要的一点就是，我们并不一定非得听到道歉才能把一件事情了结。一般来说，道歉的确是个很好的和好信号，有时道歉可以开启原谅的大门，但是我们不能让自己的快乐掌握在别人的手中。宽容的一部分，就是明白一件事情能否了结源于自己的内心。有的时候，即使道歉迟迟不来，我们也得向所受到的伤害进行妥协。虽然对孩子来说这个概念似乎有些难以理解，不过他们通常还是能够明白的。孩子是很会自省的，他们具有思考能力，可以权衡自己与他人之间的关系，这种思考能力会帮助他们为一件事情画上句号。当孩子对他人不满而产生剧烈的情绪时，他们需要一些时间才能让自己真正放下，不过最终很有可能是无须听到道歉就能让事情翻篇儿。

问题就是孩子天生都是冲动任性的，他们希望能将事情尽快解决，立刻，马上。虽然亨利最终意识到了之前戏弄嘲笑他的那个孩子其实和他并不是很投缘（他们几乎没什么共同点，在针对某个话题聊天时也很难达成共识），但是他当时很难消解自己的愤怒，因为当时亨利心中优先想要解决的问题仅仅是恢复二人的关系，而不是去处理引发他胃疼的伤痛情绪。这种情况在孩子身上会普遍发生。在放下过往朝前走的过程中，孩子由于没有解决好当下的问题，那些积压的情绪成为历史，不断重现。

要教会孩子宽容是一个过程而不是一个事件，提醒孩子可以允许自己带有小情绪，可以按照自己的步调来调整处理事情。家长总是想告诉孩子向前看，别担心了，不要生气了，让它过去吧。有时听到孩子一遍又一遍地抱怨时家长会感到很受挫，于是就会说出前面那几句话，希望孩子加快原谅的进程。反复听孩子唠叨同一件事儿的确不是件容易的事儿。家长希望孩子能尽快心无芥蒂，但是原谅并不是速战速决的事儿。

当孩子被朋友伤害了，他们有权利难过、焦虑、生气或者产生一些其他的情绪。作为成人，我们每天也会带着各种各样的情绪与感受。时间的积累与不断的练习已经使我们非常善于在内心处理好自己的情绪了，然而孩子还没有掌握这个技能。他们需要说出来，需要一遍又一遍地倾诉，需要发泄他们的情绪，直到把情绪全部发泄出去。而家长要允许孩子这样做。

快乐要比人们以为的更加复杂。你不可能每天在脸上贴一个微笑的面具，期待这样就能让自己感到阳光明媚、幸福快乐。我们总会经历糟糕的时刻、糟糕的日子、糟糕的事情。有时，无论我们如何祈祷，总会有人令我们感到失望不满，无法避免。我们不得不独自经历那些艰难的时刻，重新找回自己的快乐。所幸的是，这一切都还在我们掌控之中。

当其他孩子对自己不友好时，或者是发生了一些让自己感到受伤的事情时，孩子会觉得自己失去了掌控力。学习宽容的其中一步就是要重拾掌控力，而重拾掌控力的途径就是要做出选择，让事情翻篇儿，继续前行。当我们教孩子做出原谅这一选择的时候，我们其实就是让他们感到自己能重新掌控这消极的局面。我们要让他们知道，即使生活没有如他们所愿，他们也不是孤立无助的。在练习宽容时，孩子不再是这个事件与环境中的受害者或牺牲品。宽容可以赋予孩子力量选择快乐，战胜愤怒与悲伤。

当然，如果有人以为宽容这一人生之课只需要学上一次就能掌握的话，那也太愚蠢了。有的孩子可能很快就能原谅别人，而有的孩子在原谅的路上可能要不断踟蹰，一次又一次地重复同样的行为，然后才能找到自己的宽容方式。有的孩子天生就容易原谅别人，而有的孩子是在后天的环境中被培养出宽容的能力的。当然，个性在其中扮演着重要的角色，不过环境的因素不容小觑。

如前所述，在我洗澡的工夫里，利亚姆跟在瑞利后面跑上来要求得到原谅，他真正想要表达的其实是我们家的家训之一：要宽以待人。

一般来说，教孩子原谅与宽恕都是从道歉开始的。我从来不害怕承认错误，事实上我也经常这么做。我会承认自己的错误并且道歉，无论大小。我和先生肖恩很早以前就达成共识，我们希望自己的孩子在成长过程中不要害怕犯错。我敢肯定你也是赞同这一观点的，因为怎么会有父母希望孩子犯错呢？但事情并没有这么简单。

父母经常通过言语和行为传达出复杂的信息，虽然有时并不是故意的。你已经筋疲力尽了，牛奶又洒了一地，你累得没力气去打扫，此时可能你就变得有点儿严厉。孩子并不是故意打碎牛奶杯子的，他悲伤欲泣，你避而不看他发红的眼眶，声音语调可能也透着负面情绪。这都没关系，出现这种情况是很正常的。有时我们感到崩溃受挫也很正常。虽然我们说覆水难收，尽量不要为打翻的牛奶杯子而哭泣，但是有的时候我们的确会哀号，孩子也会对此做出反应。这时道歉非常重要。

当父母向孩子道歉时，其实是在教给孩子错误总会发生而道歉是有用的。如果父母愿意承认自己的错误，无论在成人看来那是大错还是小错，那么他们就是在教给孩子无论是什么年纪的人都应该为自己的行为负责。当我们为自己的错误道歉时，我们其实是在说："我把这里弄得一团糟，我不是要故意伤害你的感情。请你原谅我。"当我们从孩子小时候起就在家中播下宽容的种子，孩子就会将宽容所带来的益处逐渐内化。他们就学会了在自己情绪被引爆的时刻去好好儿梳理事件，使自己平和下来。

当我们把孩子带到这个世界的那一刻起，我们就无法在他们每次遭遇艰难时都在一旁帮助指导。对一些父母而言，这听上去简直令他们惊恐不安。很难想象要让孩子独自去难过与生气，要独自处理这些情绪，正因为如此，父母才更应该在家里就让孩子开始学习宽容。

让孩子做好步入社会的准备，重要的并不是学ABC那几个字母，情绪情感的健康状态更加重要。你的孩子会学习阅读、学习写字、学习做算术题，甚至在一年级还会学几何知识，你的孩子将要学到的知识比你在他这个年龄时所学的要多得多，那是肯定的！但是在学校，你的孩子不会学习如何管理情绪、如何排解消极情绪、如何减少愤恨、如何去宽容。这些应该是在家里教会孩子的。

为了养育出快乐的孩子，我们必须教会他们在面对痛苦与挫折时如何找回自己的快乐。我们不能扔出一堆干巴巴的句子（"覆水难收""别为洒出的牛奶哭泣""还是算了吧"），指望其中哪句能引起孩子的共鸣。我们必须传授给他们宽容的技能，抓住时机和孩子好好儿聊聊原谅与宽容的过程。

有的时候，在育儿领域中会有一些相互矛盾对立的说法与观点。一方面，你可能会听到有人和你说："不要溺爱孩子，让他们自己去犯错。你退后一步，让他们自己去闯一闯。"另一方面，有人在某方面的育儿问题上寻求意见时，一些专家可能会说："你要这样做，只有这样做才是对的。"我相信在这二者之间存在某个折中之处。是的，你的孩子有时会面临痛苦、挫折与失败，你无须在一旁提供帮助。但是你袖手旁观的前提是你已经教给他应对这些情况的技能了，他能够自己解决这些问题。

孩子几岁学会宽容都不重要，你付出了多少心血才教会孩子宽容也不重要。在生命的各个阶段，宽容都是需要学习和实践的。任何时候开始学习原谅与宽容都不迟。

教授宽容的技巧

释放沮丧不满

为了确保游戏场地的和平，我们可能会插手以便快速解决冲突或者试图忽视问题，这时我们不允许孩子表达自己的情绪。当孩子被迫克制自己的消极情绪时，他们会体验到压力。一旦生活在压力中，那就毫无快乐可言了。

生气是一种完全可以让人接受的情感，用适当的方式表达愤怒并无不妥，和朋友怒目相对、放声尖叫却无益于问题的解决。你可以把孩子带到一旁，鼓励他拍手、跺脚或者把头埋进枕头里大叫，用这样的方式让他把不满的情绪先释放出来。

一旦最初的不满与愤怒过去了，孩子就会平静下来，也更愿意敞开心扉去回顾梳理之前发生的事情。当我们允许孩子去体验而不是扼杀他们在压力状况下所反映出来的那些消极情绪，他们就会感受到被倾听与被理解，由此体验到更大的快乐。

承认已经发生的事情

当父母觉得孩子小题大做而对问题置之不理，或者说孩子只是"戏精"上身过度表演夸大时，孩子会感到难过与不满。被父母看作是过度反应的那些行为正是孩子的表达方式，他们想让父母知道发生了一些不对的、不好的事情。他们受委屈了，他们想让父母知道。和成人一样，当孩子的感情受到伤害时，他们渴望得到认同。他们需要发泄情绪，需要得到别人的理解（听上去是不是和成人很像？），这样他们才能敞开心扉去原谅与宽容。

家长在这种时候既不要对孩子的小小反常行为轻描淡写置之不理，也不要分散孩子的注意力试图让他们赶紧结束负面情绪，此时应该做的就是支持。和孩子聊一聊发生了什么事情，将孩子的感受逐一澄清与命名。告诉孩子你理解他，让孩子知道你是感同身受的。如果你也有过类似的感受，你可以和孩子分享你的故事。

示范如何宽容

孩子在家中这样安全的地方，会将自己所看所听的东西逐步内化。比方说，父母遇到挫折不满时如果对伴侣毫无耐心、脾气暴躁，那么孩子可能也会这样对待自己的兄弟姐妹或者朋友。如果父母在这种情况下展示出耐心，例如倾听伴侣倾诉之类的良好技能，那么孩子也会学到先倾听再回应。虽然我们不能一概而论地说，孩子身上表现出的一切负面行为都是家长在家中负面行为的体现，但是我们知道，无论多大年龄的孩子都会模仿家长的行为，他们会从我们这里受到潜移默化的影响和启发。

要牢牢记住：在我们自己的生活中要不断地进行原谅与宽容，这一点至关重要。我们总是竭尽所能地庇护着孩子，不让他们接触过于复杂的事情，但是事实是即使我们以为孩子没有听到，可他们实际上已经听到了。当他们感受到哪怕一丁点儿最轻微的压力时，他们的耳朵就会格外敏锐。他们并不是想要故意去表演夸大，他们只是不想让事情发展得更加糟糕。如果事情看上去不太妙时，他们是很想出手解决的。很多孩子天生喜欢帮助别人，他们置身事中只是想助人一臂之力，并不是多管闲事儿。

多多原谅与宽容你的伴侣、家庭成员以及朋友，和孩子聊一聊让你感到很受伤的那些时刻，告诉他你是如何让消极的情绪离你而去的，你是怎样做的。根据孩子的年龄，在诚实的基础上将你的经历适当润色一下讲给他听，这样会更有助于向孩子示范宽容的过程。当你对伴侣前几天所犯的错误宽容以待的时候，你其实是在向孩子展示：是的，人们有时的确会把一些事情搞砸，但是这并不意味着两人的关系就会受到负面影响，那只意味着你需要偶尔点一下"重启键"。

如果发生了一些无法挽回与改变的事情，那么要让你的孩子知道你可以在内心中原谅与宽恕，这一点很重要。

有的时候，你会原谅所爱之人所做的一点儿小事儿。有的时候，你被迫去宽恕一个完全陌生的人所犯的大错。无论是哪种情况，选择宽容才能让你的心灵得到解脱与自由，才能重拾美好。这一课值得好好儿学习。

放飞消极情绪

对成人来说，建议他们释放情绪将事情翻篇儿是很容易的。我们知道找个朋友发泄不满意味着什么，也知道躺在信箱里那封永远不会发出的信或者深藏起来的日记有着怎样的力量。但是孩子并不一定了解这些策略。事实上，他们通常是不知道的。孩子总是被教导说要保持冷静、使用礼貌用语、不要恶言相向以及不要乱发脾气（哪怕成人在"发泄"时就是那样做的）。如果宽容的第一步是释放不满的话，那么我们就必须教给孩子如何去做。

"放飞消极情绪"是一个非常适合孩子的办法，它很好地遵循了形象化与动手学习的原则。和孩子聊一聊当有人伤害了你的感情时你的感受是什么。帮助孩子将他体验到的各种情绪逐一澄清，并且在"侵犯者"的行为与带来的情绪之间建立联系。帮你的孩子把这些消极的情绪写下来，同时用简单的字句说明这些情绪的导火索，每张纸上写一种情绪。也许孩子还想把发生的事情画出来，这都可以。把这些纸都折成纸飞机排成一列放在桌子上。

现在是放飞时间了！鼓励孩子把飞机掷向空中的同时把飞机上所写的情绪大声喊出来，以此释放这种情绪。有个在我这里接受咨询的来访者在释放情绪的时候喜欢这样喊："我不想生气！我不想难过！我想要一个新朋友！"如果有必要的话，可以鼓励孩子重复多次放飞飞机，直到他感到这种情绪已经离他而去，他重获平静了。然后拥抱孩子，和他聊聊这种情绪消失之后他的感觉如何。

未发送的信

在大一些的孩子看来，那些写着情绪词语的纸飞机可能有些可笑，但是他们想要继续前行，避免陷入消极循环中的话，他们也需要释放被压抑的情感。对于想要自己独立解决问题的大孩子来说，一个能自己独立进行的活动更有帮助。

"未发送的信"就是一个特别好的方式，它可以让孩子在一个安全的空间中发泄情绪。鼓励孩子给那个伤害他或者让他受委屈的人写一封信。这封信中应该包括以下细节：哪些具体的行为让他觉得受到伤害？他的感受是怎样的？最初那种激动的情绪逐渐变淡后他又有什么感觉？"未发送的信"这个活动的美妙之处就在于没有其他人会读到这封信，如果孩子不同意的话，连你也不能看。这只是为孩子提供了一个机会，让他可以倾诉那些想说但是可能永远也无法宣之于口的话。有的时候孩子沉默不语是因为他们担心害怕，还有的时候他们缄口不言是因为有些事情实在是不适合公之于众。而"未发送的信"是个很好的途径，可以让他们将不满情绪都释放出去。

一旦孩子写好了这封信，就鼓励他把信撕碎。孩子把信撕成小碎片，然后将它们都扔掉！这个举动可以起到宣泄的作用，帮助孩子释放那些令他沮丧低落的情绪，还可以帮他将那些日日萦绕在心间的话语表达出来。这样做有助于孩子为事情画上句号做个了断。

垃圾桶投篮

如我们在杰米的案例中所见，有时可以用一个投篮的游戏来完成情绪的释放。实际上，我曾经用篮球和一个高中生成功地进行了一次这样的治疗。我没有将他局限在我小小的办公室的沙发上，而是给他机会边玩儿边倾诉。这个高中生来访者和我在球场上打了几小时的球，在这个过程中发泄着他的不满情绪。垃圾筐投篮的方式对杰米很适用，这些年来这种方法也同样在其他很多孩子身上起到了作用。

准备进行垃圾筐投篮活动之前，你需要花些时间帮助孩子澄清和明确他们的所有感受，以及是哪些诱因导致了这些感受。如果孩子会写字并且也愿意写的话，让他们把每种情绪都写在一张纸上并加上一小段事件描述。如果孩子不愿意写，可以让他们把事情画下来并且按顺序排列好。关键的一点是要让孩子在写写画画的同时把这些情绪和诱因大声地说出来。有时最好用两种方法来释放负面情绪。一旦这些情绪都落在纸面上了，就让孩子把这些纸片团成一个个小球。如果孩子喜欢玩儿的话，还可以把这些小球都涂成橘色，让孩子把小球逐一投进垃圾筐里，一边投篮一边大声说出纸上的情绪（例如："我不想再继续生气啦！"）。

根据孩子的需要可以让他重复多次进行投篮，直到负面情绪都被赶走。

下沉的小船

有时孩子不太理解"带着情绪"是什么意思。因为他们一天中的情绪会不断转换，他们并不是总能厘清此前旧的情绪感受。例如，孩子可能会把自己的愤怒归因于体育课上踢球时裁判的一次误判，然而实际上他却忽略了一个事实：裁判的这次误判对他的一个朋友更加有利，而这个朋友就在几天前刚刚排挤过他，让他感到很受伤。我们必须帮助孩子去分解与梳理他们的感受。在这个过程中如果恰好发现有未解决好的情绪感受，我们就从那里入手。

我的孩子特别爱在厨房水槽那里做小船玩儿。他们会把各种有趣的东西用胶带缠在一起（软木塞、卡纸、毛毡），再用大头针钉上一个船帆，然后放在水槽中让小船起航。有的小船会顺水漂流，有的就不行。于是我们会重新检查，看看是哪儿出了问题，然后一起进行头脑风暴想办法替换一些材料。他们会不断尝试直到成功为止。下沉是他们在这个游戏中的重要关注点。

在一次让人郁闷的造船活动中，"下沉的小船"给了我一些想法。在那次造船的经历中，似乎什么都浮不起来。孩子一试再试，但是小船无一例外地翻转下沉，好像有什么东西在水里把它们拽下去一样。就好像满心愤恨会将人的心灵不断拉向深渊。

爸爸妈妈们，显示你们心灵手巧的时刻到了，动起手来吧！帮你的孩子造两艘小船。我发现把一个纸杯剪开是个不错的办法，用牙签做成桅杆。要记得让孩子参与进来一起制作，这是很有趣的环节。在放满水的水槽中，小船做好了起航的准备，在其中一艘小船里放上一两枚硬币（硬币的数量取决于你的小船有多结实）。放有硬币的小船会沉到水底，而没放硬币的小船会在水上漂流。

告诉孩子如果不远离生气与怨恨的话，它们就会拉着你不断下沉。生气与怨恨就好比小船上的硬币一样拽着你沉向水底，而另外一只小船没有带着消极的情绪，它就能轻松地驶向下一个目的地。

不宽容的大脑

有时孩子会陷入到某种消极情绪中，找不到奔往积极情绪的出路（平心而论，大人有时也是这样）。有的事情真的让人感到很不公平或者特别伤人时，的确很难做到说过去就让它过去。无论你是否相信，有时孩子并不准备让事情就那么过去。在孩子梳理回顾事情的时候，有时即使让人感觉是消极的、负面的，孩子也会沉浸在那个状态中，继续停留一段时间。

陷入消极循环中会影响社会交往、学业成绩、团队合作以及家庭生活。如果孩子用很长的时间去消化生气、不满和无助的感受，那么他们就很有可能会将这些感受投射迁移到身边的其他人身上。情绪是带有某种力量的，若你感到内心不断冒出愤怒的泡泡而不去管它们的话，你这一天都会不好过。

"不宽容的大脑"活动会让孩子直观形象地看到消极情绪占据了多大的空间，消极情绪是如何排挤侵占积极情绪的。画一幅大脑轮廓图或者在网上下载一张（轮廓图的内部最好是完全空白的）。让孩子选择不同颜色的蜡笔代表各种不同的情绪（此处可以回顾一下第一章中的"情绪色彩"部分），用铅笔将大脑分成若干格子。让孩子想出目前有哪些事情会让他感到生气、不满、难过、无助，或者任何其他出现过的负面情绪，让孩子给每个诱因事件找到相应的情绪颜色，用这种颜色给大脑中的一个格子涂色。然后针对积极情绪重复这个过程。

完成大脑填色活动之后，回过头来再看一看消极的颜色更多还是积极的颜色更多，消极情绪有没有侵占积极情绪的地盘。和孩子说一说它们会如何影响我们对生活各个方面的看法与感受，这种影响已经不仅仅是针对那些具体的诱因事件了。让孩子想一想如何增加积极的颜色，如何让大脑变得更宽容。

变脸

演练与实践宽容，一个主要的部分就是选择让事情过去，继续前行。也许我们等不到应得的那声道歉，但是我们依然可以选择继续向前，无论那个侵犯者是否还出现在我们的生活中。这个概念可能对孩子来说比较难理解，因为他们很难走出那个让他们受到伤害的情境，他们也很难放弃一份友情，哪怕这份友情并没有价值。他们往往卡在某个中间状态不上不下。没关系，这也是原谅与宽容过程中的一部分。重要的是我们要帮助孩子理解这一切都是很正常的，我们在逐步达成原谅与宽容的过程中会经历一系列不同的情绪，这个过程中我们的感受会经常发生变化。

对于那些富有创造力并且更愿意在创意活动中表达情绪的孩子来说，"变脸"是个特别棒的活动。准备一摞白色纸盘子和各种手工材料（小亮片、纽扣、羽毛、毛毡、塑料泡沫、棉花等），让孩子把自己在克服困难处理伤痛情境时所体验到的那些情绪都做成面具。孩子在做这个练习的时候，家长不要指手画脚。如果你想看到真实可信的情感表达，那么就要信任孩子，让他们自己选择感受到的那些情绪。在孩子制作面具的时候可以和他们聊一聊，是什么具体的想法和事情引发了伤心难过，是什么让他们感到充满希望。

面具做好之后，用它们做道具，把那些令孩子感到困扰、令情绪无法疏解的事件和问题表演出来。和孩子讨论一下，针对某个具体的诱医事件表情会如何相应发生变化，是高兴的还是难过的。朝向那些可以带来积极情绪的诱因，远离那些和负面情绪息息相关的诱因，这些都应该由你的孩子做出决定。和孩子讨论一下从长远的角度来看需要做什么才能放下生气与狭隘的面孔，换上快乐平和的面孔。

可回收利用的情绪

不管你信不信，一些孩子的确是不想让消极情绪轻易结束。他们并不是想要一直惦记着这些糟糕的感觉，而是他们不愿忽略和无视这些感受。那些感受真实而有力，继续前行也包含着"基于过往经验做出不同选择"这个部分。一次又一次地审视那些伤痛可以帮助一些孩子在一个更加高的水平上处理自己的情绪。他们可以看到自己从那件事情中走出来了多少，什么样的改变起了作用，随着自己的成长对自己产生了什么帮助。

"可回收利用的情绪"是我多年来经常对孩子使用的一个策略。有一点很重要，我们要帮助孩子明白有的时候某些情绪会毫无预警地卷土重来。比方说，当获得了新的友情后，之前失去友谊的悲伤会在记忆中渐渐隐退，但是友谊初次破裂带给孩子的最初的痛苦却永远不会完全消失。当新的压力源突然出现时，旧的情绪可能会重新出现。这不要紧，我们成长的过程就是不断地在学习如何处理与管理自己的情绪。

给孩子一个小盒子或者一个棕色纸袋，让他们做一个迷你资源回收桶。给孩子讲解可回收利用标志的含义，和孩子讨论一下日常生活中我们都会回收利用哪些物品，让孩子想一想还有哪些东西可能是可回收利用的。让孩子思考一下，有哪些再次涌来的情绪是与当下无关而是来自以前的事情。如果可以的话，你可以和孩子分享你的类似体验。

让孩子把这些引发他受伤情绪的场景写下来或者画下来（也可以是孩子口述，由你帮他写下来）。一个接一个地把这些情绪放进之前做好的资源回收桶里。向孩子解释，他可以抽出其中任何一张纸重新回顾并讨论纸上所写的那种情绪，重新审视回顾的次数越多，日后就能更好地处理这种情绪。

我有一个来访者特别喜欢这个活动，他在我的办公室里放了一个资源回收桶，在他自己的床边也放了一个。每当他感到自己可以真正从某个事件情境中走出来时，他会把那张纸撕碎彻底扔进垃圾桶里，这意味着这件事儿不会再来困扰他了。在学习原谅与宽容的过程中，有的孩子希望一直保留着某种情绪，而有的孩子则会在某个时间点上彻底将其抛入垃圾桶。无论孩子选择哪种做法，我们要让他感觉到的是，他可以控制那些阻碍他原谅与宽容的情绪，从而敞开心扉轻松前行。

彻底清除从零开始

内疚是某些孩子宽容之路上的一个巨大障碍，虽然你可能会认为在那些状况中应该是冒犯他人者感到内疚，但是很多孩子格外敏感，他们会对自己在这个消极事件中所起到的作用感到过度的内疚自责（哪怕只是很小的事情）。学习原谅与宽容，其中也包含着对自己的原谅与宽容。

利亚姆就是个特别容易内疚自责的孩子，哪怕只是特别小的事情（有时事情小到我的"雷达"都无法探测到）也会让他内疚。瑞利特别宽容，当她很快将事情抛之脑后试图赶紧重新找利亚姆一起玩儿的时候，如你所知，利亚姆已经把自己关进自己的房间了（根本不是大人让他这样做的）。他在房间里涕泪横流，浑身肌肉紧绷，他会从自己的角度重述之前发生的事情。在他讲述的版本中可能会包含一些我们根本没有注意的内容。我知道，他需要来一次彻底清除。

彻底清除，从零开始，对孩子来说是一个很贴切的比喻。是的，你的确犯了错误，你原本应该使用更有礼貌的词语，或者用更平和的语气；你不应该毛手毛脚的；你应该认真倾听而不是喋喋不休；你在课堂上应该听从指令，而不是无所事事游手好闲。上面任何一件事情都不是世界末日，然而有的孩子对于批评、指责以及感情受到伤害格外敏感，以致产生强烈的内疚自责。我有个好办法，用一块儿白板和一些可擦除的记号笔就可以让孩子学会彻底清除，从零开始。

让孩子确认一下有哪些事情是一直萦绕在他脑中挥之不去的。和你的孩子换位思考，设身处地去共情，让他知道你完全理解他在那一刻为什么会有那么大的情绪。把这件事情（是经过孩子确认的）写在白板上（对利亚姆来说，写在白板上的事情可能是"我刚才应该用更友好的语气"），然后把黑板擦给孩子。让孩子把写在白板上的那些字用黑板擦擦干净，然后这件事情就算是过去了！你可能会发现孩子用特别剧烈的动作去擦除那些字——没关系，有时候孩子是需要这样的身体动作来释放情绪的。

练习表述原谅的语句

"我原谅你"这四个字对一些孩子来说意味着很多，对另一些孩子来说却不算什么。有时这几个字会为孩子带来安慰，能帮助他们从消极情绪中走出来。这几个字对原谅者和被原谅者双方都会起到作用。但是对一些孩子来说，这四个字还不够。要想让这些孩子原谅那些伤害他们感情的人，除了这四个字，还需要再深入一些。

练习表示原谅的语句可以帮助孩子理解宽容是什么意思，还能帮助他们将事情了结。当我们在孩子面前使用表示原谅的语句时，我们其实是在向孩子展示就算发生了一些让人感情受伤的事情，我们也可以用宽容让事情结束。我喜欢教孩子用"我……"的句型来表达原谅。责怪他人会让情况变得更糟，除了你自己没有人可以把你的情绪和感受带走。让孩子澄清一下是什么事情伤害了他的感情，他的感受是什么，然后说一句针对这个情况的原谅语句，例如："我觉得很难堪也很难过，因为你在学校给我起外号。我原谅你给我起了那个外号"，或者"我感到很害怕，因为你今天对我大吼。我原谅你对我大吼大叫"。

孩子练习使用"我……"的句型和代表原谅的词语次数越多，他就越能掌控这种状况。无论那个伤害他的人是否出现，他都可以选择自己将事情了结。自主选择宽容的行为有助于孩子始终将自己的快乐放在首位。

虽然有的孩子看上去显得比别的孩子更加宽容，但是宽容本身仍然是一种习得的行为，需要不断练习。为孩子示范如何做到原谅，用木偶剧表演和角色扮演的方式帮助孩子处理困难的情境，父母做这些可以帮助孩子学会从愤怒中脱身从而实现原谅与宽容。当我们认可孩子的强烈情绪时，我们会让孩子感到他不是孤单无助的。当孩子觉得别人理解他，并和他站在统一战线上时，他就能够渐渐平静下来重新感到快乐。当你陷入愤怒的时候是不可能做到宽容的，只有冷静下来才更容易继续向前，才能重拾快乐。

5. 同理心很重要

> 没人在乎你知道多少，直到他们知道你有多在乎。
>
> ——西奥多·罗斯福

利亚姆刚上学前班那一年，学年过半时，班里来了一位新同学。利亚姆雀跃地回到家，因为这位新朋友似乎很喜欢卡车和汽车，也喜欢玩儿捉迷藏，这让利亚姆兴奋不已。他简直等不及要赶紧去学校见到他的新朋友。我们姑且把这称为"快速坠入蜜月期"。

客观来说，我的儿子非常内向，不太熟悉他的人通常会觉得他比较冷淡。如果你恰好是在他玩儿卡车、敲鼓或者捉迷藏的时候试图加入他的话，那还好说。否则的话，你还一头雾水根本不知道是怎么回事儿，他就转身去做另一件感兴趣的事情了。就是这样的一个孩子，你很难了解他。

虽然他看上去似乎对身边滑稽搞怪的事情无动于衷，但是他特别"玻璃心"，感情非常容易受到伤害。换句话说就是：他爱哭，总是哭。他特别不喜欢别人冤枉他（虽然我不确定是否有人真的这样对待他）。他和这位新朋友第二次见面时，这个孩子就取笑和戏弄他了。首先，他嘲笑利亚姆长而蓬松的卷发，然后他又说要去告诉老师利亚姆在禁区里玩儿（我甚至不确定有没有这样一个地方）。第三次见面之后，我的儿子从学校一路哭着回到家，说他再也不想去自己最爱的学校上学了。

当然，此刻的我已经进入呵护幼崽的"熊妈妈"模式。我决定下次送利亚姆上学后在学校逗留一会儿。我一转头的工夫，这个小家伙儿（实际上在学前班里这个孩子的个子已经算很高了）又和我家这个小男孩儿掐上了。我赶紧蹲在儿子身旁用胳膊圈住他为他提供支持。结果那个孩子在我的头上打了一下然后走开了。我心跳加速，四下搜寻老师、校长以及任何可以帮忙的人。我找到了一位学校的助教老师，他同意一整天都保护我儿子并提供帮助。

有那么一会儿我认为一切都没问题了，但是好像总有点儿什么不对劲儿的地方。什么样的孩子会去打一个成人，而且这个成人对他来说还是个陌生人？于是我又回到学校去见校长。那时我才了解到虽然这个孩子已经五岁了，但是在此之前他从来没有在幼儿园的环境中生活过，也没有和其他孩子有过社会交往，他现在正处在适应期。

那天放学去接儿子的时候我决定和他重新把状况分析一下。我们一起聊，如果有一个人来到一所新的学校，学校里的其他孩子已经相处有一年了，他会有什么感受。我们讨论这个孩子可以用什么方法吸引别人的注意，我们还讨论为什么他要那么做。我选择把关注点放在设身处地换位思考上，而不是去重复讨论那些消极的内容。这样做的原因是，当你觉得很难和别人相处时，试试换位思考，将心比心，有时会产生不同的效果。接下来的那个星期，我去学校接儿子的时候看到他和那个男孩儿安静地坐在地毯上一起玩儿。一点点同理心就能帮助他做出让步，再给新同学一次机会。我松了一口气，感到很欣慰，我站在一旁看着他们互动交往。

有人认为某些孩子比其他孩子更容易换位思考，更具同理心；而有些人认为换位思考是一种可以教授的技巧。研究表明，这两种观点都是对的。富有同理心的孩子能很好地体察自己的感受，能够将心比心，能了解在某种情形下别人可能会有怎样的感受，会采用可能能够安抚他人的方式去回应（基于自己的经验）。

富有同理心的孩子能更好地独立做出决定，避免受到消极因素的影响。同理心可以保护他们远离欺凌、侵犯和药物滥用，因为他们设身处地换位思考，并且试图帮助别人，这些都会博得别人的好感，使别人开心。埃默里大学的神经科学家詹姆士·里林和格雷戈里·伯恩斯所做的研究表明，帮助别人会触发某些脑区的蛋白质活动，而这些脑区与获得奖励与体验快乐相关联。通俗点儿说，帮助别人会让自己快乐。当我们教孩子去换位思考去帮助别人时，他们学到的是做出更好的长远抉择。

富有同理心的孩子在长大后会有更好的社会交往体验，学业成绩更好，工作成就也更高。事实上，富有同理心是成为一个成功学习者的关键。T. 达林·格纳和戴维·阿斯比两人研究了学生的共情能力和学习成绩二者之间的关系，研究结果显示，学生在同理心测验中的分数和他们的学习之间存在着显著的正相关关系。

科学研究的意义重大，因为它可以帮助我们理解是什么因素在起作用，它会为我们的养育工作提供指导方针。但是在现实生活中，有时我们也很难确定孩子到底在这样一些科学研究中处在什么位置。

我的孩子富有同理心吗？如果在公园里遇到了正在哭泣的小孩儿，我的孩子必须上前帮助每个孩子才算是"富有同理心"吗？如果我的孩子有时候就是想置之不理或袖手旁观，那是不是意味着他缺乏关爱精神，没有同理心呢？

孩子最初表现出同理心大概是在两岁。这个时候他们刚刚开始意识到自己是独立于其他人的一个个体，他们有了自己的想法与感受。两三岁孩子典型的同理心表现是，他们会用那些可以安抚自己的东西去尝试安抚某个家庭成员。如果你感觉不舒服，孩子可能会用他最喜欢的小毯子把你裹起来；如果你心情不好，看上去不太高兴，他会给你拿来一个特别的安抚玩具。两三岁的孩子用这种方式告诉你他们已经接收到你发出的讯号了——他们知道你的感受，他们知道这个时候得到关爱自己的人的安抚是很管用的。

随着孩子的成长，他们会更加了解自己所生活的世界以及生活在这个世界中的人。虽然很多年龄稍小的孩子在理解世界的过程中会变得有些以自我为中心，但是这并不意味着他们没有能力或者不会去设身处地换位思考。有的孩子倾向于接纳周围其他人的感受，而有的孩子只是迷失在自己的经验之中。他们需要得到一些同理心培养方面的帮助，以便更好地理解周围其他人的感受。

培养孩子富有同理心所带来的益处，不仅仅是保护他们远离消极负面的事情，也不仅仅是在学校取得更好的成绩。富有同理心的孩子更加自信，更加安全无忧。他们会为自己做出最佳抉择，既不会伤害他人，也无须寻求他人的认同与接纳。富有同理心的孩子能更好地掌控挫折与逆境，能与他人建立更加牢固的友谊。他们与别人有更好的情感联系。由此看来，同理心是养育快乐孩子的基础要素之一。

那么你如何知道你的孩子是否具有同理心呢？别有太大的压力，在你打算在家里开展这项议题之前，大多数的孩子已经展现出来相当可观的同理心了。你的孩子是不是宁愿帮蜘蛛搬个家也不愿意把它们捏死？这就是富有同理心的孩子。这样的孩子已经明白了所有的生物都有活着的权利，哪怕这会让他们患有轻微虫子恐惧症的妈妈帮助四处寻求庇护。瑞利的蜘蛛搬家计划已经让我对这些八条腿的恐怖生物见怪不怪了，这倒是个双赢的局面。重点在于，你无须去关注别的孩子是怎样设身处地换位思考的，无须从别的孩子身上去得知自己的孩子是否富有同理心。感同身受、换位思考的机会无处不在，而很多孩子天生就能表现出这种同理心。

不过提供一些相关信息还是有必要的，下面就是一些同理心的表现。富有同理心的孩子一般会表现出：

· 能体察自己的感受；

· 善于察言观色，能读懂表情、肢体动作传达的信息（能确定别人什么时候难过、开心、生气等），并做出相应的回应；

· 了解自己的个性（我是这样感觉的，而别人可能是另一种感受方式）；

· 能区分自己的感受与他人的感受，会尝试使用对别人而言有意义的方式去帮助朋友；

· 能预测在不同情况下别人可能会有什么感受；

· 明白自己的行为会给别人带来怎样的影响；

· 有时候会充当守护者；

· 能体察到房间里不同人的各种情绪，有时自己也会受到别人情绪的影响。

另一方面，缺乏同理心的孩子可能会有以下一些表现：

· 识别表情线索和身体语言有困难；

· 当别人释放出悲痛的信号时，很难理解别人的感受；

· 很难表达出别人可能会有什么感受；

· 很难认同别人的感受与情绪；

· 无法预测别人在面临不同选择时会有什么反应；

· 不太明白自己的行为会给别人带来什么影响，也不清楚自己会
  给别人留下什么印象；

· 优先考虑自己的感受与需要。

有人主张同理心是可以教会的，也有的人认为同理心是"不期而
至的"（就像胃肠型感冒）。我的观点是，同理心是可以培养的。多
数孩子来到这个世界时就带有不同程度的共情能力，随着他们的成长
而逐渐展现出来。培养富有同理心的孩子，关键就在于要将他们的这
种本能变成同理心。

谈到培养同理心，很显然，第一步应该是先建立将心比心互相体
谅的亲子关系。孩子总是在模仿我们的一言一行。他们哭了，我们去
帮助他们。我们尝试去理解他们为什么哭泣，我们给出相应的回应。
他们表达情绪时，无论积极的还是消极的，我们都认真倾听。他们需
要欢呼时我们为他们欢呼，他们需要安抚时我们提供安抚。我们付出
无条件的爱，这些为建立相互体谅的关系奠定了基础。不过，培养小
孩子的同理心可不是给小伤口贴个创可贴，或者擦干脸上的泪痕那么

简单的事情。

倾听在同理心的发展中具有重要的作用。欧内斯特·海明威有句名言："别人说话的时候，你要完完整整地听。多数人从来不认真倾听。"富有同理心的孩子不同于其他人的地方就在于他们具有一种能力——他们带着对人的理解去倾听。为了做出回应而听和发自真心为了理解别人而听，这两者之间有着巨大的差别。富有同理心的孩子都是带着对人的理解去倾听的。当别人陈述观点分享看法时，富有同理心的孩子不是简单地点点头，而是尝试去理解其他孩子的感受是什么，是什么让他有如此的感受。

教会孩子为理解而倾听的关键就是，你自己要带着对孩子的理解去倾听他们。很多时候，当孩子与其他人发生争执的时候，父母总是会问："你觉得他是什么感受？"这一刻，父母本能地将同理心转移到了其他孩子身上，但是我们此刻要做的首先是将同理心放到自己的孩子身上。"你看上去很难过"，用这句话作为坦诚沟通的敲门砖，这也是个信号，提醒孩子停下来评估一下自己的感受。如果我们在情况恶化时总是不断提示孩子去体会别的孩子的感受，那么我们无形中在传达一种信息：你的感受并不重要。我们需要认可孩子一天中所经历的所有的情绪，这其中也应该包括引发消极状况的那些情绪。

乔纳森在与其他孩子共情方面经历了一个艰难痛苦的过程。由于多种原因，年仅八岁的乔纳森被安置在寄宿家庭中。他会好端端地突然生气，而且还会不断将怒火蔓延到其他孩子身上。因此，他在学校经常被老师进行计时隔离惩罚。老师让他好好儿想一想自己说那些话会让其他孩子有什么感受。一天天过去了，情况一点儿没有好转。他来我这里开始进行每周一次的咨询时，因为愤怒和不公平而亢奋，使咨询工作的难度进一步增加。从我的角度来看，似乎更像是来解决纷争而不是来进行咨询治疗的。

在我这里，乔纳森想要被人关注的需求得到了满足，也有发挥表演天分的机会了，于是他每次来接受咨询时，都是以声势浩大的隆重叙事开场的，每句话都恨不得带上几个感叹号。"让警察来抓我吧，凯蒂，我又那样做了！！！"紧接着他会开始进行冗长的抱怨，抱怨种种不公——从抱怨寄宿家庭生活到抱怨那些据他所说惹他生气的孩子。在整个咨询过程中，每当我尝试设身处地换位思考时，都会被他的大吼大叫所掩盖。我们梳理过情绪的诱因，我们练习过应对策略，但是我们依然被困在消极事件的旋涡中。

直到有一天，我决定先开口说话。以往他进行咨询时，办公室的门一关上他就开始对我进行连环轰炸。我要打破这个恶性循环，我决定带着他在校园里散步。有那么一小会儿，我们两个都很享受这简单的闲逛活动。当我觉得乔纳森看上去已经足够冷静时，我说出了改变一切的那些话（至少在那一刻是改变了一切的）："我不知道那么小就离开自己的家是什么样子的，但是我能想象得出来，肯定非常不容易，肯定很孤单，也会让人感到混乱、困惑。我敢肯定，如果是我的话，我也会对每一个人发火的。"他抬头看着我，眼泪从眼角涌了出来。他点了点头，开始诉说他的感受，诉说他对父母的失望，诉说他在夜晚感到无比孤独，说他觉得自己再也不像是一个孩子了。

当我们向孩子表达我们理解他们的情感时，当我们给孩子机会让他们分享自己对各种状况的所有真实感受时，我们其实是向他们展示了带着理解去倾听的重要性。冲突与纷争总会找到居中调停的办法的，而解决纷争的首要步骤就是理解每个人的感受——即使是犯错误那个人的感受，也需要被理解。在乔纳森的案例中，他将愤怒的行为直接指向自己的同伴，这仅仅是一种征兆，预示着表面之下有无数其他情绪在沸腾翻涌。他不断犯错，不断得到惩罚，他深陷这种恶性循环中，以至于表达愤怒是他唯一可做的事情。当怒火攻心时，他无法体察到其他的情绪与感受，而他的这些其他的情绪很需要有人能认可与接纳。

事实证明，对很多孩子来说，体察情绪、换位思考显然是一个大难题，大多数孩子更倾向于活在当下。他们将注意力聚焦在此时此地。事情顺利时他们感到高兴，他们的状态也会不错。但是，一旦消极情绪出现，之前未处理好的情绪就会使情况激化，想要设身处地换位思考就成了难以完成的任务。首先认可孩子的感受，通过这种方式向孩子展示你的同情心，这样才能帮助他们在不舒服的情况下尽力去理解别人可能会有什么感受。

对父母而言，向自己的孩子表达同理心和同情心非常重要，与此同时，在孩子面前将这种设身处地换位思考用在其他人身上也是非常重要的。从孩子来到世界的那一刻起，他们就在不断承袭父母的信念和态度。如果我们能始终如一地与人为善，理解他人，我们的孩子也会学到做出反应之前要先考虑别人的感受。我不知道你做得怎么样，我曾经也表现出失望泄气的情绪，并在孩子面前将这种不满迁怒到周围不相干的人身上。

有的时候想要带着同理心换位思考并不是那么容易的，那种感觉就好像玩儿牌的时候所有牌面都是向下摆放的。多数孩子都有着强烈的正义感，这会导致他们在某些时刻坚持线性思考。比如，他们会认为你冤枉了他，而他想要找回公平。实际上，成人有时也会有这样的感觉。某种程度上，这是一种相当自然的本能。如果一件坏事儿是因为某个人而发生的，那么这个人就应该承担某种后果。但是在现实世界中，有时事情并非这么简单。我发现当我遇到挫折困难时，自我对话可以帮助我将思绪聚焦在事情的核心上。某个客服人员在电话中提供的服务令我不太满意时，有可能是这个接线员那天的确遇到了什么不太好的事情而状态不佳；也可能他听了一整天的投诉已经快到极限了，而我就是那一串抱怨者中的最后一位；也许那个人那天不太舒服或者心里有些别的什么事情。我很清楚如果我心里在担心某个孩子的时候我的耐心就会非常有限，所以我想别人可能也会有类似的情况吧，为什么不能体谅一下呢？

当父母向他人释放善意而不做评判时，他们示范的是全面思考问题的重要性。我们不可能清楚地知道别人每一秒钟的感受，我们当然也不可能知道别人的生活究竟如何，但是我们可以停下来去考虑各种可能性，而不是一上来就在愤怒中做出评判和反应。当我们被善意驱使时，哪怕善意未必得到回报，我们依然教会了孩子用同样的方式行事。

近年来，父母、教育者和专家们尝试寻找各种方法来减少同伴欺凌现象，希望学生们友好相处。这也使得大家越来越注意到同理心的重要性。不经意的善举出现在世界各个角落，不分年龄。做点儿有益于他人的事情，不求回报与感激，这种行为鼓舞着人们继续将善意传递下去。这些善举通常都会被欣然接受，有时还会扩散出去（因而潜在地触发了更多不经意的善行），不过更重要的是，我们要教导孩子有意识地多参与这样的善行。在某个时刻为陌生人买一杯咖啡固然是非常无私的小小善举，然而要想培养富有同理心的善良的孩子，我们还必须教导孩子不要被动等待某个契机，而要在每个时刻都主动选择行善。我们无法控制别人如何对待我们，但是我们可以决定自己如何对待他人，这才是培养同理心的重要因素。

概括地说，就是当我们花时间去理解别人的感受时，当我们站在他人的角度去看待问题，而不是在头脑发热的时候急吼吼地冲上去做出评判与反应时，我们将收获更好的人际关系、更强的团体意识以及更棒的自我感觉。这也是获得快乐的秘方。

和其他事情一样，同理心也是需要练习与重复的。实践同理心的最佳方式就是要保证让每个孩子都感到这个过程有意义，感到舒服。简单地说就是所选择的策略能照顾到每个人的个性与特点。

培养同理心的技巧

上演社交情景剧

小孩子喜欢把自己打扮成某个角色，假装自己是另外一个人，这已经不是什么秘密了。角色扮演游戏是孩子弄清楚世界如何运转以及理解想象与现实之间差别的重要方法与途径。角色扮演对于孩子掌握观点采择技能也大有帮助。当他们尝试扮演某个角色的时候，他们就必须站在一个不同的角度去思考。

父母可以把观点采择和同理心整合在一起，帮助孩子进一步理解这个概念。当你用上服装道具、场景和灯光之后，社交情景故事会立刻生动起来。在提示卡上写下一些提示语（例如：一个小男孩儿摔坏了提米的玩具卡车），然后让孩子从中挑一张卡片。让孩子根据这个提示语写剧本、做筹备并导演一出情景剧。要记得提一些开放性的问题，帮助孩子思考感受与解决总结。

使用"开口说话"小沙包

实践换位思考、将心比心的一个难点就是积极倾听。要想真正地去倾听他人，那就要克制住打断别人的愿望，也不要一直琢磨自己接下来要说什么。你要一直认真听别人说，还应该在结尾时问一些跟进性的问题以便了解更多的相关信息。为了达到这个目的，可以使用一些小道具。

当你要居中调停一场兄弟纷争，或者要协助解决游戏场地上的一场对峙时，你可以准备一个小沙包放在手边。这是个非常简单的办法。拿到小沙包的人才能开口说话，而其他人必须认真听着。要注意提醒说话的人讲清楚自己的感受，说一下事情是怎么恶化的，再说说自己的需求是什么。提醒正在听的人要问一些跟进性的问题并且要帮助找出解决方案，然后把小沙包交给下一个人。

教会孩子先倾听再反应，可以帮助他们体会到别人的感受，而不是过度聚焦于谁是谁非的问题上（这是孩子的常见表现）。当他们将精力与能量都放在理解他人的感受以及如何能帮助别人时，他们会变得更加自信有担当。最终，他们也会更加快乐。

混杂的鞋子

父母总是告诫孩子要"穿别人的鞋走路"（译者注：俚语，比喻要站在别人的角度去看问题），鼓励孩子尝试理解别人的感受，但是这的确不是件容易事儿。实际上，年龄稍小的孩子通常只思考字面上的含义。除此之外他们有时还很自我（哈哈，这是小孩子的特权），这两个特点结合起来，你就会发现"穿别人的鞋走路"这句话会让他们感到特别困惑。"穿别人的鞋"怎么会让我更加理解别人呢？

实际上，"穿别人的鞋"真的可以教会你很多东西。"混杂的鞋子"就是一个很好玩儿的观点采择游戏。这个游戏特别适合若干孩子一起来玩儿，兄弟姐妹或者朋友（加上父母也没问题。提示：这也是个很棒的班级活动）。所有的游戏者围成一个圈儿，脱掉鞋子然后把鞋子堆在圆圈儿中间。让孩子们逐一上前去鞋子堆里选一双不属于自己的鞋子穿上。有的鞋子大，有的鞋子小，有的鞋子可能是完全不同的类型。这个游戏的有趣之处就在于可以尝试一些新东西。

当所有人都穿上自己挑选的新鞋子之后，让大家试着在周围走一走。孩子们在这个环节会显得傻乎乎的，这是好事儿。现在他们就如同字面上所说的"穿别人的鞋走路"，这会开启一扇大门让他们理解他人。重新围成一个圆圈儿，然后让每个人描述有关鞋子的细节。提示孩子要注意有关鞋子的一切信息，从颜色样式到脚趾和脚跟的磨损程度。让每个孩子想一想，鞋子的主人是怎样玩耍的，他可能会喜欢做什么，这双鞋子可能跟着主人去哪里旅行过。每个孩子要试着从鞋子主人的角度来讲述一个故事，然后让鞋子的主人站出来对这个故事进行回应——同意、不同意或者分享自己的观点，然后再让下一个孩子讲故事。

让孩子穿着别人的鞋子走路并试着像鞋子的主人那样思考，这样的活动给孩子提供了机会，让他们在这个过程中从自己的感受与需要中撤离出来片刻，尝试用另一个人的身份去体会。这是一项重要的人生技能，会随着他们的成长持续不断地帮助他们和人交往，建立联系。

肢体语言西蒙说

解读肢体语言并不是件容易事儿。我们的常识告诉我们，当人们双手抱胸站着时，他们可能是有所防备或者想要掩饰一些什么。我发现自己在紧张的时候会双手抱胸，我还发现自己在和人谈话时会尽量避免过多地手舞足蹈（我其实是想当个活泼生动的演讲者）。解读肢体语言不可能变得很简单，因为人是不同的，人们使用肢体语言传达情感的方式也各不相同。瑞利在陷入思考时习惯用手指卷自己的头发，而很多孩子在紧张焦虑的时候才会有这个动作，这真的一点儿也不简单。

"肢体语言西蒙说"是个很有趣的活动，是经典游戏的一个变式，它可以帮助孩子去思考我们如何使用身体去表达情感，还可以帮助孩子看到别人是如何体验与表达情绪的。不同的人在难过悲伤时表现出来的样子也是各不相同的，需要花些时间才能理解别人试图用表情线索和肢体语言告诉我们什么。

这个游戏实施起来非常容易，就像标题所说的一样。游戏步骤和经典的"西蒙说"游戏是一样的，只不过要把动作指令换成让孩子表现出各种情绪（难过、生气等）。一定要注意描述每个孩子的样子，这样可以提醒大家在游戏过程中去观察每一个游戏者。

为孩子做示范

我知道"父母是孩子的榜样"这句话你已经听烦了。我们必须面对一个事实：育儿是个不断尝试的过程，有时候你可能做得很好，但有时没那么好。不要担心，不太好的那几次（也许不止几次）并不会抹杀那些做得好的时候，尤其是你还能从那些做得不太好的例子中吸取经验教训并由此产生同理心。

你可能在日常生活中经常寻找各种机会为孩子示范如何换位思考。每当你鼓励孩子去考虑他人时，你就在孩子心中种下了同理心的种子。当孩子摔倒擦伤了膝盖，你的反应不仅仅是给他贴上一个漂亮的创可贴，你还会用安抚的语句告诉他摔伤膝盖真的很疼，甚至还会给他讲上一两个你小时候摔伤膝盖的事情，你的这些做法就是在示范同理心。当孩子在学校遇到困难时，你的反应很友好，你和他聊了聊你上学时候经历的那些酸甜苦辣，你的这些做法也是在示范同理心。你回应给孩子的都是友好和善解人意，你就是在向孩子展示如何用同理心对待他人。

代替孩子迅速解决问题和用同理心对待孩子这二者之间存在很大的差别。当孩子一有麻烦父母就急着跳出来帮忙解决，孩子就会产生习得性无助。长此以往，他们就会认为自己没有能力解决自己的问题。但是，如果父母的干预方式是情感支持与表达同理心，那么孩子就知道他们自己可以解决问题，而父母在这个过程中会一直在那里支持他们。

我们不仅要在家里及时地展示我们的同理心，更重要的是，我们还应该将同理心延伸到社区中，延伸到其他人身上。当孩子看到我们关心他人，看到我们带着关怀去帮助别人，他们会学到帮助别人可以让世界更加美好。朋友生病时为他做顿饭，邻居有需要的时候帮他捎带一些物品，帮助年龄大的邻居扫扫树叶或者给他们的花园除草，这些小小的善举都有助于培养富有同理心的孩子。

变化创造者

父母需要为年龄稍小的孩子示范准备性的社会行为，除此之外其他孩子对年龄更小的孩子也有着不容小觑的鼓舞作用。哥哥姐姐和年长的朋友同样可以为年幼者示范同理心。你是否曾经鼓励孩子去做一些看上去挺困难的家务活儿，而你仅仅是告诉他这项家务需要有人来做？我这样做过。我最近才把吸尘器的操作权下放给孩子，变化也随之发生了。

当孩子感到自己得到了他人的理解与认可，并且别人用了适合他年龄的方式对待他时，他就会迎难而上。确保家中的一切事情都"公平"听上去很诱人，但是实践起来就会发现对年龄稍大的孩子来说其实有点儿不公平。实际情况是，随着孩子的成长，他们变得越来越有能力承担更大的责任。如果这些责任能让孩子感到自信与自豪的话，他们就更愿意克服困难迎难而上（或者是承担责任）。

鼓励哥哥姐姐或者年长的朋友成为变化的创造者，让他们去帮助弟弟妹妹或者年幼的伙伴，处在帮助者位置去实践换位思考与同理心。当他们转换为帮助者的角色时，年长的孩子就会从一个不同的角度去评估某个事件与状况。变化创造者会让其他孩子说出他们的感受，找出诱因并一起进行头脑风暴，最终找到解决办法。比方说，两个孩子因为游戏规则而争吵不休，变化创造者会帮助每个孩子站在对方的角度去理解事情，并一起找到解决冲突的办法。

在帮助年幼者的过程中，可以教变化创造者去分享自己的类似经验，告诉年幼者那个时候自己的感受是什么。经过这样的练习，变化创造者为年幼者示范了如何去换位思考表达同理心。孩子可以从自己的哥哥姐姐以及年长的朋友那里学到很多东西，而这个策略也可以帮助所有的孩子聚焦于积极的社会互动与交往。

信任他们

这一点似乎无须我再过多介绍了，要信任你的孩子。做起来很容易吗？有的时候很容易，有的时候则不尽然。当夜深人静，我们回想起这一天里小家伙儿的种种"伟大之举"时，我们当然是全心信任他们的。我们信任这个小小的体操运动员不会轻言放弃直到征服平衡木；我们相信这个小小的艺术家在创作逼真精妙的水下世界时不会把颜料蹭得满墙满地；我们还相信这个小小的棒球队员最终总会跑到一垒。但是在那些遇到困难的时刻，我们还是这样信任他们吗？诚实地说，我们在一些重大的关键时刻真的信任他们吗？

孩子每天都会听到或收到大量的否定或消极信息：不要爬到沙发上、老师说话时不要插嘴、上学别迟到、别把颜料弄得到处都是……儿童时代就是连续不断地尝试犯错的过程，孩子在这个过程中一点点取得进步，然而由于获得了负面的信息，结果使错误更加突出。

我们必须在关键时刻依然信任孩子，而不仅仅是在夜深人静时才信任他们。我们必须在他们处于低谷的时候信任他们，我们也要在他们状态良好的时候信任他们，在他们不知道该往什么方向走时信任他们。我们要用我们的语言、我们的行动、我们的心去向他们展示我们对他们有多么信任。

我的储物柜上有一个小磁贴，就在我的书桌旁。虽然我每天都会不止一次地看到它，但是每次看到时我依然会眼眶发热，眼角湿润。这是一位年长的督导者送给我的，每次我看到这个磁贴时上面的字句就会回荡在我的心灵中，它时刻提醒着我，在帮助孩子的道路上，我可能会改变方向但应永不止步。磁贴上的字句出自犹太法典，它提醒人们信任孩子非常重要，哪怕做起来真的很难。这句话是，"每片叶子都有一个天使弯下身子对它低语：长大，快长大"。

社交小侦探

"同理心"对年幼的孩子来说是个很抽象的词语，也是个很大的概念，即便事情发生了他可能都没有意识到那就是"同理心"。比方说，一个朋友哭了，另一个朋友来帮助他，当孩子看到这个行为时他也许明白这是一件好事儿，但是他未必能将伸出援手与同理心这二者联系起来。他也未必能在此刻停下来想一想，自己应当如何站在别人的角度去思考，以及如何帮助别人。

"社交小侦探"是一个很有趣的小游戏，当你和孩子出去玩儿的时候可以进行这个活动。孩子天生具有好奇心，他们对人、地点以及见到的事情都怀有强烈的好奇心，而这种好奇心为我们提供了一个很好的跳板，可以让我们以此开展谈话，讨论人际互动问题。进行这个游戏时，我们可以和孩子坐在草地旁的长椅上一起观察一段时间，而不是直接冲进游戏场地中去玩儿。让孩子变身为小侦探，注意周围发生的事情。有的孩子在这时可能还会带着一个情绪核查表。根据每个孩子的面部表情和行为逐一指出（或者让你的孩子想一想）：他们现在的感受可能是什么？什么事情让他们有这样的感受？如果他们现在看上去比较高兴，那么还有什么会让他们更加高兴？如果他们看上去有点儿难过，那么什么会让他们高兴起来？如果他们看上去有点儿孤单，他们需要什么才能感到不那么孤单？

鼓励孩子去寻找线索并在情绪与行为二者之间建立联系，这样可以帮助他们站在其他孩子的角度进行思考，并考虑如何提供帮助。这是个很棒的练习，尤其适合那些不太容易和人快速打成一片的安静孩子。

感恩罐

感激与同理心是相依相随的。当孩子体验到感激并能表达出这种感受时，他们更有可能与他人共情并理解他人。通过学习感恩，年幼的孩子会变得对周围的人（孩子和大人）更加敏感。他们可以学会从自我中心的世界撤离出来，去理解别人为自己所做的事情并据此帮助他人。与那些没有在感恩的环境中成长起来的孩子相比，会感恩的孩子更加快乐与乐观（令人难过的是，不会感恩的孩子似乎容易陷入失望的恶性循环中）。幸好感恩是一种习得的行为，你必须去教导孩子学会感恩（只是空喊"你应该心怀感激！"可不算是教导）。

"感恩罐"游戏是个很有趣的家庭活动，它是不间断持续进行的，可以帮助每个家庭成员停下来表达感谢。你需要准备的所有材料，包括一个漂亮的小罐子、一小叠纸和一支笔（年幼的孩子需要成人帮助写下内容）。把感恩罐放在家中最受大家喜爱的房间里（在我们家，感恩罐被放在厨房或客厅里），告诉孩子这个罐子要负责装下这一周所有家庭成员有关感谢的想法。所写的内容要非常具体，你可以给孩子举例说明（"我非常感谢姐姐给我指导功课"）。任何时候，只要某个家庭成员感到某件事情让他心怀感激（可以是任何事情，有时我非常感谢我家的玫瑰花园让我心旷神怡、面带微笑），那么就应该把它写在一张小纸片上然后放进罐子里。每周一次（可以安排在全家一起用餐之后）把罐子里的纸条倒出来，把这些表达感谢的想法读给全家人听。

类似这样的小练习有助于我们立足现实。"感恩罐"游戏可以让孩子学会慢下来去感谢生活中的小事情，还可以帮助压力重重的父母找到他们的重心，知晓自己被大家的感谢包围而获得安慰。

换位

对年幼的孩子而言，理解别人是什么感受是件挺难的事情。有的时候他们都生活在自己的小小宇宙中，想要脱离自己当下的感受与需要去看待问题实在是不容易。给学习换位思考的小任务增加点儿趣味性可以帮助孩子更好地吸收与内化这些信息。

无论是对大人还是孩子来说，"换位"都是个很好玩儿的同理心游戏。这个游戏最好在户外进行，这样你们会有足够的空间可以活动。首先要制作一个社交情景列表，这些情景应该适用于你的孩子并且能提供机会让孩子练习同理心。比方说"一个伙伴感到很难堪，因为他的新发型被嘲笑了"，或者"一个小女孩儿很伤心，因为他的爸爸要出差很久才能回来"。这样的情境可能比较适合我们家孩子，你要总结出你的孩子可能会遇到的真实可信的情景。

在每张纸片上写下一个情景，然后把纸条放进一个帽子里。让孩子从帽子里抽一张纸条出来，大声读出上面的内容。让抽出纸条的孩子给每个人指定一个角色。比方说，在"男孩儿的新发型被嘲笑"那个情景中，你至少需要一个人扮演男孩儿，一个人扮演嘲笑者，如果再有第三个人扮演想要帮忙的目击者就更好了。计时两分钟，开始表演这个情景。不要给这个表演设定太多的规矩。只有让孩子不受限制地表演这个情景，他们才能获得更多的启发，学到更有意义的内容。两分钟一到，大喊一声"换位"，每个游戏者转换身份继续进行下一轮的两分钟计时表演。

直到每个游戏者把所有的角色都扮演过之后，结束表演环节，开始讨论不同角色的感受。也许身为嘲笑者会在某一刻感到特别畅快，但是身为被嘲笑者可能会感到自尊受伤。鼓励孩子说一说换位会带来什么不同的感受，当然你要记得和孩子分享你的想法与感受。

家庭社区服务

全家人一起协作，共同帮助他人是一个非常有效的途径，它可以将同理心潜移默化地灌输给孩子。孩子的大部分时间都在上学、上课外班或者和同伴玩耍，当然这样做无可厚非，但是由于他们在年幼时眼界过于狭隘（这不是负面评价，这只是儿童时期的客观现实），因此他们不太容易理解周遭的事情。让孩子参与到助人活动中可以扩展他们的视野，使他们有能力去做出改变，还可以帮助他们发展同理心和感恩心。家庭社区服务项目还有什么附加价值？志愿助人者可以体会到更大的快乐。

帮助别人的机会无处不在。飓风桑迪对东海岸大部分地区造成严重破坏之后，我的女儿在她的幼儿园同学中为需要帮助的孩子与大人收集衣服。起初只是个小小的举动，结果收到了大量的衣物，最终一百五十件衣服装了满满两大箱。无论是在动物收容所陪小狗玩儿，还是打扫本地的公园或沙滩，或者是为需要帮助的家庭奉献时间、捐赠物品，对家庭而言，大家团结在一起帮助他人都是再好不过的了。在选择助人项目时，让孩子也参与意见。当项目对他们而言富有意义时，他们会从中获得更多的体会。

种一棵树

你知道园艺工作有助于建立同理心和责任感吗？这是真的。从园艺工作中，孩子可以学习到很多东西。他们会学到自己对于植物的生存是负有责任的。他们要了解每一种植物，发现它们的需求。有的植物需要充足的阳光，而有的植物只需要部分日照；有的植物需要一周浇水三次，而有的植物每天都得浇水。他们还要除去植物周围的杂草并小心呵护它。为了帮助植物充分生长，孩子还得考虑植物每天还有其他什么需求。

想让孩子通过园艺工作在同理心方面受益，你并不需要种一棵大树，也不需要有个大花园。实际上，从一粒种子入手就挺好的。在一个小小的杯子里放入植物的种子，以此作为起点，随着植物的生长，孩子有机会去培植和移植。种植的过程可以帮助孩子设身处地为植物着想，而不是考虑自己的需要，这一切都会让孩子生活的世界成为快乐之地。

6. 说出你的想法
——变得更有主见

不要害怕独自前行。也不要害怕自己喜欢上它。

——约翰·梅尔

安静而又温良恭谨的孩子有个问题，那就是有时候在面对错误时，他们也会保持安静和温良恭谨。在遇到困难的时候，他们纠结着不去捍卫自己的需求也不去寻求帮助。他们时常会退避，等待着压力慢慢过去。

萨曼莎就是这样一个孩子。十一岁的她遭遇了太多的事情，她的父母终日争吵着闹离婚，一位亲密的家人患有不治之症，一个哥哥整天不着家没时间陪她，萨曼莎经常感到很孤独。尽管如此，你却无从知晓这一切，因为萨曼莎几乎从不向人求助。她安静而富有创意（她画在作业本封面上的图画让班里的许多女孩子都艳羡不已），当压力过大无法处理时，萨曼莎就会退避到自己小小的内心世界中去。

她来到我的咨询室接受咨询治疗，我温柔地探询有关她的事情，努力想让她明白要关注自己的感受，并且她的需求是很重要的。但是在整个咨询疗程中，她大部分时间都沉浸在艺术活动里，她在我这里用杂志碎片和手工卡纸做出了精妙绝伦的拼贴画。随着时间慢慢推移，她一点一点地放下了戒备。如我们所见的那样，她不敢坚持主张自己的需要，因为她不想冒这个险，担心自己会进一步扰乱这个家庭，担心自己会让身患重病的家人病情进一步恶化。"我很好！"她一周又一周地这样说着，而眼泪在她那早已失去光彩的棕色大眼睛中打转。

于是我们用那些拼贴画开始了我们的治疗之旅。我们用碎片拼出一些表达自信与感受的语句，我们肩并肩一起安静地做着这个工作，逐一比对着字词短语并分析它们的含义。直到有一天，萨曼莎拼出了这样一句话："我一点儿也不好。"这句话就像开闸泄洪一样。

教会孩子自信有主见地表达自己的渴望与需求，但是不把它们强加在别人身上，这个过程是非常缓慢的。有的孩子天生就比别的孩子更有主见，不过所有的孩子都可以学会为自己挺身而出。

要想帮助孩子学会坚持自己的主张，很重要的一点是要帮助他们看重自己。这并不是简单地教孩子发出自己的声音，更重要的是要让孩子知道他们有自己的声音，并且他们的声音是有价值的。而这一点要从教养风格开始做起。

在第一章我们讲过因材施教的重要性。性格很重要，关注自己孩子的个性特点有助于你决定用什么方式去养育孩子。当然，有的时候你会做得特别好，有的时候你得摸索尝试，更多的时候是处在二者之间。我们不得不坦诚地说，教养风格可能也会因为各种因素而一天天地发生变化。许多专家对育儿问题进行了多年的研究之后，将常见的教养风格分成四种类型。在这里我有必要重申一下：并不存在一种

"一招儿走遍天下"的教养方式，更有用的办法是思考你的行事风格，考虑如何将你的行事风格进行调整，从而更好地将孩子视为一个独立的个体，帮助孩子茁壮成长。

- **纵容放任型**。纵容放任型的家长经常向孩子妥协。这些家长希望一切顺其自然，尽其所能地避免发生冲突，因此规则和日程表在他们这里并不是特别优先和重要的事情。他们经常会觉得自己陪伴孩子的时间不够多，他们希望和孩子在一起的时候总是快乐高兴的。当然缺点就是孩子可能体验的情绪感受非常有限。如果你从没有听到过别人对你说"不"，简直就像是生活在电视剧里一样，那么你就很难融入真实的世界（学校、夏令营等等），因为遭到拒绝是真实世界的一部分。这些孩子可能有的时候会过于强烈地捍卫自己的主张。另一方面，纵容放任型的家长会感到自己深深爱着自己的孩子，想为孩子创造一个快乐无忧的生活环境。解决方案就是：找到一个折中的办法。你不能在任何时候都对孩子有求必应。孩子需要规矩与界限，这是生活的一部分。既要重视短期的快乐，也要考虑长远的快乐，这样才能帮助孩子明白做出适合自己的选择的重要性。

- **忽略放手型**。忽略放手型的父母奉行的理念是遵循自然因果规律，物竞天择。让孩子从经验中吸取教训，这样他们才能学会独立。这种教养风格有点儿"授人以渔"的意思。好的一面是，这些孩子的确能学会坚决捍卫自己，而且在遭遇失败时他们会重新站起来再次尝试，越挫越勇，屡败屡战。不那么好的一面就是，他们可能没有学会求助于人。他们总是忙于为自己而战，他们总是坚强独立，可是他们不明白每个人都有需要别人帮助的时候，只有先向人求助才能得到帮助。孩子都是需要帮助和指引的，这是真理，也是童年必不可少的一部分。你的丈夫抵死不肯下车问路，就因为他以前去过那个地方，于是他坚信自己最终肯定能找到地方。你肯定知道那种感受吧，简直让人抓狂。求助是件好事儿，我们来做个约定吧，一定要培养一个不惧于寻求帮助的孩子。解决方案就是：教会孩子为自己着想，鼓励孩子去寻求外援，在孩子向你提出要求时要为孩子提供帮助。现在你守在孩子身边做好提供帮助的准备，日后会有那么一天他们不再这么依赖你。

· **独裁专制型**。这种规矩严明、相当严厉的教养风格要求孩子绝对服从。没有民主，也没有商量的余地。孩子知道自己在家里的位置与身份，清楚什么能做、什么不能做，明白在各种不同的情况下父母期待自己如何行事，没有犯错的余地。积极的一面是，这些孩子特别明白规则，也很了解各种事情可能带来的后果。消极的一面就是，负面效果远超积极的因素。独裁教养下的孩子容易焦虑、害怕失败、情感疏离，到了青春期他们更容易进行一些秘密行动。还记得第二章里写到的埃弗里吗？她上了中学之后就走上了这条路。解决方案就是：你可以保持对孩子的高要求高期待，但是这一切都应该是包裹在爱中进行的。教养的过程也应该包含大量的平等交换、互相迁就。尊重孩子原本的样子，将他们作为独立的个体来养育，有时你必须有所妥协。

· **平等权威型**。这种教养方式常常被称为是"最有效"的教养方式（尽管我们知道养育中没有第一名）。平等权威的父母会给孩子设定高期待高要求（不过这些期待与要求是适合孩子这个年龄的），同时父母也为自己的选择与行为设定高要求。平等权威型父母养育的孩子在学业上表现更出色，具备更好的社交技能，情绪也更稳定。这些父母知道何时应该对孩子说"不"，何时应该点头称许，也知道什么时候可以将条条框框的规则暂时抛之脑后。这种风格有什么缺点吗？这种风格会让养育过程变得有些困难，因为人无完人。有时这种教养方式会让父母苛责自己在教养过程中做出的每个决定。解决方案就是：让自己喘口气。养育孩子像是马拉松而不是短跑冲刺，这段养育之旅的终点没有奖牌等着我们。要接纳这个过程中的好好坏坏，从失误中吸取教训就可以了。

既然我们是在培养一个独立的个体，为什么我们还要考虑教养风格？那是因为我们每个人都有自己的养育方式，而我们展现给外人看的养育方式可能和我们关起门来在家中使用的养育方式大相径庭。为了能将孩子作为独立的个体来培养，为了能让孩子恰当地坚持自己的主张，我们需要思考自己是如何教养孩子的，也需要思考还需要在哪些地方做出调整。了解了自己的底线，才能选定某一种风格或者某几种风格混搭，才有助于培养出自信有主张的孩子。

有主见总是和自尊紧紧联系在一起。需要找到归属，害怕被拒绝被批评，担心别人认为自己无能，这些都会阻碍孩子毫无保留地说出自己的想法。而这些恐惧都有可能是被"教养"出来的。如果你总是担心别人会怎么想，担心别人会如何评判自己，那么活在这个世界上简直太累了。

我很清楚这些，因为我也曾经是这些孩子中的一员。我因为破坏了学校纪律而被吓呆了，这导致我小时候在课堂上再也不愿意多说话了。至今我依然记得那一天，那时我上二年级，我不敢让别人知道我的感受。我很讨厌默读，而我们已经默读了好一会儿了。虽然我很爱读书，但是我从来不喜欢被强迫着读书。于是，我做出了一个完全不像我行事风格的举动——我举手问老师默读还要进行多久才结束。我的老师是一个很冷静的像我妈妈一样的女性，她停下巡视的脚步，直直地看向我。我感到所有人的眼睛都盯着我，等着看老师会说些什么。老师把手放在自己的脸上然后说："凯蒂，我太震惊了，我为你感到很羞愧，只是羞愧。"这就是我毫无保留直言表达想法的结果，太冒险了。

学会用适宜的方式声明自己主张的孩子能体会到更强的自信，能更快地从负面回应中恢复过来，也会对自己所做的决定更加满意。他们会当场制止欺凌行为（至少不害怕去尝试阻止），当有不公平的事情发生时他们会寻求转机。他们会轻松地解决麻烦的状况，因为他们知道，别人的感受与权利需要得到尊重，他们自己的感受与权利也同样重要。生活中他们也更加快乐，因为他们不害怕做真实的自己，并且敢于说出自己的心声。

教孩子掌握有主见地与人沟通的艺术是一个难点。有主见和咄咄逼人是两件完全不同的事情，但是有时在孩子心里二者容易混淆。坦率表达和在言辞上压过别人二者之间有着显著的差别，孩子需要学习的是如何更好地表达自己的感受与需要，同时心里也要考虑别人。

开始的时候，最好先让孩子了解一下不同的沟通风格。多数孩子并不知道在与他人进行沟通时自己是可以有所选择的。他们之前可能偶然发现了某种沟通风格并一直坚持使用，根本不管这种风格会带来什么后果。在你教孩子了解不同的沟通风格时，最好在心里准备一些例子，这会很有用处的。（这些例子最好是对孩子而言很有意义的——忘掉历史课上的那些例子，把注意力放在孩子认识的人或者角色上。）

- **被动的沟通者**。被动的沟通者总是很安静很温顺，别人说什么就是什么，从不为自己的权利而争辩（说实话，他们可能甚至都不知道自己是有权利的）。他们尽力避免意见不一致，他们不善于说"不"，通常在事后又感到生气与怨愤。

- **攻击性的沟通者**。攻击性的沟通者通常是大嗓门儿。他们想要主导交谈过程并威胁别人，他们固执己见并且总是立刻对别人做出反击（难以控制自己的冲动）。他们会利用自己的力量和地位去满足自己的需要，从而侵犯别人的权利。

- **有主见的沟通者**。有主见的沟通者坚定、直接而诚恳。他们是有效的沟通者，能清楚表达自己的感受与需求。他们在交谈时会进行目光接触，也会展示出自信。他们尊重别人的权利，同时清楚地认识到自己也同样有权利，并能做出自己的选择。

随着时间的推移，很多孩子会根据情境转换自己的沟通风格。比方说，一个孩子在课堂上很有自信也能坚定表达自己的想法，可是到了棒球场上可能就没法儿像课堂上那样有主见了。这是相当正常的，在年幼的孩子身上出现也是意料之中的。每个孩子都有自己的强项与长处，他们会在这种场合下感到更加自信更有主见，在别的场合则不能，这是非常自然的事情。不过，重要的是我们要和孩子讨论如何在各种不同的场合下进行沟通，因为这能帮助孩子学会发出自己的声音。

不管你信不信，对孩子来说，发出自己的声音是件非常难的事情。无论他们走到哪里，都会有人向他们提出一串的要求与期待。在家里应该是什么样的，在学校应该是什么样的，在球场上应该是什么样的，处处充满了期待。他们何时能真正有机会说出自己的心里话？大多数时候，班级里喜欢发声直言不讳的孩子往往是受到训斥与谴责的那一个。他们太渴望说出自己的想法、感受和忧虑了，以至于可能等不及找到一个合适的时机就毫无保留地说了出来。另一方面，在学业上，如今的孩子从很小的时候就要学习很深很难的内容，他们可能根本没多少时间去表达自己的想法、感受与忧虑。孩子身处坚持自己主张的边缘摇摇欲坠，他们在这种时候（你知道的，被默读烦得想哭的那个孩子）听到的就是：闭上嘴，别招致大家的谴责。

事实就是，从孩子开始学习说话的那一刻起，我们就在教他们如何去听。我们让他们听从指令，听大人的话，尊重大人，守规矩。问题就在于我们忘记了教他们如何坦率直言。

"自己的想法与感受是很重要的"，想帮孩子理解这一点是很难的。年幼的孩子有时会很冲动（有的孩子是多数时候都很冲动），他们通常不会先停下来评估一下情况然后再做出选择。有的孩子可能会不假思索立刻说出自己的需求，而有的孩子则可能爬回自己小小的壳中等待着自己的情绪慢慢过去。我们要协助孩子确定何时以何种适宜的方式坚定表达自己的感受与需要。

有个好消息，那就是我们在前面谈到的教养方式对此是很有帮助的。要成为一个有主见的沟通者，既需要认真倾听并磨炼自己的耐心，也需要用语言表达感受与需求，二者同等重要。如果父母能使用积极倾听的技巧，在插手解决麻烦之前先给孩子说话的机会，那么他们就向孩子很好地示范了如何在沟通中坚定表达自己的主张。有主见是一种习得的行为。孩子有机会看到别人在沟通时坚定立场，那么他们就能学会自信地说出自己的想法。如果孩子看到的是被动的沟通或者充满攻击性的沟通，那么他们也会照猫画虎模仿这样的沟通方式。

十岁的玛格安静、冷淡又疏离。她喜欢把自己藏在连帽衫的帽子下面，不太能坦率说出自己的想法。她和同伴交谈时几乎毫无障碍，一旦要和老师互动，或者要寻求任何帮助时，她就会戴上帽子，坐到教室后面沉默不语。她的双亲一个经常出差一个异常繁忙，玛格经常缩进自己的小小世界里。

玛格和妈妈无话不说，这本是件好事儿，但是她的妈妈喜欢事无巨细地掌控一切，这导致事情走向了不好的一面。她总是代玛格发声。虽然这一切的出发点是爱和忠诚（妈妈想尽可能多地帮助玛格），但是对玛格的自尊起到了负面影响。事情完全不像玛格所想的那样，玛格误认为妈妈总会来帮她解决一切，而她自己完全不用操心如何处理自己的压力源。玛格觉得自己无法处理任何事情，她妈妈总是知道该说什么，她妈妈总是清楚与人争执时该从哪里开始，并且如何持续下去直到最终获胜，而玛格则完全相反。每次她妈妈挺身而出代表她说出她的需求时（所使用的方式在言语上有些攻击性），玛格都会把自己缩到自己小小的世界的深处，那是她的安全之地。在这个过程中玛格所学到的就是她自己是无能的，而我的职责就是要让她知道她有能力。

帮助玛格从一个经常躲在教室后面的孩子变为一个知道如何说出自己想法的自信孩子，关键是要回到最初的状态。我们一起制作了一个完全针对她的"权利账单"（见下一节），按照账单逐一进行，从肢体语言到冒些没有大碍的风险再到理解自尊的含义。实际上，下一节提到的很多工具都在帮助玛格敢于说出心声的过程中起到了重要的作用。

　　有主见的孩子会成长为有主见的大人。坚定自己的主张还能培养耐心、洞察力和接纳度。教孩子带有主见地与人沟通的艺术会为他未来拥有健康而快乐的人际关系奠定基础。

教授坚定表达主张的小技巧

制作权利账单

　　身为父母，我们花费了很多时间教孩子如何承担责任。我们制定规则与限制，我们设定期待值。我们告诉孩子他们必须在什么地方，他们必须做什么，有时甚至还告诉他们必须穿什么。如果停下来想一想就会发现，我们根本没有为孩子留出余地让他们表达自己的想法与需求。

　　孩子都喜欢视觉化的材料，如果这些视觉化的材料是他们自己参与制作的，那他们就会更加喜欢。协助孩子一起制作一份表达主见的"权利账单"。账单里可能会包括如下的内容：我有权利说"不"，我有权利不同意，我有权利感到愤怒并表达愤怒，我有权利将自己的需求看得很重要。有时教孩子坚持表达自己的主张很困难，其中很重要的一点就是要平衡好自己的需求和别人的需求这二者的关系。有主见地与人沟通，其中一部分就是倾听别人并适当妥协，找到一个中间地带。要记得尽量让孩子自己总结出这些权利，这是让他们变得更有主见的重要一步。

教授"我……"的句式

也许当你身负压力或者很生气的时候，责怪别人或者抱怨能让你感到好受一些。如果再用上一些具有杀伤力的词句进行言语攻击，可能还会让你有那么片刻感到非常畅快。但是当孩子因为自身的情绪而责怪他人时，那一刻他就丧失了个人的力量。是说"我感到很生气，因为你忽视我"，还是说"你让我很生气，因为你忽视我"，这两句话有着非常显著的差别。当孩子学会体察这二者的差别并能掌控自己的情绪时，他才能让事情尽在自己掌握之中。

要让孩子在家多多练习使用"我……"的句型。作为父母，当你对什么事情感到不满或者因为什么事情而情绪低落时，你可以使用"我……"的句型，为孩子示范你是如何用冷静的方式去表达自己的需求的。让孩子看到这样的表述方式，能帮助你在坚定表达感受与需求的同时保持冷静，并且不偏离主题，他们就会学到这种方法，将它用在自己的同伴那里。他们就学会了将情绪从抓狂与失控转到冷静与聚焦于问题的解决上。

身体姿势

身为父母，我们经常教导孩子认真倾听。我们会告诉他们目光接触会让人觉得你非常专注。我们还告诉他们在别人说话时停下自己正在做的事情，手不要乱动，这样才是好的倾听技巧。但是我们有没有教给孩子有主见是什么样子?

有主见的沟通者站姿挺拔，保持目光接触，说话时声音清晰而坚定。被动的沟通者说话时声音很小，并且目光躲闪不能和人保持接触。攻击性的沟通者总是扯着嗓门儿说话，可能还会有些挑衅。有主见的沟通者知道什么时候该说话，什么时候该倾听，还知道该如何维持冷静而清晰的语音语调。

你可以用一些历史上的例子给孩子展示什么是有主见的沟通者。如果你愿意的话，可以考虑进行一场家庭选举。列出一些需要竞选上岗的职位（比方说灯光照明管理员或者购物清单制作人等），让每个人写竞选稿并发表演说来获得自己想要的职位。要记得提醒孩子在竞选讲台上使用有主见、有自信的身体语言和语音语调。

商品推销词

兜售商品可不是件容易事儿。有时会有孩子站在我家门口试图说服我购买一些杂志来支持他们的学校银行，每当我拒绝这些孩子时我都会感到特别内疚，因为我知道他们需要鼓起多大的勇气才能挨家挨户地推销这些杂志。我总是能看出哪些孩子有备而来，哪些孩子充满自信，哪些孩子恨不得赶紧跑开或者躲起来。

模拟商品推销是个很好的练习有主见沟通的活动，孩子进行这个活动时会特别开心。让孩子在自己的房间里搜寻一些宝贝，然后让他们准备一份商品推销词并试着把这个东西卖给你。为了让他们更好地参与，你可以问孩子一些跟进性的问题。要记得针对他们的推销词给出具体的反馈，如果他们能有主见地交流沟通，也要记得提出表扬。

支持孩子冒些没有大碍的风险

要做到这个非常困难。相信我，我能理解。我有个担子超大的一点儿也不恐高的女儿，她敢爬到极高的地方而一点儿也不害怕，她超级强壮的胳膊帮助她到达那些高得吓人的地方！当你不确定情形如何的时候，让你袖手旁观实在是很困难，但是这就是所谓的风险。冒险就是步入未知之中看看究竟会发生什么。

对有的孩子来说，在攀爬架上爬上爬下是非常冒险的行为，而有的孩子则跃跃欲试挑战各种身体的或者心理的任务，想要知道自己到底能做到什么程度。我们应该支持孩子冒些无大碍的风险。当然，绝对不是让孩子在喂食时间跳进会有大批鲨鱼出没的水里。不过你可以鼓励孩子去学习冲浪。有时你要帮助孩子走出他们的舒适区，夸奖孩子为尝试新事物所做的努力。无论结果如何，通过冒些无大碍的风险，孩子可以学会突破他们自身的界限（你知道的，在全班同学面前引用诗文时犯了些小错，这事儿没什么大不了），孩子会在这个过程中变得更加自信有主见。将你的担心暂时放在一旁，放手让孩子去试一试。

抵制对比

在孩子之间做对比是父母的天性，但是这种比较不应该公开进行。强尼五岁就能阅读，而莎莉八岁了还读得磕磕绊绊；在足球场上山姆是个擅长进攻的球员，而乔治似乎总想找机会躲到球门后面去。对比很重要吗？你的孩子是与众不同的，他不用和别人相像，也没必要处处都像你。他是独立的个体，需要在这个世界上找到自己的一席之地。为了这个目标，他需要得到鼓励，勇敢做自己。

而真相是大多数的孩子都清楚地知道自己经常被拿来和兄弟姐妹比较。他们也许没有大声说出来，但是他们清楚自己身上有哪些特点是兄弟姐妹没有的，而哪些特点又是自己所缺少的。很多孩子都倾向于给自己施加一些不必要的压力。不要让这种兄弟姐妹或者同伴之间的对比成为孩子不必要的负担，他们需要被当作独立的个体来对待。他们也许需要针对一些问题做些改善，谁不需要呢？但是孩子需要做什么、改进什么，应该是你和孩子之间的问题，和别人无关。

大声地表扬

近年来表扬遭到了许多人的反对。有人觉得现在的孩子娇生惯养，得到的表扬太多了，少一些表扬对他们的个性塑造更加有利。有的人对颁发人人都有的参与奖大加批判，认为廉价的塑料奖牌会影响孩子理解努力奋斗的价值。千万别掉进这种养育深坑里去，表扬其实是大有好处的。就拿这个参与奖来说，一个学期结束时孩子得到一个这样的奖励，获得一个纪念性的小物品，意味着孩子在过去一个学期中和一群伙伴朝着共同的目标一起努力过。难道这是什么特别糟糕的事情吗？

说到表扬，重要的是要让表扬有意义。比方说，如果你表扬的是孩子所付出的努力而不是结果，那么你教会孩子的就是，那些投入到作品中的辛苦和努力才是最重要的。如果你表扬孩子做了某些善举，那么你教给孩子的就是善良友好很重要。要把你的表扬具体化，不要过多去考虑你该以什么频次来表扬孩子，每个人都喜欢听到积极的反馈。我就喜欢经常被人夸奖，难道你不是吗？难道不应该推己及人，让孩子也经常得到夸奖吗？

额外福利：如果你的孩子能亲耳听到你对别人夸奖他的某个优点，那么孩子肯定会记忆深刻。这并不是让你向其他家长去吹嘘和炫耀孩子的成就，而是和他们分享育儿过程中那些暖心的瞬间。这些时刻是你希望孩子能内化到行动中，并在其他时候频频重现的。

关于我的一切

有时孩子会纠结于要不要坦率表达自己，因为他们害怕别人对自己有什么看法。躲在教室后方要比秀出真我更容易。对很多孩子而言，安静意味着安全。

创建一个"关于我的一切"的布告板，帮助孩子从自己的安全区里走出来一点点。我都数不清到底有多少孩子曾经坐在我办公室的沙发上声称自己绝对没兴趣和我分享他的事情，结果没过几个月他们就会告诉我他们参加了保卫低年级学生的活动，他们上了什么炫酷的课程，或者他们又知道了什么有关电脑编程的事情。当我们让孩子描述自己的强项或者兴趣时，很多孩子都需要我们温柔地推动一下，一旦他们最终走出自己的舒适区开始开口分享，他们整个人就会闪亮起来。

协助孩子制作一张海报或者透视图，描绘他的个性、兴趣、强项、梦想和目标。和孩子逐一讨论，并把这些内容和家人分享。先在家中这样安全的氛围中写出自己的强项，这个过程有助于孩子在更具挑战性的场合中主动开始展示自己的特长。

多媒体记录

这个活动视情况而定，可能是用录像记录，也可能是其他的形式。很多孩子其实并不知道有主见的沟通风格到底是什么意思。就像我们前面所讲的，有主见的人站姿挺拔但是不会高高在上产生威胁感，他们会使用清晰自信的语音语调，会进行目光接触，能有效地表达自己的需求。对小孩子来说这是挺高的要求。

孩子喜欢制作小视频，无论是在镜头前担任主角还是在镜头后充当导演，他们都很喜欢。你可以和孩子一起总结出一些可能需要表达主见的情境（比方说：和伙伴一起玩儿时要选定一个活动项目，在学校因为一些事情要去找老师求助，对表现专横的同伴说"不"……），当你们尝试在这些情境下有主见地进行沟通时，你可以和孩子轮流担任台前幕后的角色，进行表演和录像。回放录下的视频，和孩子就身姿、语音语调、眼神接触以及用词等问题进行讨论，对表现进行评分并聊聊下一次如何改进。

制作视频短剧非常有趣，可以让孩子看到别人眼中的自己是什么样的。一旦他们意识到自己有力量改变与人沟通的风格，他们会更加开心快乐。

自尊塔

　　既然自尊和有主见紧密相关，那么提高孩子的自尊水平就变得非常重要了。这里面包含的内容有：认清什么样的事情可以提高他们的自尊水平，什么样的事情会降低自尊水平。高自尊的获得不会一蹴而就，很多孩子努力前进了十步，然后又在瞬间退缩崩溃。帮助孩子分清好坏善恶、积极消极，这样做可以让他们有机会进行评估并做出更好的选择。

　　能让孩子更加欣赏自己的那些积极的事情与话语可以提升孩子的自尊。比方说，一句积极的小咒语、选择一个很棒的朋友、难过时寻求帮助等。而那些让孩子感到自我挫败或者感到自己毫无价值的事情与话语则会降低他们的自尊。比方说，侵入性想法、负面的情绪影响、嘲弄与取笑等。在和孩子讨论提升与降低自尊的话题时，可以用积木搭建一座高塔，这个办法特别有用。每当孩子说出一种提升自尊的事情时，往塔上加一块儿积木。说一件降低自尊的事情时，从塔上拿走一块儿积木。和孩子一起努力，尽可能找出更多能提升自尊的事情，建一座超级高的"自尊塔"。

教孩子进行目标设定

　　掌握设定目标与达成目标的艺术有助于孩子建立自信并开始坚定表达自己的需求与感受。很多孩子在学年之初或者新年伊始都亲身经历过目标设定。老师会帮助他们设定课堂内外的个人目标，父母可能会帮助他们设定家庭中的目标。不过这些目标都很容易被遗忘。

　　长远目标存在的问题就是很容易因为日常生活的常规事情而被遗

忘。你的孩子想学习滑板，但是他每周先要完成堆积如山的功课，要进行棒球训练和比赛，要上钢琴课，还得读几本书。你知道我要说的是什么了吧。长远目标是很伟大，但是缺少了细小的、可测量的阶段性里程碑，那么只会以失败告终。有时目标定得太宏大，孩子还没开始就已经放弃了努力。这对孩子的自尊没有任何好处。

制定目标是一项重要的生活技能，努力达成目标的过程可以让孩子更加坚定自己的主见，与此同时，每当到达阶段性里程碑或者掌握了技能的时候还会提升孩子的自信心。拿滑板的例子来说，孩子也许可以先掌握平衡板，接下来在车库里试玩儿滑板，然后上路玩儿滑板。随着一个个阶段性目标得到实现，孩子会向你求助进入下一阶段，也会和你聊聊达成小目标有什么感受。随着自信心的增加，你有可能会发现你那沉默安静的孩子突然间列出了一系列的挑战计划，准备征服那块儿滑板。

让孩子想出三个比较大的想要实现的目标。可以是任何事情，画一幅沙滩风景画，滚轴溜冰，或者坐一次过山车。和孩子聊聊这些目标，问问他为什么要选择这几个目标（是不是有什么事情让他害怕？他是不是想要结交新的朋友？是不是有什么事情是在学校没时间去做的？）。让孩子决定先进行哪个目标，然后让孩子想想在达成这个最终的目标之前他必须先达成哪些阶段性目标，将这个终极目标进行分解，列出三到五个阶段性的里程碑。然后制作成核查表或者海报贴在卧室门上。把他可能需要寻求帮助的地方重点标记出来，并确保一切按照计划推进。每周对目标和阶段性里程碑进行一次检查与回顾，看看事情的进展如何。

公路赛车

对于年龄稍小的孩子，训练他们表达主见时加上点儿令他们兴奋的元素会更加有效。公路赛车（或者看起来有点儿傻的障碍路线）是个绝佳方案。你可以创设一条有趣的赛道或者路线，沿途设置一些障碍，遇到这些障碍点时要求孩子说出自己的需求与感受。这样可以确保孩子在游戏时必须停下来思考问题，说出自己的需要，然后继续前行直到下一个障碍点。

对小孩子来说，三轮车赛或者小滑板车赛都很好玩儿，你可以用粉笔在家门口或者车库的地板上画一条简易赛道。标出起点和终点，并定好一条规则：遇到障碍时（比方说一个行李箱），你必须停下来说出你的要求，要用清晰的声音，得有目光接触以及正确的身姿（例如："这个行李箱挡住了我的路，请你帮我把它挪开好吗？"）。换句话说，要想赢得比赛，孩子必须表现得有主见。你还可以给这个障碍赛加点儿有趣的关卡（比方说：说出三件和你有关的趣事儿）或者趣味站点（比方说：单脚跳的同时大声唱"铃儿响叮当"）。

不留遗憾

某次互动或者某个情况没有按照事先计划好的样子发展，这时候你会感到很后悔，于是脑海中不断涌上一些负面的自我否定的评价，这种情况你经历过吗？对于成人，我把这种不断翻涌在脑海中的念头儿称为侵入性想法。在你渴望时光倒流，渴望回去重新做些改变让事情有个更好的结果时，这些侵入性想法就会不断盘旋回放让你深陷其中。通俗地讲，我们把这种想法叫作遗憾或者懊悔。关于孩子，我更喜欢把这些想法称为"本来想、本来应该、本来可以"。

我们每个人都有一些想要重新经历一次的时刻，作为事后诸葛亮，我们总是知道有更好的计划。事情刚一结束，我们就清楚地知道自己本来想什么、本来应该做什么或者本来可以做什么。对孩子来说，这些念头儿会变成一句句自我否定的指责一直纠缠着他们，会导致孩子在未来更加害羞，没有主见。

不好的事情时有发生，我们不可能总是做出最佳选择。但是一直生活在过去的阴影中，任凭这些侵入性想法扩散到我们灵魂深处，这样对我们毫无益处。事实上，可能还会对我们有害（提示：这是个复习同理心的好机会，可以和孩子分享一两个你的故事）。重新构建积极评价可以打消这些侵入性想法，要教会孩子这一点是很困难的。"你原本可以怎么做"并不重要，重要的是"下一次你会怎么做"。有的时候孩子太想获得成功了，以至于他们忘记了我们通常是从经验中学习的。当然了，你原本可以好好儿复习来准备数学考试，而不是去看电视，你原本会得到更高的分数，但是你没有。因此你可以从中学习到的是：更好地制订学习计划并按照计划实施。事情真的有那么糟吗？这次小测验的失利会让世界黯然失色停滞不前吗？不可能。吸取教训继续前进，用积极的想法击退那些负面的念头儿。

变得有主见是需要时间的。根据孩子的个性特点，这个过程可能需要几个月，也可能几年。耐心很重要。因为当他们最终能够找到自己的声音的时候，当他们最终能够用自信的方式表达自己的需求而不用仰仗别人时，一个快乐的世界对他们来说就近在眼前唾手可得了。他们会感到自信和安全，感到自己有能力应对困难的情境。以前避之唯恐不及的事情现在他们愿意冒点儿风险去做了，他们会体验到更融洽的人际关系，他们真正地开始"做自己"并茁壮成长，这也有助于他们成为更加快乐的孩子。

7. 包容差异

> 每个人都很重要，每个人都能发挥作用，
> 每个人都能带来改变。
>
> ——珍·古道尔

我曾经接待过一个孩子约翰逊，他充满了敌意，满怀报复心与愤怒，以至于我每次结束对他的咨询后都必须向上级汇报情况。七岁的他迷失在了消极负面情绪的汪洋大海中。可能你会怀疑他的敌意是习得的行为，但是他并不是从父母那儿学来这些的。每次收到学校发给家长的"种族歧视与仇恨行为"报告，他的父母都感到非常丢脸与羞愧。他们参加相关的会议讲座，他们送约翰逊进行团体小组辅导，他们尝试过家庭治疗，他们试过让约翰逊吃治疗冲动控制障碍的药物，希望良好的冲动控制机能可以减少约翰逊的攻击性演说，可是并不奏效。然而，在我的办公室里一切都终结了。

原来，他的敌意是源自对霸凌的反应。身材瘦削、爱大声说话并且异常聪明的约翰逊似乎很容易成为他们班上同学的"靶子"。当其他孩子回答问题出现错误时，约翰逊总是会得意地纠正他们，并且大

声说出正确答案。约翰逊的学习进度总是要比每个老师都快上两步，他课余时间都在背诵历史课文，为下一学年做准备。他不知道如何与其他人相处，他经常会攻击和侵犯同伴，于是同学们也更加猛烈地欺负他。学校对此爱莫能助。

久而久之，约翰逊的敌意越来越强烈，他眼里也看不到任何其他事情了。他反复地对同学们吼出恶言恶语，而这又进一步激化了同学们的反应。他坐在我办公室的沙发上发表了一段激烈的言辞，虽然他的表现对整个咨询造成了威胁，但是我很快就意识到他已经完全无法控制自己的敌意了，他憎恨的是他自己。七岁的约翰逊只知道如何去恨，他的敌意指向任何一个他见到的人、和他打交道的人或者看上去与他不同的人（在整个咨询过程中他也多次抨击我）。约翰逊憎恶的不是某一个种族或者宗教，他是平等无差别地憎恨一切。我们很难对此放任不管。

约翰逊陷入了一个无限死循环中。其他孩子视他为异类，讨厌他，于是欺负他。他能感觉到自己和那些孩子不一样，他知道该怎么招惹那些孩子并引起他们的注意（负面的），他也那么去做了。嘲弄取笑诱发了约翰逊的愤怒与怨恨，而他为了在某方面成为"异类"便回身攻击别人。他学会了去寻找差异，想看看自己还有哪些方面会成为被人攻击的"弱点"，而他继续操控着自己的愤怒与敌意。约翰逊需要学习的是如何发现积极的差异，既包括自己身上那些优秀的与众不同之处，也包括别人身上独特的优点。

我一直不喜欢"容忍"这个词。容忍某件事情是让人不得不忍受它（比如交通拥堵或者烤鸡），就好像一个人高举双手投降："如果我没法儿改变它，那看来我只有接受了。"让孩子去容忍差异似乎并没有多大意义。你需要容忍的事情是你私下里希望自己根本不必去处理的那些事儿。而另一方面，包容则意味着对新的事物敞开心扉并发现其中的积极面，包容事物会让人感到快乐美好。

小孩子的美好之处就在于他们真的像是一块空白的画布。如果我们用示例引导着他们，让他们看到每个人都很重要，每个人都有自己独特的天赋，那么他们就可以学会包容每个人真实的样子。能够包容差异的孩子更能结交朋友并维持友谊，能更加开放地寻求与接受帮助，也更能挺身而出对抗霸凌。如果孩子能与来自不同文化与种族或者具有不同能力与兴趣的孩子结交并彼此扶助，那么他们的视野与眼界就会得到开阔。他们能学会平等对待与理解各种各样的孩子，而不是局限于同样背景与兴趣的孩子中。理解他人有助于提升自己的社交技能，并教会孩子去与他人接触，还可以教会孩子去关心周围的世界。想象一下这个景象！

孩子在不同的年龄阶段都会不断完善对"差异"这个概念的理解。比方说，学前阶段的幼儿非常善于观察身体的差异。当孩子试着弄明白周围的人谁和自己更相像，而谁又和自己不同时，眼睛的颜色、肤色、发色、身高以及运动能力就会成为他们的敏感话题。他们还会把这些差异大声地、公开地说出来。很多父母都有过下面这种特别窘迫尴尬的经历吧：你的孩子指着一个拄着拐杖或者坐着轮椅或者牵着导盲犬的人，满怀好奇地把自己看到的大声说出来，全然不顾这些话语可能会冒犯到这个陌生的路人。虽然孩子的行为可能会让你有片刻的难为情，但是这是一个绝佳的教育时机。学龄前的幼儿会把自己看到的差异之处大声说出来，是因为他们正忙于收集吸纳各种信息，仅此而已。重要的是家长要在这个过程中抓住时机和孩子聊一聊他们所注意到的这些事情。

四到六岁时，多数的孩子能够识别出自己的人种与族裔。他们会继续关注差异，但是关注点已经不是外貌了，他们开始注意其他的线索。他们会关注其他孩子吃什么东西，会关注自己的同伴是否会说一种以上的语言，他们还会开始和别人说说各自的习俗与传统。一旦他们学会了"祖先"一词会怎么样？各位父母，你们就得翻出家谱，开始无穷无尽的有关血统、祖先之类的讨论了！

对于小孩子来说，这是个令人难以置信的成长与理解阶段。他们如饥似渴地汲取着关于其他文化的知识，渴望了解人与人之间是如何产生差异的。他们会问成千上万的问题，有些问题真的很难回答。千万不要强行转换话题，和孩子一起探索这些想法与问题可以开阔孩子的眼界。当你不知道问题的答案时，可以去当地的图书馆借阅相关图书。没时间去图书馆的话还可以找"谷歌"这个好朋友问问。向祖父母和其他亲戚寻求帮助，看看他们有没有什么故事可以分享。这是帮助孩子满足好奇心的好机会，也是让他们理解差异带来奇迹的好机会。

我女儿七岁的时候，她的朋友圈子特别广，包括不同背景、不同文化、不同想法、不同能力、不同特长、不同目标、不同希望以及不同梦想的人。她跟这个朋友学了几句中文，又从另一个朋友那儿学了点儿西班牙语。她被一个对电脑似乎无所不知的男孩子迷得神魂颠倒，还想跟着另一个朋友每周去进行一次语言障碍治疗。

很早的时候她和一个有着特殊需要的孩子交情甚笃。她们每星期有好几天会在休息时间一起玩儿，她们每天隔着院子大喊"你好"和"再见"。有八个月的时间她都在不停地问我为什么她这个朋友身边跟着一个助教，并且在上课时也一直陪着她。和孩子打了这么多年的交道，我脱口而出："她的大脑在工作时和我们有些不太一样，身边有一个老师一直关注着她有助于她的学习。"我女儿思考了几分钟，然后说："她肯定很开心自己能有个专属的老师。这样做对她的大脑会有好处。"我的女儿很好地意识到了自己朋友的境况。她会帮这个朋友拿东西，午饭时帮朋友打开饭盒儿，她对这个朋友没有丝毫的负面看法。大多数的孩子其实都能从积极的方面去看待差异。

七到十一岁时，孩子对于自己的族群有了更好的理解，他们开始探索身为某个群体中的一员到底意味着什么。他们开始了解差异以及对待差异的态度是如何使人感到被接纳或者被排斥的。他们明白了身为某个群体中的一员可能意味着无法成为另一个群体中的一员，这一点让他们感到困扰与抓狂。这也是一个很重要的时机，需要帮助孩子去探究生活在一个族群多元化的社会中意味着什么。

当孩子开始和别人建立你来我往互惠互利的关系时，他们就会看到其他人的独特之处了。他们最初选择一个朋友可能只是因为某个共同的兴趣或者被分在同一个班里，但是随着他们对朋友的进一步了解，他们开始发现朋友身上的不同之处和有趣的地方。他们会看到别人的强项，也会发现朋友身上更多的特点，他们会更加全面地了解自己的朋友。孩子是继续探索这些多种多样的关系还是结束探索，取决于孩子在家中所接触到的态度与信念。

既然孩子早在上小学之前就开始形成有关自己与他人的概念，那么从小教给他们包容差异就变得非常重要了。无论你相信与否，父母每天都会通过言语的或者非言语的形式（你真的以为转动眼球不会被孩子注意到？）向孩子传递微妙的（有时也不那么微妙的）线索与提示。有时你的态度和信念可能会让孩子很困惑，但是他们听得清楚而真切，他们会将这些态度与信念逐渐内化吸收并不断重复。如果我们想培养孩子去发现别人好的一面并能包容所有的差异，那么我们自己就要开放而诚恳地谈论这些差异，而不是一年一度当孩子的老师督促时才这样做。

有时孩子会问一些难以回答的问题。这些问题通常在不合时宜的时刻被提出来，甚至会让你措手不及。有时保持沉默或者快速转移话题似乎是度过这个尴尬时刻的最佳途径。这就是我要说的——孩子往往会将这种沉默与话题转换解读为一种信号，这种信号意味着他们触碰到了一个禁忌话题。其实出于这样或者那样的原因，你可能原本只是打算暂时搁置一下这个问题等回家再谈，但是孩子也许就把这个讯息解读成讨论差异是不被允许的。很多孩子的思考还处在非常浅的水平上，他们遇到什么事儿当时就会琢磨，再过一会儿他们可能就完全不记得要重提之前的话题了，因此他们总是当即就想寻求答案。你得回答孩子所有的问题，这很重要，哪怕当下先保留一些细节以后再说，这样孩子才明白差异并不是一个禁忌话题。应该让孩子发自内心地认为差异是个很受欢迎的话题。

教导孩子努力去理解别人和赞赏差异，这一教导工作很大一部分是源自我们所示范的行为以及我们所设立的期待。社会交往技能会随着孩子的成长而不断发展，那些诸如分享和结识新朋友的早期技能会逐步进化成为人际交往技能。孩子通过体察情感线索、发现共同之处以及将自己的善意传播出去等方法，建立与他人的积极互动关系。父母可以通过示范适宜的社交技能来帮助孩子学习与实践这些重要的技能，如微笑着与他人打招呼、与人为善、相互尊重等。你在公园、在学校或者在社区与其他父母打交道时，让你的孩子看到，人与人之间的友谊是不断升华深化的。

曾有一个妈妈将我拉到一旁和我讨论她对自己儿子与他人交往能力的担心。这位妈妈自称是个"不喜欢社交的内向的人"。她很担心因为自己缺乏社交技能而对儿子产生影响。对于不太爱与人交往的父母而言，这种担心合情合理。虽然孩子上了学就会遇到其他孩子，并且也能学会结交朋友，但是实践社交技能是毕生都要进行的事情。我们不可能期待孩子利用每周在学校的那几个小时就能学习并内化那些有关社交的方方面面。孩子旁观着我们的举动来填补自己知识的空白，以及理解如何与人积极友好地相处。我问这位妈妈，她在与其他妈妈打交道时会遇到什么困难，她告诉我，她觉得交朋友对她来说很困难，她不想再失败了。你也看到了，因为自己天性安静，所以这位妈妈不认为自己会"惹人喜爱"，她更愿意自己默默地处理这些社交焦虑带来的压力。在避免与别人社交互动的过程中，她也在无意中逐渐把一种消极的信念灌输给了她的儿子。她教给儿子的是：友谊不易获得也不值得为之努力，因为不是每个人都能招人喜欢。

谈到为孩子示范包容性的行为与适宜的社交技能，我们就必须考虑孩子在这个过程中可能会内化的信息。最基本最重要的就是要向孩子传递一种积极的核心信念：你是善良的、有礼貌的、富有同理心的、能理解他人的。要让孩子发挥自己的长处并看重事情好的那一面，这可以帮助他们更好地理解：只要自己与人为善，宽容善良，那么就可以带来改变。

种族主义和霸凌都是后天习得的行为。婴儿并不是天生对某种长相的人、信仰某种宗教的人或者穿某种衣服的人怀有敌意，他们来到这个世界寻找爱与舒适。随着他们的成长，他们开始与身边的人发生联系并学习与人互动交往。有人说"棍棒和石头会打断我的骨头，但是言辞永远伤害不到我"，实际上"恶语伤人六月寒"。

言语会伤人。充满恨意的言辞攻击和心胸狭隘的思想伤害的不仅是攻击对象，也会伤害无辜的旁观者。同处一室的孩子，他们看着别人大声地表达着恨意，于是也学会了这样去仇恨。有时，令人恐惧的事情、不确定的事情以及令人感到不适的事情都会妨碍人们真正地去了解其他人。有时人们不是亲自去接触和了解新的事物，而是基于自己过往的经历、别人讲的故事或者晚间新闻里的花边消息来进行了解与假设的。简而言之，如果我们基于差异对他人做出假设，那么我们教给孩子的就是"人并非独立的个体，而仅仅是某个群体中的一员"。如果我们希望孩子作为一个独特的个体茁壮成长，我们就需要教导他们去发现和欣赏其他人的独特之处。

善良很重要

五岁的蒂莫西很难交到朋友，他在离家很近的一个宗教学校上学前班。很多从小一起长大的邻居和朋友都是上的这个学校，他的父母希望去这个学校上学能让他有个相对容易的过渡阶段。但是五岁生日过后没几天，事情发生了一些变化。他外出时会戴着女式围巾（虽然他和妈妈就这个问题进行过沟通，但是学校不允许学生戴围巾上学）。他把大把的精力都花在艺术类的项目上，而这些项目在他爸爸看来太"女孩子气"了。蒂莫西不再愿意踢足球、拼乐高积木或者学投篮。他不和哥哥一起玩儿，而是去找妹妹一起玩儿布娃娃。他在家里很开心，对于他喜欢玩儿布娃娃和装扮游戏这件事儿妈妈并不是很介意，因此蒂莫西很享受和妹妹一起玩儿的时光。

上学以后问题就来了。班里的男孩子注意到他更喜欢和女生一起玩儿，于是就嘲笑他。为了嘲笑他，同学们开始更加关注他的一举一动。他们发现蒂莫西用脚尖走路，于是对此又是大加嘲笑。他们说蒂莫西是个女生，拿他的声音开玩笑。在学校以外的地方看到蒂莫西，他们注意到他戴的女式围巾和其他配套的物品，接下来几天他们就会在学校里对此议论纷纷。他们的行为肆无忌惮，偶尔会因为嘲笑受到一些批评。然而蒂莫西的快乐渐渐消失了。他的步伐不再轻快，丧失了活力，他把自己的女式围巾藏在了衣柜深处。他努力表现得像个"男孩儿"，想要融入同伴避免嘲笑，但是别人对他的伤害已经造成了。

当孩子显得与众不同时，尤其这些差异是出于孩子有意识的选择而表现出来的，这种时候他们不知道该做些什么。父母和老师面对这种情况也没有什么万全之策。在蒂莫西这个案例中，他的问题与种族、宗教、身体状况以及特殊需要都无关，仅仅是一个男孩子被一些"女孩子气"的东西吸引而已。五岁的孩子戴了一条女式围巾难道就意味着日后他会出现性别认同的问题？当然不是。这只是一个孩子通过玩耍在探索角色与产生想法，是一个孩子试图弄清楚在这个世界上五岁的自己适合身处何处。

值得注意的是，在嘲笑戏弄发生时，蒂莫西的老师做了一些正确的处理。每次那些男生嘲笑蒂莫西时，老师都会让他们道歉并一再强调班规。可是老师没有就差异这个问题进行讨论，他们没有好好儿利用这个教育良机以至于让嘲笑与戏弄一而再再而三地上演。老师忽略了嘲笑的内容，而是去关注班级规则与纪律。这个大好机会被错过了。

有的人认为嘲笑戏弄本来就是童年时期的必然经历，认为孩子应该练就一张厚脸皮去应对别人的嘲笑，认为这样有助于孩子以后面对人生的挫折。我不同意。是的，我们总会遇到缺乏善意的人，总会遇到撼动我们信念的时刻，但是这并不意味着我们要高举白旗随遇而安。事实上，恰恰相反，我们应该采取更有前瞻性的措施，我们应该教导孩子善良、富有同理心以及理解。我们应该从孩子出生那一刻起就教导他们去发现差异的积极面。

作为父母，我们是孩子与外部世界的中介。如果你感到自己的言行总是处在孩子的显微镜之下，那是因为事实的确如此。你每天和所遇之人如何打交道，你如何对待他人，这些都会成为孩子为人处世的出发点。是的，随着孩子不断成长以及不断理解自己与他人的关系，你会看到他们逐渐显露出自己的个性，但是他们会从你身上得到暗示。如果父母在身负压力的情况下依然与人为善、心怀敬意，那么孩子也会这样做。如果父母基于差异而评判与排斥他人，孩子也会有样学样。包容差异并教导孩子也这样做，这一切的决定因素都在父母。

世界各地多种多样的育儿实践应该是个特别好的平台，可以让人用有礼貌的方式思考与讨论差异。养育婴儿、幼儿、少儿以及更大的孩子，这些话题会带来无穷的可能性。即使你不打算改变自己的教养风格，仅仅是听听别的观点也会大有收获！遗憾的是，近些年来，育儿也常常成为评判与争论的来源。无论在活动场地上还是在网络上，有关育儿的话题经常会出现消极的评论或者伤人的言论。你可以将这种行为追溯到自我怀疑、缺乏自信，你也可以对这种武断批评其他父母的行为从心理学角度进行深挖。如果有哪个名人决定写本育儿书的话，这些争论甚至会遍及夜间新闻节目。但是在所有的评判与争论中，被这些口诛笔伐的战火所波及的孩子在心理上会受到怎样的影响，对于这个问题你几乎看不到任何讨论与消息。

当父母陷入纠结不知道这样好还是那样更好（可能是教养风格，也可能是种族、政治观点或者教学方式等）时，孩子也会随之目光短浅地成长。他们开始相信对待生活只有唯一正确的方式：生活是非黑即白的。他们不仅无法看到世界上存在着黑白之外的灰色地带，还可能会错过为我们的生活增光添彩的那些明亮大胆的色彩。教导孩子去包容差异并不仅仅是培养一个不去排斥和伤害别人的孩子，我们最终是要开阔孩子的眼界，丰富他们的生活。而多样化可以使孩子更加充实。

如果孩子能够包容差异，能与他人在更深的层次上建立联系，那么他们就会从身边的世界受益更多。当他们学会正确看待自己的与众不同之处时，他们才能真正地茁壮成长。快乐的孩子会发现所有人的积极面，也包括他们自己的积极面。

教授包容差异的技巧

有礼貌地讨论差异

有多少次当孩子问你一大堆看似不合时宜的问题时你保持沉默，让他不要问了？在某些时候我们都是这样的。为了努力保护无辜的陌生人的感受，我们对孩子的问题沉默以对，而我们应该做的恰恰相反。

教育的时机无处不在，重要的是时机到来时我们要抓住它。这的确是个很难的任务，尤其是当你在商场里推着两三岁的孩子，而此时他用手一直指着一个坐轮椅的人，或者是稍大点儿的孩子向你铺天盖地砸来一堆关于一个有着特殊需要的孩子的问题，而这个孩子的妈妈就站在一旁。尽管孩子在公共场合大声问这些问题会让人特别尴尬，但是此时最好的行动就是停下你正在做的事情，给出诚实而适合孩子年龄的答案。拿轮椅这个例子来说，你可以这样回答："有时，当人们腿脚不便的时候可以借助轮椅出行。有的人只是一段时间需要轮椅，而有的人每天都需要轮椅。"

和你的家人、朋友以及陌生人开放地谈论差异，并借此机会谈论人们彼此各不相同会有什么好处（想象一下，如果世界上所有人都一模一样，那得多无聊呀？）。承认孩子提出的问题并认同他们的困惑，有疑问是可以的，这些问题是值得回答的。

挑苹果

你信不信，在进行差异描述时水果可以拿来当开场白。想在一大筐苹果里找到两个完全一样的是个不可能完成的任务，因为所有的苹果都是独一无二的。有的家庭成员喜欢深红色苹果的味道，而另一个人可能更喜欢青苹果的酸味儿。有的苹果表面有很大的碰伤，有的只是有轻微的碰撞痕迹，还有的苹果上会有小洞。我还可以继续说下去，不过我想你已经明白我的意图了，那就是所有的苹果都是与众不同的。

"挑苹果"是个适合与家人或者一群孩子一起玩儿的游戏。游戏的目的是让孩子观察并思考差异从而理解每个苹果都是独立的个体。

准备一盘苹果，确保每个游戏者能有一个。让每个游戏者闭上眼睛选一个苹果，选好之后花几分钟时间研究苹果。提醒游戏者认真研究自己的苹果，加深对所拿苹果的记忆。游戏者可以关注大小、分量、形状、颜色、表皮上的印记以及苹果把儿的长度等。

接下来让游戏者逐一介绍自己的苹果，相互比较，指出差异。所有的游戏者都介绍完毕后，把苹果放进一个袋子里，晃动袋子（轻点儿晃，避免不必要的碰伤）。把苹果重新倒回盘子里，让每个游戏者从中找回自己之前选中的苹果。那个苹果最初是什么地方引起你注意的？孩子如何从一堆苹果中找回自己那一个？是什么让他们的苹果与众不同？

这个游戏有助于孩子关注那些使我们与众不同的细小差异。游戏结束后，可以一起讨论一下他们自己的差异，说说他们自己是如何脱颖而出，又是怎样视别人为独立个体的。

给你的世界涂色

在书里和电脑屏幕上，我们生活的世界通常被描画为绿色和蓝色，有陆地和水。两种颜色用来区分两种事物，基本上我是这样猜想的。我女儿每次看到这样的图片时都会问我相同的问题："花儿在哪里？"出于美好的原因，她更喜欢看到五彩的世界。世界是充满各种色彩的。

和孩子细细谈论我们所生活的世界是很重要的。孩子们通过认识这些细小的事物来学习接纳，尊重差异。你上一次停下脚步向人描述路边那朵玫瑰的颜色是什么时候？你上一次仰望天空和人讨论从日出到日落天色的细微变化是什么时候？这些对话可能看似既无深度又无意义，但是在孩子心中，恰恰是这些对话帮助他们开始理解这个世界。想要亲近孩子帮助他们学习更大的概念，那么我们必须了解他们现在身处何处。

"给你的世界涂色"是个很棒的活动，可以帮助孩子注意到周围环境中的一些细节。给孩子一张黑白的世界轮廓图，让孩子想一想如果只有一两种颜色的话，世界会变成什么样子。那样有趣吗？那样会不会很无聊？那样的话想要找到自己的路是不是很困难？和孩子讨论一下真实的世界是什么样的。孩子在小区里会遇到什么颜色？海面之下会隐藏着多少颜色？沙漠之中又会是什么样子？

和孩子讨论一会儿世界的颜色，之后让孩子给他们的世界涂上颜色。可以用他们每天所见到的颜色，也可以按照他们心中所期待的那样来涂色。图画完成之后，让孩子用它讲一个故事，让孩子描述画中的颜色以及这个颜色所代表的意义。当孩子讲述时你要仔细聆听，你会发现他的想法丰富多样。有时你的认真倾听是一种最佳的方式，能帮助孩子将他对所生活世界的思考表达出来。

历史课

我的外公通晓历史。他娓娓讲述那些故事时眼睛里闪动的光芒总会吸引着我一个又一个听下去。他去世后不久，妈妈告诉我说外公最喜欢的就是我。我很想说的是，在很大程度上正是因为那些坐在外公膝盖上听他一遍一遍讲故事的旧时光，我才有了今天这样的独特个性。外公故事中所讲的那些我从未谋面的家族成员以及所描述的那些他游历过的地方，让我如饥似渴地想要了解有关自己祖先的更多细节。

祖父母、年长的邻居以及远方亲戚，这些对孩子来说都可能是极好的历史信息来源（即使有些故事并不一定完全符合历史真相——我的外公总是设法省去自己在部队的经历，我敢肯定他见识过战争）。孩子爱听故事，喜欢对历史细节刨根儿问底儿，无论是自己家族的故事，还是社会上发生的事情。与一个值得信赖的"信息源"交谈会让他们学到很多有关文化、种族和差异的内容。这些关系为他们提供了一个可以问各种问题的安全空间。当谈话令孩子感到舒服时，他们才会敞开心扉去问问题，而这也为认识差异提供了起点。

援助之手

当你将孩子放到一个为有需要的同伴提供帮助的"助人者"的位置上时，他们就会对这个同伴展示出同理心与理解。向孩子传递积极的价值理念，很重要的一点就是要让孩子知道他们有能力帮助他人，也有能力做出负责任的选择。你清楚你的孩子善良、热心、富有同情心，你也相信他们可以带来改变。

"援助之手"可以帮助孩子与他们世界中的其他人建立联系。差异客观存在，但是差异不应当阻挡人们构建积极的关系，不应当阻止人们彼此学习共同成长。当孩子在学校或者游戏场地（或者任何其他地方）看到有麻烦出现时，他们可以思考自己如何和帮手一起来化解冲突。

在纸上描绘一些孩子的手掌轮廓图，让孩子把这些手印儿沿轮廓线剪下来，然后在一张大卡纸上把这些手掌贴成一个圆环或者心形（看上去像是手拉着手）。让孩子想出一组伙伴（可能是学校的朋友、球队的队友或者童子军里的同伴），每只手掌代表一个同伴，然后在这只手掌上写下自己和这个同伴的一个相似之处（比如：我们在同一个班级、我们都喜欢棒球等）和一个不同之处（比如：我们信仰不同的宗教、我们的爱好不同等）。记得让孩子完成一个代表自己的手掌作品。

完成这些之后，退后一步看看做好的作品，聊一聊孩子和上面所有同伴的相似与差异之处。让孩子想一想当意见不一致的时候，这些伙伴如何相互帮助。例如，有一群孩子接到了一个建筑项目的任务，但是在从何入手的问题上他们意见不统一，这时如果能找一个对建筑有兴趣的孩子先来分享一下自己的观点，会对他们完成任务大有帮助（比方说，约翰非常善于玩儿拼图和收拾东西，所以他可能知道该如何下手）。当我们花时间去发现差异时，我们实际上是在揭示强项与优势。"援助之手"鼓励孩子去发现隐藏的长处，通过指出这些长处鼓励孩子成为一个助人者。

长处布告板

自信心强的孩子更容易包容差异并看到其他人的价值。他们明白每个人都有自己的长处，并且会寻找其他人身上的闪光点。从这个目的来说，始终注意培养孩子的自信是件好事儿。（额外福利：如果孩子能发现并欣赏自己的长处，那么他们会更加快乐。）

"长处布告板"非常有助于孩子理解身边其他人的独特优点。

将一张大的布告板划分出若干列，每列代表一个家庭成员、亲近的亲戚或者亲密的朋友。让孩子在布告板的每一栏里写一列这个人的长处（可以是任何长处，"会讲笑话儿"或者"会做最棒的小蛋糕"），每当有新发现时都及时添加到布告板上。让孩子想想别人的这些长处会如何给他提供帮助，而孩子自己又有什么长处可以帮助别人。随着时间推移你就会慢慢发现，当孩子知道差异无处不在，也知道每个人都能带来改变时，他脸上会绽放出美丽的笑容。

参加文化活动

每当有节日可庆祝或者有游行可参加时，我女儿都会兴致勃勃地加入其中。她喜欢各种庆祝活动，无论大小，但是原因可能并不是你想的那样。当然，其中多少有一点儿对糖果或气球（二者都有的话——你赢了！）的期盼，但那并不是她热情高涨和热衷庆祝活动的真正原因。因为她的的确确是想知道这些庆祝活动存在的原因。

从街道市集到博物馆的展览，从图书馆的信息布告栏和音乐表演到宗教庆典，这些地方都有可能让人了解其中的文化。更重要的一点是，这些内容都是特别适合孩子的。欣赏多样性并且为孩子示范包容文化差异，最好的途径就是你自己沉浸其中。当你参加当地的庆典活动，去倾听、去提问并尝试新事物时，你也为孩子敞开了大门，让他们对事物和多种可能性持有开放态度。

包容孩子的奇思妙想

不知道你的情况，所以我没法儿代表你发言，不过我的孩子的确是有很多天马行空的"宏大"想法。什么把后院儿改造成巨轮卡车的聚集地啦，什么去非洲进行一次野生动物发现之旅啦，什么征用家里一个干净的房间把它变成潜水艇进行水下世界探索啦，他们充满想象力的念头儿经常使我震惊不已。

不过有的时候出于各种考虑我也想拒绝他们。也许是因为还有十分钟就要吃饭了，一旦他们开始进行游戏而我又中途打断的话会让他们无法静下心来吃饭（身为治疗师妈妈，我称之为"暴躁"）；也许只是因为我想让那个房间多保持一两天的整洁，或者可能我们正在超市买牛奶和面包。无论是什么原因触动我让我产生犹豫和拒绝的念头儿，当孩子准备执行他们的计划时我都会深呼吸几次，然后微笑着看着他们。我很庆幸我总能这样做。

对孩子而言，被拒绝简直就像家常便饭一样。虽然那些残忍的拒绝词汇并没有真的被说出口（我曾经五天没有对任何事情说"不"，但是也没有说"是"），但是孩子有规矩要遵守，有期待要达成（无论在学校还是在家里），那些拒绝的理由仿佛就萦绕在他们耳边。即使很多孩子都有非常宏大的想法，可是在他们找到机会把它们说出口之前，那些想法已经被打压了。

如果我们包容孩子的想法，为他们提供尝试的机会，那么我们就是在鼓励他们超越当下的需求和感受去进行思考。我是在为他们提供传说中的"空白的画布"——勇于尝试新鲜的不同的事物的机会。我们的积极回应所告诉孩子的是：你的想法很有趣，我很看重你的想法，我信任你。对小孩子来说这是非常有力的讯息，这个讯息会让他们在未来敢于冒些无大碍的风险，也会鼓励他们对差异进行不断的探索。

那么，下次当你刚刚用拖把拖干净的厨房地板变成小虫子的跑道时，继续前进吧，眼睛看着别的地方就好了。你的孩子会因此变得更棒（你也会的）。

寻找线索

我的女儿最近有个新发现，这个发现绝对会令所有孩子都着迷。她发现所有的指纹都是独一无二的。她可不像我们小时候一样，是从学校请来的警察那里知道这个事实的，她完全是自己发现的。她一贯热衷于探索事物是怎么工作的，有一次彻底清除完一个印记之后，她高兴地发现剩下的墨水可以给自己做一个小印台。很自然地，她用这个印台来进行识别指纹的游戏，弟弟随后也加入进来，他们玩儿得很开心。就在那时，她停下来去看那一列指纹，然后发现了差异。

说到理解多样性这个话题，对孩子来说，指纹是个很棒的比喻，因为指纹是个很好的证明，证明我们每个人都带着独特的印记来到这个世界。无论我们觉得自己与其他人有什么样的关系，我们都是独一无二的。

孩子都喜欢扮演侦探。我女儿会拿着一个笔记本和一支亮闪闪的钢笔，然后开始列出每个家庭成员的好恶、长处、最喜欢的东西以及其他有趣的内容。大家都知道利亚姆喜欢玩儿拼图迷宫之类的游戏，而瑞利喜欢画画儿。侦探扮演游戏帮助瑞利理清思路想出办法，以便在弟弟难过不满时能有所帮助，在这种时候他们俩都会感到平静。

扮演侦探揭示差异能够帮助孩子深入地了解别人，更富有同理心，更体谅别人。在班级中，可以让孩子用这个有趣的方法去了解更多有关文化与个性的内容——去发现那些用于构成整体的各种细节。生活中我们总是匆匆前行，忽略了太多的细节，当我们停下来真正去和周围的人产生联系时，我们才能从中学习，同时作为独特的个体不断成长。

做指纹、针对细节提问以及花时间深入地了解某个人，这些活动都有助于孩子学会去发现与包容差异。

国际化学院

嫁给一个经常满世界旅行的丈夫，其中一大乐趣就在于他会和我们分享旅行中的各种文化趣闻。然而这还远远不够，小家伙儿渴望获得更多信息。他们特别想知道别的国家的孩子都喜欢玩儿什么、吃什么、看什么电视节目。他们还想知道别的国家的孩子怎么学习、暑假做什么以及晚上怎么睡觉。有些问题对我来说真是太难回答了（德国的孩子睡觉时也会抱着安抚玩具吗？）。我尽我所能地去搜寻各国的资料，努力为他们提供一些相关的信息。

"国际化学院"是个很不错的办法，这个活动通过对照比较（嘿，我们也喜欢足球）和了解差异来帮助孩子学习不同的文化。按照兴趣类别（食物、衣着、爱好、音乐等）剪贴图片，这样做有助于孩子学习和理解世界各地的不同文化。这个活动还可以开阔孩子的视野，让他们看到差异的魔力。有的事情会让他们眼馋羡慕，有的事情会让他们感同身受。这也是另一种与人产生联系以及理解他人的方式。

开办机场

　　小组合作很有利于孩子理解他人并包容差异。当一群孩子朝着一个共同的目标一起努力时，他们会为了最终的成功而集思广益，取长补短。通过小组扮演游戏发掘孩子头脑中的想法，这是个让孩子敞开心扉、打开思路的绝佳办法。

　　机场是个非常忙碌的地方，需要很多人一起努力来保障各项工作安全以准时地运行。但是，机场的工作可不仅仅是检查机票和登机那么简单，还需要检查行李、考虑座位的预定情况、遵守各项流程的时间表、采购和准备飞机餐等。仔细想想你就会发现，机场就像是一个小小的城市。基于这些因素，开办一个机场对孩子来说是个特别好的小组游戏项目。

　　无论是在班级中进行，还是邻里的几个小伙伴一起进行这个活动，孩子都需要精诚合作，想象与创建一个功能齐全的机场！帮助孩子想一想航班飞行的必备要素有哪些（机票、行李、安全带等），为他们准备一个检查列表，让他们由此开始进行这个项目。然后你要退居一侧，从旁边观察，看他们如何将机场建立与运行这一任务进行分解并逐步完成。你肯定会非常震惊，他们会迅速地根据个人的兴趣与强项分配任务，然后分头行动。出现问题时，他们会齐心协力想办法解决，以符合小组的最大利益。

发现新角色

　　虽然孩子不一定能清晰有力地表达出来，但是他们的确花了相当多的时间在思考他们是谁。想弄清楚自己究竟适合处于什么位置，很重要的一点就是要明白自己从哪里来。孩子总是倾向于关注此时此刻他们是谁，因此，帮助孩子探索他们所扮演的多种角色有助于他们全面了解情况。

我读研究生的第一周就被要求写下我在和他人的关系中所扮演的所有角色，并且要根据重要性将这些角色进行排序，这件事儿让我至今记忆犹新。我还没来得及细思慢想，就有一大串儿的词语涌入我的脑中，比我以为的要多得多：女儿，妹妹，姐姐，孙女，朋友，表姐，生命支柱，学生，教练，天主教徒，爱尔兰裔的美国人，邻居，保姆，侄女，社工。当我准备对这些角色进行排序时，我整个人像被冻住了一样。我是我妈妈的女儿也是我爸爸的女儿，我是妹妹的姐姐与姐姐的妹妹，我是很多人的朋友也是少数几个人的生命支柱。我如何从中选出一个最重要的角色？我做不到。

这个经历一直伴随着我，当我步入社会生活后，更多的角色在我头脑中交错。这个练习成功地开阔了我的视野，让我看到了我们每个人都承担多种身份，也让我看到了我们是如何选择扮演这些角色的。

让你的家人一起来做做这个简单的练习，协助孩子一起进行头脑风暴，想想他们每天要扮演多少角色。这个活动有助于他们更加理解自己的独一无二性，也会让他们看到其他人在活动中是如何影响他们的。每一种关系都是一体两面的，而包容差异并与他人积极正面地建立关系，这其中一个首要的因素就是要理解这种两面性是如何起作用的。

8. 支持孩子所热爱的事情

> 一个人内心有了飞翔的冲动，就不会满足于在地上匍匐前行。
>
> ——海伦·凯勒

利亚姆四岁生日时，他的生日礼物愿望清单上只有一样东西：与他的架子鼓相配的一套镲。我好想拒绝呀。最初，我乞求（是的，乞求）我先生别弄一套架子鼓回家。我说买其他任何乐器回家都可以，但是千万别买鼓。家里有两个两三岁的小孩儿外加一套鼓，我觉得加利福尼亚州大概没有那么多的头疼药可以卖给我。我先生声称把鼓放在车库里就不要紧了。不管怎么样他还是坚持把鼓买回来了，于是我只好转而乞求他千万别再买镲了。

四岁生日时，利亚姆得到了一整套漂亮的镲，就是那种专业鼓手不管到哪儿演出都会带着的镲。你可能会以为我是在压力下妥协了或者是实在禁不住孩子一再地请求（事实上，利亚姆真的没有多次请求），情况并不是这样的。我是向利亚姆发自真心的热爱妥协了。也许我的儿子长大以后不会真的成为一名鼓手，而且他现在非常确定驾

驶测井工程车才是他的理想，但是他是真的热爱打鼓。他坐在自己的
架子鼓后面，跟着酷玩乐队和约翰·迈尔打鼓。他一边听一边数着节
拍。他自在，富有表现力，而且很快乐。我女儿要写字、画画儿以及
沉浸在想象的世界中，而我四岁的儿子要打鼓。不过值得一提的是我
儿子最近发展了一个新的爱好——弹钢琴。你知道我怎么做的？我完
全同意他换个事情投入热情（后面会继续这个话题）。

　　近年来育儿圈儿盛行"推娃"，父母在背后施加推力以培养一
个完美的十项全能的"牛娃"。这种现象一部分是源自大学的入学申
请审核所带来的"涓滴效应"。无论你住在什么地方，都能感受到一
种巨大的育儿压力，这种压力就是你得让孩子样样拔尖儿，还得让他
同时进行一些社区服务工作。但现实情况是，样样精通几乎是不可能
的。当然，的确有学业成绩优秀的运动员，有唱歌好听的演员，有文
笔出色的艺术家，但是施加推力力图让孩子在各个领域都出类拔萃带
来的后果是激情与热爱荡然无存。

　　实际上，在发展孩子对事物的激情与热爱方面，我们已经偏离了
方向。彼得·格雷在《玩耍精神：会玩儿的孩子真的有出息》一书中
讨论了自我教育的重要性。书中阐述了"不带压力不做评判地给孩子
提供充足玩耍时间"的重要性，格雷解释道："孩子需要交朋友的时
间，需要摆弄材料琢磨想法的时间，需要体验与克服厌倦的时间，需
要从错误中吸取教训的时间，也需要发展兴趣爱好的时间。"简而言
之，我们不能在背后推着孩子让他们热爱这个或者那个，我们要给他
们时间，让他们自己去弄清楚什么事情值得他们全情投入。

　　有人将激情与热爱等同于出类拔萃。他们觉得只要清楚了自己对
什么事情发自真心地热爱，那么就找到了最适合自己的职业之路。然

而激情与热爱只是一种强烈的情感，是针对某个事情的兴奋之情。培养对某事的热爱并不意味着强迫孩子去参加某项活动，也不是说让孩子各种活动都试试，直到最终选定一个最擅长的——有利于他将来申请大学的那一个。培养孩子的激情与热爱意味着允许孩子真正去享受某个（或者某些）事物，哪怕时间非常有限。培养孩子的激情与热爱也意味着支持孩子的兴趣并了解什么能真正让你的孩子快乐。有时还意味着当身边每个人似乎都进行着激烈的竞争时，你得在慢车道上缓缓前进。

"为大学做准备"和"职业准备"是目前充斥于教育界的流行词。偶尔还有其他的流行词涌现，不过目前来看，教育工作者似乎下定决心要确保所有孩子在高中毕业时都为大学或者职业生涯做好准备，而且这个工作从学前班就开始进行了。这个长远目标是宏大的，为将来做好规划也是有益而无害的，只是这种结果导向的讨论进一步增加了家长的压力。五岁的孩子每天在学前班的课堂上就已经开始为上大学，为自己的职业生涯做准备了，那么为了达到同样的目标，在课堂之外还应该做些什么呢？这一切意味又着什么呢？

现实中，随着孩子的成长，他们热爱的事物也会发生变化，这是件好事儿。他们会发现新的感兴趣的领域，也逐渐开始理解你无法对可能性进行限制。在这个过程中，一如既往地支持孩子钟爱的事物依然非常重要。也许过上若干年，我儿子可能会放弃架子鼓也不再碰钢琴，那也没关系。至少眼下，学习音乐令他自信而专注，他对此感兴趣。对好几个领域都怀有激情并加以关注的孩子有着更好的自我认识（他们知道自己是谁，知道自己的长处是什么），他们在学校也更加积极投入（有时一个兴趣会点亮另一个兴趣，星星之火可以燎原），他们也会享受到各种各样的同伴关系（参看第七章有关包容差异的内容）。

但是不要把对事物的激情热爱与专攻某事（特长）相混淆。很多家长因为孩子看似对任何事情都兴趣平平而感到焦虑，我曾经帮助无数这样的家长处理他们的焦虑情绪。如今，一个孩子到了六岁还没有显示出某方面天资的话，家长就担心永远没法儿发展某种天赋了。你能想象在六岁的时候就把孩子的激情和热爱局限在某一种事物上吗？这种焦虑与担心会让家长迫使孩子尽早选定一个项目，甚至更糟糕的，家长越俎代庖地为孩子指定一个项目。

专攻某事通常出现在青少年体育领域，不过在音乐、艺术、数学、科学或者其他兴趣领域也很容易出现"专攻"。我女儿目前狂热地喜欢爱尔兰踢踏舞。她喜欢踢踏舞的舞步，喜欢她的老师，而且她似乎很愿意督促自己在每次比赛中取得更好的成绩。不过我女儿也热爱足球、绘画、玩儿扮演游戏、写作和游泳，她对这些项目的兴趣同样浓厚。其他学踢踏舞的孩子的父母劝我每周带女儿上更多的课，加速打磨她的舞技。其他学足球的孩子的父母暗示我，如果不参加春季足球比赛的话可能会断送孩子的职业之路。虽然我相信这些出于善意的提醒有一定的道理，但是我拒绝强迫我七岁的女儿现在就专攻某个项目。让激情熄灭的最好办法就是过度燃烧孩子的热情。

以牺牲自由时间、停止游戏甚至引发厌倦为代价强迫孩子专注某个单一的领域，导致的后果就是孩子心怀愤恨、感到失去控制、爱生气、猛烈抨击别人（抨击的对象往往是父母，因为父母认为每天练习舞蹈远比其他任何事情都重要，哪怕那些事情好玩儿有趣）、学业表现糟糕（参看第九章有关减轻儿童压力的内容）以及出现焦虑抑郁症状。支持孩子的激情与热爱，可以让孩子发现自己感兴趣的各个领域，让他们看到新的可能性，而专攻某项则会把将来的兴趣领域拒之门外。

有一点需要牢记，激情与热爱本质上来说是个体独有的，通常也是非常个人化的。我喜欢阅读和写作，而我的丈夫总是琢磨音符和旋律。我女儿可以在很短的时间内就从无到有地完成一个手工作品，而我的儿子沉醉于自己在迷宫、数学与记忆力游戏中发现的那些规律与秩序。你可能会觉得棒球是世界上最棒的体育项目，认为孩子参加这种团体运动项目大有益处，可以帮助他们找到某种出路，可是你的孩子很有可能真的只想要一个蚂蚁农场。他可能在那一刻更想要研究大自然而不是参加某项有组织的运动项目。随着孩子的成长，他们可能会改变主意，但是为了让孩子找到一个令你满意的项目就扑灭他的兴趣火种，这种做法是大错特错的。孩子需要弄清楚什么可以激发他的热情，我们应该在孩子的成长过程中始终鼓励孩子遵从自己的兴趣。

尼科尔的妈妈以前是一位著名的舞蹈演员。尼科尔十一岁时第一次来到我的办公室，她从两岁就开始学习芭蕾舞，她知道就现在这个年龄而言，她的舞技已经算是相当娴熟了。有时她感觉自己还不错，有时她又觉得自己永远无法尽得母亲真传。她非常诚实地承认舞蹈并不是她真正的追求，她想成为一名出色的艺术家（她的行程表几乎被舞蹈占满了，因此她没机会参加正式的艺术课程，艺术方面她只能自学），私下里她梦想中的职业应该是和绘画相关的。尽管她心中还没有一个明确的职业，可她拼命地想要探索和发现可能的选择。但是她的妈妈不同意。

此后一段时间，尼科尔依然专注于舞蹈。我曾有机会去看过一次她的舞蹈演出。我完全能够理解为什么她的妈妈执意让她继续走跳舞这条路：跳舞时的尼科尔优雅自信，和她平时在学校时的神态气质完全不同。但是演出和追求卓越持续带来的压力令尼科尔感到不满与愤怒。她不能控制自己的生活，她甚至不能选择上一节艺术课。最终她的自信开始消退，尼科尔放弃了学画画儿的梦想。我上一次见她的时候（她即将十三岁的时候），她暂停了跳舞，独自一人待在自己的卧室里，笔记本上到处都是她的涂鸦。时至今日，我很想知道她后来是否遵从内心在大学里选几门艺术课程。看着一个孩子的激情与热爱就因为父母有着不同的计划而这样消退，我感到很难过。

激情与热爱的另一端当然就是那些认为多多益善的父母。这些父母压根儿不提"专攻"，他们希望孩子热爱一切并且样样都出色。这种倾向在现实中就表现为让孩子每个学期都参加多个运动项目，还要学一样儿乐器，同时再上一两门课增加乐趣。这些孩子往往过度劳累、筋疲力尽，并且经常感到压力巨大。如果你的生活无时无刻不是在学校学习就是在课外发展强项，你如何能真正知道自己是谁？如何能真正了解什么会令你快乐？

有些孩子的确喜欢参与团体运动项目，并且看上去也想尽可能多参加几个体育项目，对这些孩子而言，家长很重要的一个工作就是帮助他们放慢脚步，学会欣赏自己正在做的事情。如果孩子经常赶场一样从这个项目奔往下一个项目，那么他们很难享受其中任何一个项目。又何谈激情与热爱？支持孩子的激情与热爱，其实就是父母支持孩子从事他们自己选择的活动与项目，而支持的方式应该是对他们所付出的努力进行鼓励与赞赏。通常，疲于赶场的都是那种感觉自己不坚持参加就无法达标的孩子。这不是充满了激情与热爱，而是被施加了外部压力。

我们的文化为孩子提供了很多选择与机会，坦白说，选择有点儿多了。很多孩子难以找到真正能激发他们积极性的东西，这一点儿也不奇怪。作为父母，我们要和孩子并肩前行。因此足球并不一定非得是你家孩子天天挂在嘴边谈论的事情——这并不是说孩子缺少激情与动力，只是孩子还没有发现自己所热爱的事物。

父母通常不喜欢人人有份的参与奖，但他们似乎更讨厌孩子总是半途而废。从一个运动项目或者活动中退出往往被视为轻言放弃，而允许孩子中途退出的家长会被视为消极被动或者过度溺爱。孩子的童年时代不应该时时处处都用来学习世事维艰。就算没有这些，生活本身已经够不容易了。当然，如果孩子参加的是一个为期十周的团体项目，那么应该让他们信守承诺完成项目。但是我曾经见过很多家长用贿赂收买的办法年复一年地让孩子踢足球，原因居然是家长认为等孩子长大了终归会爱上足球的，哪怕已经有足够的证据显示事实并非如此，他们依然不放弃。我见过有父母向五岁的孩子许诺，在美国青少年足球联盟的足球活动中每进球一次就奖励一辆玩具小汽车；我还见过有父母向七岁的孩子许诺，每次进球、射门或者触球就能得到一美元。父母向孩子做这些承诺仅仅为了让孩子继续参加下一季的足球活动。我痛恨告诉别人坏消息，但是我还是得说，如果你得通过付报酬才能让孩子参加一项体育活动的话，那么你的孩子对这项活动根本没有激情与热爱。你热爱的东西并不是你的孩子所热爱的。放开你的孩子，他们自己会找到自己的目标的。一旦他们找到了，你根本用不着破费。

那么我们如何能帮助孩子发现他们感兴趣的领域呢？支持他们

到底意味着什么？这的确是很难的。在外人来看，那个推着孩子去赢得每场体操比赛的妈妈做得有点儿过头了，但是妈妈本人也许觉得自己只是在支持女儿的梦想。我很了解当孩子怀有一个宏大的梦想时身为父母是什么感受，支持孩子的梦想不仅仅意味着要鼓励他们努力奋斗，有时还意味着要教导他们慢下来。支持孩子追寻梦想（至少那一刻是他们的梦想）是一个平衡协调的过程。我们要为孩子设置一个安全健康的界限，这样他们才不会在达成目标之前就将自己的精力消耗殆尽。虽然有时激情热爱等同于铆足了精神甚至拿出150%的干劲儿，但是成功是需要时间、练习与耐心的。关于支持激情与热爱，还有一点是值得提醒的——选那条慢一些的路到达终点吧。还记得龟兔赛跑的故事吗？慢而稳健的那一个最终获得了胜利。

至于那些看上去似乎对任何事物都缺乏激情与动力的孩子，在你打算向这失败的现实举手投降之前再三考虑一下，就当作孩子只是想多玩儿会儿电子游戏吧。也许你有些不知所措，但是有的孩子只是需要一些帮助来弄清楚到底什么能激起他的热情。谁知道呢？没准儿现在对电子游戏的热爱会在将来转变为对电子游戏开发的热爱！帮助孩子发现自己兴趣的最好办法就是听听孩子是怎么说的。

每个孩子都有闪光点，要想找到这个闪光点，你不要总是盯着你认为的孩子的天赋。比方说，你的孩子可能对篮球很感兴趣，哪怕他还没有投篮命中过；或者，你的女儿也许整天缠着你问一些有关缝纫的问题，尽管她连穿针都不会。寻找自己热爱的事情并坚持去做，并不是要把它发展成自己的特长与优势。应该鼓励孩子去尝试自己感兴趣的事物，哪怕他们在其他方面潜伏着天赋。只要你给孩子提供机会让他们去尝试自己感兴趣的事情，那么你的孩子可能就会发现某个你之前完全不知道的长处（我女儿最近发现，她随随便便撒些种子就能开出美丽的花来）。

要想帮助孩子弄清楚到底什么事情可以触动他们，你就必须注意倾听。非结构化的一对一的相处时间可以很好地让你了解孩子对什么事情感兴趣。如果你每次问孩子"今天你想做什么？"得到的回答都是"玩儿木偶表演"，那么你就得考虑去考察一下剧院或者创意艺术课程。他是喜欢扮演木偶角色呢，还是喜欢编台词创作故事呢？这是你需要弄清楚的问题。如果每次你有时间在厨房做点儿什么时你的孩子都想尝试新菜谱，那么是时候给他找个儿童烹饪班了。

父母面对的难题之一就是太容易陷入运动和乐器这个圈子了。这可以理解。一般来说，这两类就是孩子课后经常做的事情，他们在某个球队训练，他们练习某种乐器，或者参加一个童子军项目。从好的一面来说，现如今的孩子面前所摆着的机会几乎让每个人都能有所选择。小小时尚达人可以学做衣服，小小建筑家可以学习建筑工程，初露头角的甜点师可以学习烘焙。有时父母只要从传统的圈子跳出来一会儿，就会发现孩子真正感兴趣的事情。

我曾经接待过一位妈妈，她下定决心要为儿子找到一个"正确的"体育项目。上了两期足球课（大部分时间他儿子都在那儿摘蒲公英玩儿），她终于让儿子退出了。接下来是棒球，你想象一下那个画面，每次棒球迎面飞来时她儿子都满脸泪水。发现这种团体体育项目行不通之后，这位妈妈又尝试网球、空手道和游泳。每个项目带给她儿子的都是压力、焦虑和眼泪。一周又一周，我每次都会问她同一个问题："当他空闲的时候，他真正喜欢做的事情是什么？"答案是玩儿乐高积木。她的儿子花整晚的时间用乐高积木拼搭复杂的建筑物和汽车，根本不看任何说明书。最终，这位妈妈给孩子报名参加了一门建筑技术课。在那里儿子结交了朋友，找到了自信与快乐。让孩子做他最爱的事情是减轻压力与焦虑的关键。

我们告诉孩子要解放思想，跳出固有思维模式，我们鼓励孩子从多个角度去考虑解决问题的方案，这样他才知道生活并不是线性的，知道任何问题都有不止一个解决方案。但是我们却经常违背孩子的愿望给他报名参加足球课、橄榄球课，我们的理由是其他孩子都做这个。如果你想帮孩子找到他自己热爱的事情，想要支持他实现他自己的梦想，那么你自己必须要先解放思想，跳出固有思维模式。

做自己热爱的事情和幸福生活二者之间似乎存在着很强的相关性，对孩子来说也是一样的。

培养激情与热爱的技巧

了解孩子的兴趣

我们生活在一个由竞争驱动的世界中。如今的孩子被寄予厚望，即使在课外活动中也一样。这样的外部环境带来的问题之一就是过多的选择。为什么不培养一个既会吹长号又能在每赛季都获得最有价值球员奖杯的园艺专家呢？十二岁就能写作出书怎么样？听上去是不是很棒？嘿，哈佛，我们来了！

在这不知去往何处的竞赛中，孩子独特的兴趣与需要被忽略被遗忘了，很容易人云亦云亦步亦趋。孩子天生有一种想和朋友待在一起的倾向，因此有时候他们会为了和朋友在一起，而要求去参加某个体育项目或者某个课外班。

帮助孩子发现自己的长处和热爱的事情非常重要，这样他才能体验到更强的自信和更大的快乐（而不是奋力跟上大部队）。要了解到底什么事情可以触动孩子。是艺术打动了他，还是你的孩子喜欢学习不同语言？就从那个触动点入手，听一听什么事情让孩子兴奋。在孩子进行各种活动时仔细观察，确定哪项活动能为他带来最大的快乐。

要注意一个重要的事实：并非每个令孩子热爱的领域都需要去上课或者参加结构化的活动。你家的小作家只需要旅行、本子以及一个安静的空间。

小步子推进

很多家长觉得要想弄清楚孩子到底擅长什么，最好的办法就是挨个儿试一遍。孩子很容易在完全不理解的情况下接受一切，然后被压垮。父母几乎很难意识到这样做的后果是孩子很快就精力枯竭了，当孩子精疲力竭只渴望着休息片刻时，想要发现他们对什么有热情几乎是不可能的。毕竟每天参加一种项目意味着完全没有自由玩耍的时间。

把孩子的时间切分为四个季度是个不错的办法。将年历分为四个季度，每个季度安排几种活动，看看什么活动会让孩子感到愉快。每个季度重点考察一到两个活动。当孩子的日程表是他们自己容易管理与掌控的时候，他们才能更好地挖掘自己的长处，找出自己热爱的事情。当他们找到最能令他们兴奋的事情时，他们也就找到了快乐。

多问少讲

父母从旁边寻找线索（或者说是长处）并在侦察的基础上将孩子朝某个方向轻轻推动一下，这个做法很吸引人，但是孩子的热情未必就会被点燃。如果说找到自己热爱的事物关键在于自我发现的话，那么孩子就需要时间与空间去自己进行探索。当然，对话与沟通也很有用，有的孩子需要出声思考才能弄清楚到底什么事情能令他振奋。询问开放性的问题可以帮助孩子弄明白自己的兴趣领域。比方说：

- 什么令你开心？
- 如果从现在起你只能参加一个项目，你会选什么？
- 你在学校最爱学什么？
- 对你而言什么最重要？
- 你在学校错过了什么？有没有什么事情是你在学校特别想做，但是因为没时间而错过了？
- 你现在最喜欢的电视节目是什么？你喜欢其中的什么？
- 如果可以生活在另外一个地方的话，你想生活在哪儿？
- 你现在最喜欢的书是什么？

给孩子机会让他们在轻松的氛围中分享自己喜欢和不喜欢的事情（这很重要，在压力下接受连珠炮一般的发问对自我探索毫无帮助），能让孩子仔细思考自己的兴趣所在。当他们觉得自己被赋予了能量敢于展示自己的本色时，他们更有可能发现自己热爱的事物。

守候闪光点的出现

我在前面提到过，每个孩子都有闪光点。至少会有那么一件事儿能让孩子兴奋和快乐。有的孩子能说会道，愿意和父母滔滔不绝地交流谈天，而有的孩子寡言少语，回答问题时言简意赅。对于这种不太爱说话的孩子，想要发现他们的闪光点就比较困难，需要家长仔细观察发现蛛丝马迹。

你随便哪天近距离观察我的儿子，就会发现他来来去去玩儿的就是那么几个主题：非洲动物、海洋动物、小汽车和建筑。每天只要有时间他就会在这几个最爱的活动中选一个玩儿，这就是他生活中的闪光点（至少在那个阶段是）。钢琴课会让他兴奋，给予他目标，而学习和了解有关动物的知识是他每天起床的动力。

孩子玩耍的内容是他灵魂的窗户。家长尽可能退居一旁透过这扇窗户悄悄探察，这样可以了解孩子的内心世界。让孩子在没有压力的情况下自己主导玩耍的过程，这样孩子才能找到自己热爱的事物，才能发现到底什么事情对他而言最重要。

跳出固有思维模式

看到小区里绝大多数的孩子都去参加了那几个活动，于是自己也很容易从众，亦步亦趋地给自己的孩子报名参加那些广受欢迎的项目。但是并非每个孩子都是运动员，也不是每个孩子都喜欢音乐课和绘画课。如果孩子在这些活动中很难尽情尽兴，也许是因为你的孩子不落俗套。帮助孩子找到自己热爱的事物，最大的困难就在于家长不能解放思想，跳不出固有思维模式。

曾经有个小男孩儿来我这里进行过咨询治疗，他极度渴望学习刺绣。他自打去了一次麦考斯商店买回了一些刺绣手工包之后，这个小男孩儿就找到了自己所钟爱的事情并开始学习一门新的手艺。有自己热爱的事情并不意味着非得去参加一个球队、上某个课程，或者加入一群孩子中一起活动。有很多独自进行的活动都可以让人产生激情沉迷其中。我曾经从父亲那儿偷偷拿来黄色的横格纸，花很长时间躲在自己的卧室里在这些稿纸上写各种故事。类似的独自进行的事情还有编织、刺绣、做汽车模型、写作、画卡通画、园艺以及收集硬币等。你认为这些活动不会转化成那些流行词里提到的超级重要的"名校准备"或者"职业准备"？再好好儿想一想吧。支持孩子现在的这些兴趣，无论这些兴趣看上去有多小，都会促进孩子去发现与此相关的课目与活动。你的小小钱币收藏家未来某一天可能是银行的老总。现在就要跳出固有思维模式，这样孩子才能够不断打磨未来所需的技能。更重要的是，孩子将会很快乐。

遵循"三法则"

有的时候"少即是多"，这个定律绝对适用于课外班的选择。是的，的确会有些孩子真诚地想要参加两个体育项目，加入一个戏剧小组，再上个烹饪课，同时还想参加一个写作工作坊。理论上来说，这可能是超级十项全能孩子的早期苗头。但是也存在一个隐患：赶场一般穿梭于各种活动之间还想面面俱到，无论是对孩子还是对家长来说这都是很有压力的。这样一来，我们在第二章讨论过的那些至关重要的非结构化的游戏怎么办？在课外时间没有特定目的地和朋友一起玩耍什么时候进行？老话说"多而不精"，这是有道理的。总想着面面俱到，又怎么能专注在一件事情上呢？

请遵循"三法则"。孩子的生活被上学占据了一大块儿，因此家长为孩子做打算时更要有前瞻性。老实说，孩子做课后作业已经相当于上一次课外班了，而且还是不怎么有趣的课外班，另外再选两项课后活动（体育项目、童子军或者其他课外班）是比较合适的。如果孩子觉得烹饪课不是最重要的，而绘画课看起来更好，那么就按照孩子的想法进行调整。堆砌大量的活动只会给孩子增加压力和混乱，根本无益于孩子集中精力找到真正的兴趣。合理的限制可以帮助孩子全身心投入他真正热爱的事情上，哪怕这些事情会随着时间不断变化。

看重成功而不是获胜

过分热衷于体育项目的家长要注意了：进球得分和赢得比赛并不是真正衡量孩子成功的标准。很多孩子天生喜欢竞争，事事处处都想和人比一比。经常让孩子面对竞争的局面并不是什么好事儿，比方说参加学校的文艺比赛就有机会登上"春天在歌唱"（译者注：加州大学洛杉矶分校古老而盛大的音乐比赛盛事）广告册的封面！孩子进行着大大小小的竞争，这已经成为他们成长过程的一部分了。家长们什么时候竞争？这又另当别论了。

如果你的孩子只在意得分与获胜，他们就会被这两件事儿束缚住。这的确是热爱体育活动的一部分，但是一心只追求获胜会让孩子错失学习与成长的机会。无论在赛场上还是在课堂中，抑或是游戏场地中，只要孩子有成功的表现，无论大小，都应该给他们记上一分。

不擅长拼写的孩子，如果在家能独立完成拼写作业就是一大成就，要去承认孩子这样的成功之处。对于不善于和人打交道的孩子，愿意去活动场地和朋友见面就是很了不起的，要和孩子好好儿聊聊这一点。

如果父母花时间和孩子去识别与讨论孩子生活中各个方面做得好的地方，那么他们会帮助孩子认识到自己隐藏的天赋以及感兴趣的领域无处不在，这些有待去发现。

避免评判

你私下里希望七岁的女儿像你小时候一样喜欢垒球，但是你的女儿却决定把大把的课余时间花在集邮上。或者你试着鼓动九岁的儿子去尝试帆船运动，可是你儿子一心只想玩儿滑板。有的时候孩子的确会追随我们的脚步（心甘情愿地），有的时候不会。我们一定要避免去做评判。

不要总是执着于未来，偶尔也要停下来让孩子活在当下，这很重要。孩子的集邮热情十有八九会来了又去，对滑板的狂热也有被替代的一天，但是现在这些事情对孩子来说非常重要。就让孩子当个小孩子吧，让家里摆满草莓女孩儿（译者注：一个女孩儿品牌玩具），让家里各种纸箱子都变成合金小汽车的赛道吧。

当家长基于自己的兴趣对孩子进行评判时，孩子会感到被否定被拒绝。他们会滋生出一些负面的信念。而对孩子而言，否定的评价是很难被撼动的。而另一方面，如果家长支持孩子选择他们自己感兴趣的事情、创造性的领域或者追求，孩子就会慢慢建立积极正面的价值观与信念。当然孩子的兴趣和追求会随着时间推移而不断变化，但是怀有积极正面的信念，孩子会对自己的选择感到自信，也更有可能追求自己的梦想。

减少压力

我不止一次发现家长在孩子的问题上总有着很多的焦虑。家长操心着要让孩子上最好的学校，操心着给孩子选最好的老师。家长还操心要给孩子尽早地挑选课外班，为孩子儿童时期的履历做打算（没错，有的地方真的有儿童履历）。家长操心孩子在课堂上的表现如何、赛场上的表现如何，在其他各个地方的表现如何，操心自己还能做些什么来提高孩子在各方面的表现。这其中满满的都是压力。

是的，我们生活在一个充满竞争的世界中，着眼于未来进行思考可以帮助你准备好应对孩子成长之路上的一些障碍。但与此同时这些也会为孩子带来过度的心理负担。当你和孩子在一起时，你必须收敛起自己的担心与焦虑，把它们打包藏好。推着孩子在赛场上更加努力，变得更加优秀，或者事无巨细地干涉孩子的课外活动以确保这些活动淋漓尽致地发挥作用，这些行为其实都是在满足你的私欲而不是孩子的需要。

孩子参加各种活动，有时在家尝试一些新的小爱好和活动，他们就可以在这些活动中更加了解自己，弄清楚自己可能还有什么天赋，了解什么样的事情会让自己快乐。他们投入到新的事情中，借此发现被隐藏的那些兴趣爱好。有时这些活动会点亮他们新的人生目标，有时他们会意识到自己真的不想继续从事某些事情。这才是童年的本质：尝试与犯错。父母为了成功而给孩子施加重重压力，孩子会感到焦虑、孤立无援，会对父母感到失望。孩子的童年不应该是尝试着步步取悦父母，孩子的童年应该是去寻找和发现什么事情能让自己开心，什么事情能让自己全身心地去投入。

培养乐观主义精神

有种流行的观点认为乐观是一种遗传特性，这种特性你要么有要么没有。有时人们遭遇人生低谷，沉浸于悲观无法自拔时，这个遗传特性的说法就成了一个很好的借口，但真相其实并非如此。乐观是早期学习而来的，它主要是通过体验与经历获得的。当孩子遭遇艰难的状况时，乐观主义精神就像盾牌一样为孩子提供保护与缓冲。乐观还会带来更好的问题解决技能、更好的人际关系以及更大的成功。乐观是孩子需要培养的基本特性之一，它可以让孩子具有更好的恢复力，保护孩子对抗抑郁。

流行的观点还认为，乐观的人常常会想入非非，不能脚踏实地。在有些圈子里，积极思考的力量反而招致坏名声。但是，乐观其实是理解各种情境的现实状况，然后思考自己可以做什么来改善这个状况。换句话说，乐观的孩子是在学习如何在逆境中实现反转。当你遇到负面的状况时，若你能重新加以组织并找到积极的解决方案，那么你就能真正掌握自己的人生。对小孩子来说，这是非常重要的一课。

那么如何培养孩子的乐观主义精神？

· **每天都有个积极的开始。**我知道，我也不是个爱早起的人。但是我发现，如果早上让每个家庭成员说一件会令自己兴奋的事情，那么孩子的精神面貌就会焕然一新，立刻变得快乐而兴奋。相反，如果这一天是从带有压力的事件开始（忙乱地做着准备工作，为家庭作业而争吵等），那么会让孩子状态低落，也会让家庭充斥着乌云。每天都从宣告令人兴奋的事情开始，那么你会带着夺目的光彩度过一整天。

· **对抱怨加以限制。** 有的孩子喜欢抱怨，尤其是在压力之下。允许孩子每天抱怨三次，每次抱怨后要紧接着说出积极面。这样做既是承认孩子的感受，同时也可以帮助他学习转换焦点。

· **笑口常开享受快乐。** 尽情享受开怀大笑的时刻，这样可以减轻家庭的压力。当你看到孩子因为什么事儿咯咯地笑个不停时，加入他们！一起傻笑吧！

· **让乐观精神引领自己。** 如果你总是陷入对事实的抱怨之中，你的孩子也会步入后尘。如果你总是看重积极快乐的时刻并将注意力集中在上面，你的孩子也将意识到握紧那些美好的事物更加重要。

· **对抗负面的自我对话。** 如果你的孩子对自己做出了负面的评价，比如："我永远也踢不好足球""我完成不了这个家庭作业""我不够聪明"，那么很重要的一件事情就是要和孩子讨论这个评价背后的情绪感受，同时要鼓励孩子将这种侵入性想法替换成积极正面的评价（比方说：只需要一点儿帮助，我就能完成这个拼图。足球很好玩儿，踢球的时候我会感觉自己很强壮）。需要关注的是，孩子在早期发展阶段和内化积极正面信念的那段时期也很可能会形成消极的信念。

· **将挫折看作是暂时的。** 孩子思考问题，往往是全有或全无的思路。有时对小家伙儿来说，一次拼写测验成绩不佳就像给他终身宣判一样。我们要帮助孩子全面看待挫折。我们总会遇到低谷与不顺利，一次成绩不好并不会带来全面的颠覆。当孩子学会将失败看作是暂时的，他们才能将注意力集中在积极的一面上，并且关注自己可以做些什么来转败为胜。

允许孩子远离某些事情

　　胜利者从来不会中途退出，中途退出者绝对不会胜利。人们抛出这些误导性的言论来鼓励大家不屈不挠，坚持不懈。但是，有时关上一扇不能正常工作的门才能打开另一扇门，那扇门里有着令人兴奋的新事物。你担心孩子被视为轻言放弃的人？不要让你的这种担心恐惧支配着孩子去做你期望的那种选择。现实的做法是，你可以和孩子一起列出事情的各种利弊。如果事情的确不可行或者会给孩子带来压力的话，那么允许孩子远离这件事儿。这样做可能恰恰会改变孩子的生活。

　　我下定决心离开大学冰球队的那天开始了实习，而正是那次实习确定了我以后的方向。我从来没有后悔过那一刻的决定。别害怕走进一扇新的门，一个崭新的视角也许会改变命运。帮助孩子去寻找他真正热爱的事物吧。

　　去支持孩子热爱的事情，无论大小。当孩子充满激情与热爱去做某件事情时，即使这种热情随时间发生了改变，但是孩子曾经全心全意投入过。他们从中学习，为之奋斗，努力推动，他们沉浸在自己钟爱的事情中会感到自信，会觉得自己很有能力，会感到自在。一言以蔽之，他们会感到快乐。

下篇

应对之道

　　假如孩子们的生活日复一日地快乐无比该有多好！没有吵闹，没有抱怨，没有兄弟姐妹之间的纷争，日子写满了欢笑、和谐，人与人之间总是彬彬有礼，就像周旋于一场贵族茶会……令人沮丧的是，现实生活并非如此。养育的世界里并不总是阳光灿烂，云淡风轻。压力时时刻刻存在着。一些孩子是天生的焦虑患者，而另一些则顽固得超出你的想象。生活，在家长和孩子面前都一样坎坷崎岖，而这些坎坷崎岖又往往避无可避。

　　本书下篇和家长一起了解孩子们如何应对生活中的起起落落，并从中汲取教训。我们将会提供针对童年期压力、焦虑和挫折感的具体策略，以满足高强度反应儿童的需要，以及应对父母养育中的压力。这一部分的内容主要致力于协助父母指导孩子掌控消极情绪，重新构建积极情绪和幸福感。

9. 减轻儿童压力

> 在面对压力的时候，我们能够做的最好的
> 事情就是相互倾诉，彼此聆听心声，并确信我
> 们面对的问题和我们寻求的答案一样重要。
> ——弗雷德·罗杰斯

　　直到我的女儿将满三岁时，我才第一次注意到她也有承受压力的迹象。我的丈夫将会和约翰·梅尔进行长达一年的巡演，这种分离给女儿幼小的心灵带来了压力。尽管这种分离在她三岁前也曾有过，但这是她第一次理解了这种分离，也是第一次确确实实地想念爸爸，并感受到了分离所带来的压力。谢天谢地，她的小弟弟还懵然不觉。

　　爸爸肖恩的出差安排频繁且不确定，通常六到七周的出差之后会在家待十天左右。但是这一次的出差时间较长，整个冬天，差不多十一周的时间肖恩都在出差，在家里的时间不过十天而已，现在又要出发了。瑞利总是像影子一样缠着她爸爸，不停地问这问那，显然她根本不准备向爸爸说"再见"，我想她是受够了与爸爸的分离。

　　肖恩离开五天后，瑞利的压力开始呈现。在她独自睡觉时，她开始做噩梦，总是伴着惊叫被吓醒。这个时候，我就抱着她，让她在

我怀里哭泣。我轻声哼唱，尽最大可能让她安静下来。以后的很多夜晚，我都是这样抱着她睡觉。这是唯一的可以让我们都睡着的方式。

这种状况没有持续多久她就病倒了。其实，往常她和小朋友在一起时，细菌也到处都是，但是，这不会让她一再感冒，而现在她却饱受病痛之苦而且脾气暴躁。白天越发漫长难熬，夜晚却转瞬即逝，很快，我的那点儿快乐自由精神开始变得不自由了，我的快乐也变得越来越少。

于是，我的心理咨询师技能果断"上线"。我们把一张大地图贴在墙上，用丝线来标记肖恩的行动路线。我们用谷歌搜索肖恩所到的每一个城市，看看那里有什么有趣的事情，猜猜肖恩会吃什么饭。我让瑞利自己选择一件我的衣服来陪她睡觉，这使她感到不那么孤独（直到今天，她还保留着这个习惯）。我们要肖恩保证每到一个酒店入住，就第一时间通过网络向瑞利汇报。没过多久，她的微笑回来了，也能安然入睡了。良好的睡眠让她很快恢复了健康，保证了白天的充沛精力。我们的生活也回到了正轨。

儿童压力是真实存在的，而且会导致明显的身体和情绪问题。它会带来慢性病，头痛（包括偏头痛）、睡眠障碍、高血压、消化不良、背痛和颈痛。它还会加重过敏、哮喘和糖尿病等症状。这些还只是肌体上的问题，同时压力还会导致焦虑、抑郁、社会适应问题和学业糟糕。所以，绝对不能轻视儿童压力问题。

但是，儿童压力并不是那么容易被发现，其症状往往是一些微小的日常生活抱怨，并且也很难知道何时需要干预。

儿童压力的一般症状包括：

· 抱怨头痛或胃痛；

· 睡眠障碍（难以入睡或睡不醒）；

· 做噩梦或恐惧夜晚；

· 饮食习惯改变（比平常吃得多或少）；

· 注意力难以集中；

· 行为方式改变（哭泣增多，安静不下来，易怒，行为退缩）；

· 紧张的习惯或焦虑的行为，如咬指头或扯头发；

· 拒绝参加日常活动（上学、宿营、运动、上艺术课等等）；

· 减少社交行为；

· 更具侵略性。

导致儿童压力的因素多种多样。有时是外部压力作用于儿童，如巨大的生活变化或学业压力；有时是内部压力，如与朋友相处和取悦他人的压力。

导致儿童压力的因素一般包括：

· 生活变化（新学校、新老师、家庭新生儿、搬家等等）；

· 分离焦虑（一般发生在学步儿和学前儿童身上）；

· 医疗问题或频繁门诊；

· 家庭问题（父母离婚、家人生病或死亡等等）；

· 父母压力（经济问题、失业、父母打架等等）；

· 过多的安排（过多的活动会带来压力，导致精疲力竭）；

· 内部压力（想与人融洽相处，想获得更好成绩，恐惧犯错或让父母失望）；

· 兄弟姐妹之间的争宠或欺凌；

· 学校压力（考试焦虑是真实而巨大的，校园霸凌，与老师关系不好，学习问题）；

· 同伴问题（对少年儿童而言，朋友关系变化和尝试建立新的朋友关系是一个明显的压力来源）；

· 坏消息（重大的世界性事件会影响孩子）；

· 恐怖的故事、书籍、电影、电视剧、游戏等等；

· 过长的屏幕使用时间；

· 超出他们能力或发展水平的活动带来的压迫感。

不管是何种因素，我们都应高度重视出现压力症状的儿童并给予他们帮助。大多数儿童并不具备处理过强压力的技能。他们需要应对压力的策略，需要引导，需要耐心和反复地练习。简而言之，他们需要你的帮助。

埃莉洛的压力状况在四年级时变得非常明显，而这些压力的细微表现在前几年并未被母亲发现，直到压力开始影响她的正常学校生活。埃莉洛以前能够早起去上学，而现在由于糟糕的睡眠状况，她已经很难从床上爬起来按时出门。她吃得也比以前少，几乎每天都头痛。最后，她完全拒绝去上学。直到拒绝上学这样严重的情况出现，她的母亲才意识到应该来向我进行咨询。

我了解到，埃莉洛在学校过得很辛苦。虽然在一到三年级，她并没有明显的学习问题，但是四年级对她而言却是一个很大的挑战。家庭作业多得超过母亲的预期，几乎每个下午的时间都被一场"作业战争"耗光。当她终于完成家庭作业后，就再没有多少时间做其他事情了。在三次治疗中，埃莉洛都因此痛哭失声，她承认正是家庭作业太难使她感觉在学校很失败。她确切地感觉自己是唯一一个跟不上班级课程的学生，感到很委屈。她在焦虑中度过学校时光，而在家里的每个下午也一样崩溃。每天晚上，她都不断地想着那些焦虑的事儿，努力尝试睡觉，但总是会做噩梦。埃莉洛已经头晕目眩，简直要被压力压垮了。

对埃莉洛而言，找到在学校和家里能够减轻压力的策略是当务之急。尽管我们需要通过测试来判断她是否存在学习能力和适应能力问题，从而帮助她更好地在班级里学习，但是她最需要的还是对她的活动安排进行审察。埃莉洛喜欢社交，放学后比较忙。她参加了艺术和烹饪课程，参加了多种运动项目，尽可能多地把时间排满。她不懂得放慢脚步，总是在不断地忙碌。也许这是她的个性使然，但她母亲也在不断鼓励她参加各个社团和活动，完全不顾她的所有时间都被各种活动占据。压力就是这样随着时间流逝慢慢地累积起来，当累积到一定水平时，可怜的埃莉洛不堪重负地被击倒了。

诊断儿童压力最困难的地方就在于它是逐步累积的，很难被发现。人们总是认为年幼的孩子很有"弹性"，可以"以柔克刚"，因此就想当然地说大多数孩子都能适应压力。虽然孩子大多数时候确实是有"弹性"的，但他们同时也很敏感。有的孩子很内向（他们直接将焦虑放在心里而不与别人谈论），有的孩子则如同大侠一般（你知道，他们似乎对压力毫无反应）。他们能够隐藏自己的压力取悦父母，直到他们再也不能隐藏为止，到那时，他们就彻底崩溃了。

许多孩子直到上高中才真正理解压力的内涵。之前他们可能也有过承受压力的体验，但由于在小学和初中时没有对压力进行过充分讨论，所以他们没有建立起压力体验与日常生活经验的联系，他们不能很好地认识到压力及其带来的影响。举个例子，他们不会认识到每天突然发生的头痛与他们在操场上受到的嘲笑密切相关。一旦我们教给孩子有关压力的含义及其对他们身心的影响，就可以让孩子在面对压力情境时能够主动寻求帮助，从而避免压力累积到不愿上学或出现多种身体症状的严重程度。

客观来说，有压力也不总是件坏事儿。压力是人的身体对超量、困惑或兴奋等刺激的物理性、化学性以及情绪性反应。实际上，积极的压力是真实存在的。当儿童遇到温和但是较为短暂的巨大变化或不利经历时，一般性的压力就会产生，然而，这也会激发起他们应对不利状况的能力。孩子能够也应该在成长过程中学习应对压力，但这需要父母给予大力的支持和引导。孩子不是生而具有这种应对能力，他们需要后天的学习。如果孩子没有获得足够的减轻压力的技能，当压力逐步累积，达到一定程度，他们的身体和情绪就会面临崩溃的窘境。

疾病控制和预防中心将儿童可能面对的压力分成三类：

- **良性压力**。这类压力主要来自短期的不利情境。例如修补蛀牙或与朋友吵架。儿童可能会在几分钟内感觉肌肉紧张、心跳加速，但这都是正常压力反应，并不会导致长期问题。在父母的支持下，儿童能够学会如何处理这类压力。

- **可承受压力**。这类压力也来源于持续时间相对较短的不利情境，但强度要大得多。祖父母的过世、心爱宠物的死亡或者重大的家庭事件（比如父母离婚或新生儿加入）可能会导致这类压力。父母无条件的爱、支持和帮助能够让儿童学会如何处理和管理这类压力。但是如果缺乏爱和足够的支持，儿童在克服这类压力时将会非常吃力。

· **有害压力**。这类压力来源于持续较长时间的不利经历（持续时间从几周到几年不等），例如遭受虐待或被忽视的儿童。儿童无法独立处理这类压力，这类压力会对大脑发展产生不可逆的不利影响。儿童需要适宜的支持和干预才能克服这类压力。

一般而言，儿童在成长过程中都可能遇到从良性压力到可承受压力范围内的压力。学前阶段的突然变化可能导致良性水平的压力，而家人得癌症这种长期且更加强烈的状况就相当于可承受压力水平。当父母花点儿时间坐下来一起考虑孩子所遇到的潜在压力因素时，他们就能够对孩子成长过程中所面对的压力有更清醒的认识。

我经常鼓励来到我办公室进行咨询的父母和孩子一起列一个"压力清单"。我请孩子的父母将他们的压力列在一栏，将他们心目中孩子的压力列在另一栏。同时，我请孩子在另一张纸上写下或画出他们自己的压力。两相比较，父母经常会感到吃惊。孩子会将"爸爸工作太晚"或"我害怕拼写"作为明显的压力来源，而父母却认为他们的孩子活在一个全无压力的环境中。

厘清孩子的压力来源是你帮助孩子处理压力的重要一步。然而，厘清孩子压力来源的关键是在孩子想要引起你注意时，切实地倾听和关注他们。父母很容易就忽视那些"微小"的问题，而这些对你来说微不足道的"小"问题恰恰可能是孩子的"重大"问题。举个例子，你一岁多孩子的玩具被别的孩子抢走了，对你的孩子而言，在这一刻他感觉到了非常大的压力。他可以克服这种压力，泰然处之吗？当然可以，但是，他需要父母帮助他确认自己的感受，并且明确知道自己对压力的反应是正常的。父母可以说：你喜欢的玩具被一个又高又壮的小朋友抢走了，这确实挺吓人的，但是爸爸妈妈会帮你想办法，并且陪你安静下来，这样你可能会感觉好一些吧。

父母有时会轻视那些压力来源，是因为有了足够多的生活经验。我们知道朋友间有争执，也有和好，学校生活就是如此起起落落。我们能够全面地看待这些事情，而孩子却无法自动地达到这个水平。经过练习，孩子能够学会理解有些当下感觉很恐怖的事情在三个小时候后可能就不再恐怖了，而要做到这样，他们需要大人的帮助。在我的办公室，孩子总是向我抱怨："我的妈妈总是告诉我'不用紧张'或'这不算什么'，但是我就是禁不住地紧张，就是认为这很重要。"当地震的时候，你能让地球"停止晃动"吗？当然不能。所以，你不能仅仅是告诉孩子"不要紧张，泰然处之"，那是毫无意义的建议。他们需要把事情说出来，需要全面理解这些事情，需要策略去学习如何处理这些不利的经历。

小时候，我妈妈是"精神健康休息日"的积极倡导者。我不能说她让我完全摆脱了日常压力的困扰，但她相信孩子与妈妈在家里一起度过这样一个假期非常重要。令我惊讶的是，在我记忆中非常普通的"精神健康休息日"并不普通，并非所有的父母都会这样做。我很少缺课，也很少处于压力状态，但是我知道如果我遇到压力时，她是我的依靠。她往往能在这之前发现我的压力，她总是知道何时应该给予我帮助。

父母的支持非常重要，能够帮助孩子学会认识压力症状，并管理他们的反应。然而，帮助孩子管理压力有时非常困难。作为父母，我们是天然的问题解决者。我们想尽可能快地干预和解决问题，让我们的孩子不至于达到不良压力水平，然而这却常常事与愿违。如果你总是直接解决孩子的问题，那么孩子将无法学会如何处理压力。显然，你必须在孩子的帮助者和问题直接解决者之间保持一种平衡。你必须认识和判断压力来源（接受害怕、孤独或紧张的感觉），帮助你的孩子学会处理压力反应（及时冷静下来），教会你的孩子在成长过程中如何管理压力。

协调孩子的压力来源与协调你自己的压力来源一样重要。孩子总是很快就感受到父母的压力，所以我们有必要在成人压力与孩子感受之间建立一个缓冲带。尽管我们不可能让孩子与现实生活中的压力因素隔绝，但是我们可以避免将成人的压力施加在他们身上。孩子不需要了解家庭中每一种压力来源，不需要知道信用卡账单还未支付、汽车需要保养、医生还要为你做哪些检查。有时你需要把那些可能直接影响孩子的信息告诉他们，有时则可以选择回避。对孩子而言，即使是别的国家发生的恐怖袭击、遥远的自然灾害也都是很恐怖的。信息的不充分和丰富的想象力会导致孩子产生明显的压力和焦虑。我们可以尽可能地为孩子维护一个人性化的环境，一个健康的缓冲带。

儿童压力的来源因年龄和阶段而发生变化，有些儿童处理压力的能力比别的儿童要好。但是，所有儿童都需要得到帮助，以学习如何处理和管理压力。事实是压力总是存在。在我们成长过程中，大大小小的压力总是在持续不断地影响我们，不可避免。如果我们学会如何有效地管理压力，能够有效地运用处理策略来应对压力的累积，我们就能够保护自己，不让压力达到有害的程度。帮助孩子学习并掌握处理策略的最好方式就是尽可能早地教孩子进行压力管理。

如果你想让你的孩子过上幸福的生活，你就必须让他们的压力处在一个最低水平，并确保他们知道如何处理那些不可预期的事情。快乐儿童就是那些为处理成长过程中的起起落落做好准备的孩子。

减轻儿童压力的窍门

反思时间表

我并不想一次又一次地提到时间表问题，但是对今天的孩子而言，排得满满的时间表是一种新常态。这类时间表给孩子带来了严重的后果。孩子总是处于忙碌之中，没有停歇时间（包括梦寐以求的非结构化游戏时间）。这会造成身心疲惫，增加生病和过度压力的风险。

当然，许多孩子想每学期进行两项运动，并开展一些有兴趣的额外活动。今天的孩子能够很方便地参与各种各样的活动，随着无穷无尽的多样化选择而来的一个问题是，孩子不会做出选择。我们必须为他们参与活动提出限制条件，必须教会他们合理选择，学会对一些活动说"不"。

考虑到许多活动都要求多次练习，至少每周一次，因此，最好一季只选择一个这类的活动。确实有许多旅游团队和俱乐部团队，有的孩子同时参加了四个团队。但是，这是正确的事吗？如果你怀疑自己的孩子存在压力，你就需要检查孩子的每日活动安排表，并看看需要在哪些方面做出调整。与自己的孩子开诚布公地交流压力，找出超计划安排、疲惫与压力之间的关系。与孩子一起做出决定，减少校外活动的安排。一般而言，一段时间有两项课程外的活动就足够了。

睡眠优先

睡眠对孩子的成长非常重要，犹如食物和水。不受打扰的高质量睡眠能让儿童充分休息，帮助他们在清醒的时间里保持大脑的平静和警觉。睡眠与认知、行为和情绪密切相关。事实上，你清醒时的感觉很大程度上取决于你睡得如何。总之，睡眠有助于你的大脑正常工作。

孩子缺少足够睡眠时，他们可能会出现怪异行为和过度兴奋（辗转反侧之后的异常困倦或刚好相反的异常兴奋，我想你也经历过吧）。他们缺乏专注，很难集中在一个方向。听起来是不是很熟悉？睡眠剥夺的儿童，其行为与注意缺陷/多动障碍的儿童很像。睡眠会影响学习、人际关系和社会互动能力的发展，也能导致压力的增加（压力很难在睡眠剥夺的状态中存在）。

睡眠优先对成长中的儿童非常重要。六岁以前，儿童每天需要十二到十四小时的睡眠（绝对不要低估小睡的重要性）。六岁以后，儿童每晚需要十到十一小时的睡眠。我知道孩子的上床抗争和每晚的常规安排会给父母带来巨大的压力。但是，这对成长中的儿童非常必要。因此，为全家建立一个作息时间制度，并保证孩子在适宜的时间睡觉，这是非常重要的事情。

· 建立一个可预测的作息时间表（洗澡或者冲凉、吃点心、阅读、拥抱、熄灯）。

· 安排足够的时间让孩子进行放松活动。

· 允许怕黑的孩子开着小夜灯睡觉。

· 提供安全依恋物品（如瑞利喜欢我的旧运动衫）。

· 播放令人放松的音乐。

· 提供有助于睡眠的协作（绝对不要用"上床睡觉"来作为惩罚）。

· 创造一个令人放松的环境（没有电视、电脑，减少吵闹，关掉
声音大的玩具）。

· 保证按时上床睡觉（即使是在假期也要坚持）。

· 做好准备（孩子总是想要"再来一次"——比如晚安吻、水，
他们最喜欢的还有再来一个睡前故事。父母要提前做好准备，
才能更好地解决问题）。

身体绘图

曾经有一段时间，我总是因为非常严重的颈部僵硬而醒来，有时
候还会更糟，严重的偏头痛也会来袭。当这两者中的任意一个快要把
我整垮时，我愣了大约三十秒终于意识到我的压力水平已经很高了，
我需要做出一些改变。作为成年人，我们知道自己的极限。当我们超
过极限时，我们能够理解身体给出的一些信息。头痛？多睡觉。身体
痛？放松一下。偏头痛？休息一天。我们知道如果我们不倾听身体的
反应，我们的压力将会达到严重的程度（比如高血压）。

但是孩子不会建立这些联系。孩子经常性地抱怨头痛或腹痛可能
看起来是在耍赖，但是他们确实可能正处于压力状况下，产生了身心

疾病症状。他们只不过没有在感觉到"生病"和处于压力状态之间建立联系。他们不能像成人那样理解身体发出的压力讯号。

　　"身体绘图"对所有年龄段的儿童来说都是一个极好的练习（这个练习是我针对处于压力状态的青少年进行的常规基础活动）。"身体绘图"能够帮助儿童在压力来源和身体抱怨之间建立起明确的联系。让你的孩子画出自己身体的轮廓（然后再画上头发、脸，让形象更加生动），如果你能够让身体轮廓尽可能充满纸张，那么就可以留下足够多的空白来慢慢填充。以你的孩子能够理解的方式告诉他们压力会如何影响人们的身体，以及人们在压力状态下可能会发生什么反应。例如你可以这样讲：

- 当有些事情让你感到有压力或难以承受或失望时，你的心跳会加快。
- 有时候，当人们压力很大时，他们会冒汗，或者手心发凉，而且湿乎乎的。
- 当人们面对压力时，有的人会握紧拳头，有的人会绷紧肌肉，甚至牙齿和下巴也会紧绷。
- 有的时候，当孩子面对压力或者负担过重时，他们会感觉头晕或者恶心。

　　与孩子分享你自己的压力反应能够帮助孩子建立起联系。举个例子，如果我感觉压力过大，夜里睡觉时就会磨牙，那第二天头痛就会随之而来。一旦你们一起讨论压力如何影响身体（身心关系），你的孩子就可以练习描绘出他的压力。和孩子讨论一些具体的压力情境（被朋友抛弃、参加数学考试、父母出差）以及它们对身体特定部位的伤害，让孩子将这些身体部位涂上颜色，并写上压力名称。

这种练习能够帮助孩子思考我们的情绪和健康之间的关系，帮助他们理解有时候头痛并不只是因为感冒。

增加高质量时间

"高质量"是个关键词。许多父母在面对孩子的时间表时都倍感压力。如果你有几个孩子，你就要同时面对好几份时间表。每件事情加起来，父母的生活就完全被摧毁了。然而，似乎是突然之间，孩子就要去上中学了，他们再也不愿意待在家里和父母在一起。到那个时候，父母又会感叹悔之晚矣。好了，别再纠结于这个假设的短暂育儿期了，请跟着我说："我在我们共度的每一天都尽力而为了。"

与孩子一对一待在一起的时间对父母与孩子来说都很有益。它能加强亲子关系，提供交流机会，全面提升沟通质量。所以，在你被满满的活动时间表捆绑起来之前，这件必须做的养育之事应该尽快纳入你的计划之中（既然你已经知道放慢脚步的重要性，那么下一周的安排就不要那么紧张了吧）。要记住：亲子一对一相处的质量，比一对一相处的数量更加重要，是质量让你们的关系发生了改变。

每周都要安排和每一个孩子进行一对一活动。一起外出度假，一起在家玩儿游戏，或者一起在社区来一次较长时间的散步。在这段时间里，你一定要保证做到认真陪伴和时刻关注你的孩子。这将有助于降低孩子的压力水平，让家庭回到平静正常的状态。

离新闻远点儿

我对很多年龄很小的孩子经常性地暴露于新闻之前而感到震惊。虽然我们也会在家里讨论时事新闻，但我们不会让这些新闻直接出现在孩子面前。我得承认，有部分原因是我并不喜欢看新闻。我确实需要通过查看美国有线新闻网络手机应用软件以保持对世界局势的关注，但是我并不看早间或晚间新闻。就这样，我还经常感觉到新闻过量。既然新闻对我都造成了过大的压力，那就可以肯定地说对我的孩子而言更是不可承受。

事实是，有些新闻很令人恐怖。技术的发展已经永远改变了电视"实况报道"的面貌。我们现在能够在第一时间身临其境地了解车祸；我们能看到可怕的巴士或火车事故的残骸；我们还可以看见让最强壮的人都惊慌失措四散逃命的飞机事故。如今，人们总是用智能手机拍下每件事情上传到网络，这就使得那些令人恐怖的画面总是出现在新闻里。

想象是孩子的一切。想象可能很美好，也可能非常可怕。高速行驶的汽车发生追尾事故导致一辆车发生燃烧，你的孩子可能就看了一眼，但他会将这一情境想象化。在随后的数月里，这一情境可能导致孩子感到恐惧和做噩梦。我们不能保护孩子不接触所有事情，但我们可以让他们不接触那些不适宜他们看的恐怖情境。在现实生活中，这些事故可能相对较少并且离我们较远，但是你一旦看见了残骸就不可避免地会想象事故画面。所以，把这些新闻留到孩子睡觉后再说，也不要用更多的细节加重他们的负担。应该给他们更长一点儿时间来忽略这些新闻，从而让他们更幸福快乐地成长。

检查内容

　　你最了解你的孩子，你知道他们能掌控什么和不能掌控什么。我的女儿对有关父母死亡（感谢《冰雪奇缘》，我们至今还通过这个电影讨论相关话题）或伤害他人的内容感到很难理解，因此我总是非常小心地挑选那些适合她观看的电影。我知道仅仅要求一部分家长对影视作品内容进行评论是不够的，也确实是非常困难的。每个孩子都不一样，因此你不一定会得到你想要寻找的评论信息（例证：从没有单亲父母提到《冰雪奇缘》里的父母很早就被杀死了，而这导致了姐妹二人的疏远）。你必须针对自己孩子的情况，就事论事地检查内容，以知道什么内容更适合你的孩子。

　　不仅电影能够在你孩子的头脑里引发特定的想象，书籍、游戏、电影、应用软件和电视节目都会通过内容给儿童带来压力。在把书籍、游戏和节目介绍给孩子之前，父母应该自己先来读读书，试玩儿一下游戏和了解节目内容。当你向你的孩子介绍新的内容和主题时，你应当和他在一起。与他一起阅读（《哈利·波特》很有趣，但斯内普教授真的很吓人），一起观看，一起玩儿。这样参与进去，就可以通过陪伴来帮助你的孩子更好地处理和加工他所看到的和内化的东西。

　　重要的是，要限制你孩子看屏幕的时间。持续地看屏幕（即使是"教育类"应用软件）会损耗儿童的精力，增加儿童的压力。如果你想让你的孩子有更快乐的经历，你就必须教会他保持平衡的艺术。

教学窍门：培养成功应对压力的技能

吹气球式呼吸

你是不是曾经告诉孩子在面对压力的时刻来一个深呼吸，但没想到他实际上只是大口快速地呼了一口气？你不是唯一一个遇到这种情况的人。许多孩子不理解深呼吸的要领，这导致他们在遇到压力状况时，只会快速地呼吸，虽然他们极度渴望能够平静下来，但往往事与愿违。我们最好选择在孩子平静的时候，教会他们在应对沮丧情绪时，如何有效地使用呼吸技巧来放松。

在我家，"吹气球式呼吸"是很受欢迎的一个技巧，这是有充足的理由的。在面对压力的时候，积极想象和深呼吸的组合对我们每个人都有作用（说真的，对成年人同样有效）。孩子一旦真正掌握了这种技术，他们就能在任何地方使用，而且不会被人注意。

你可以这样向你的孩子解释吹气球式呼吸：当你吹气球时，你必须非常缓慢地吸气，让空气充满你的肺部，然后再慢慢地、可控制地吹气，以充满气球。如果你吹的力气过小，气球不会膨胀；但是如果你吹得过猛过快，气球会飞离你的嘴。你必须使用可控制的呼吸方式来把气球吹起来。你可以让孩子想象出一个他最喜欢的颜色的气球（我的孩子总爱在他们想象的气球上再多加一点儿设计——经常是彩虹和救护车）。一旦你的孩子在头脑里有了气球，就让你的孩子闭上眼睛，大大地、缓慢地吸一口气（一开始，你可以从一数到三，让他慢慢练习，直到他理解如何做到），让他把手指放到嘴边去扶着他想象的气球，然后慢慢地将气吹入气球之中。一旦他吹完气，就请他睁开眼睛，假装用线绳将气球绑紧，并看着它飞走（我的孩子还喜欢给他们的气球定一个目的地，这使他们能够在面对压力的时候转移注意力）。如果有必要的话，可以重复几次这样的练习。

彩虹式呼吸

"彩虹式呼吸"是另一种教孩子学会放松呼吸的策略，一般适用于年龄稍大一点儿的学龄儿童。孩子要从放松呼吸中获益，就需要学会控制他们的呼吸。这种呼吸能使他们放慢节奏，并回到平静状态。你可以这样指导孩子：吸气时慢慢地数三下，保持憋气状态数三下，然后呼气时再数三下，这能帮助他们面对压力时保持平静。

对孩子而言，如果仅仅是练习深呼吸可能会比较枯燥，加上积极想象策略则会更好地帮助他们练习。让你的孩子闭上眼睛，放松肌肉，躺在地板上。当他练习深呼吸时，你可以用彩虹的七种颜色来引导他（每一种颜色做一次呼吸练习）。请他想象暴风雨后一道彩虹横跨天空。首先，你看见一种颜色，然后是一种颜色接一种颜色，直到最终所有颜色都出现。当你提示他进行红色呼吸时，请他想一想他最喜欢的红色事物（例如草莓、果冻软糖）。按照彩虹的所有颜色，重复这一过程，直到他的头脑中形成了一道由他最喜欢的事物组成的彩虹。

练习引导想象

请你的孩子说出他最喜欢的五个地方，真实的或者想象的都可以。它们可以是从夏威夷的一片海滩到一个蝴蝶花园，再到棒棒糖王国里的一个公主城堡的任何地方。不管它们在哪里，只要是你的孩子想要去的地方就可以。

教你的孩子使用放松呼吸的技巧。让他平躺在一个舒服的地方（床总是个好地方），然后要求他吸气数三下，憋气数三下，呼气数三下。连贯起来，多重复几次。

一旦孩子学会放慢他的呼吸（这有助于缓解压力），你就可以用"引导想象"技术带他去一个他喜欢的地方。你要尽可能用低缓的声音详细地描述这个旅程。描绘出旅途中的风景、气味和声音，讲讲你的孩子到达目的地后可能会发生什么，然后再描述回家的旅程。每天十分钟的引导想象练习有助于全面减轻压力，并能教会孩子用图像思考的方式应对特定因素引发的较为严重的压力。当孩子再次面对压力情境，他可以一边使用放松呼吸技术，一边重访他大脑里的引导想象旅程，从而帮助他平静下来。

消释压力

尽管幼儿不太可能描述象征的意义，但具有象征意味的活动的确能够帮助他们减轻压力。有时候，一个小小的活动就能帮助孩子从整晚不能入睡的压力中解脱出来。"消释压力"就是一种放松仪式，可以每天做、每周做，或者有需要时就做。

在一张白纸上画一支柱状蜡烛。如果你不擅长绘画，你可以从网上下载一幅可以打印的图画，什么图都有。与你的孩子交流，确定当下导致压力的具体因素：可能是数学考试没能通过，或者是朋友不是那么友好。让你的孩子将导致压力的因素写在或者画在柱状蜡烛上，把最能引发沮丧情绪的因素画在蜡烛最顶端，依次而下。

一旦把导致压力的因素都描述清楚并且记录下来，就可以拿出一支真正的蜡烛（最好短一点儿，这样可以尽快燃烧完）。小提示：这个过程不用说话，但绝对不能让孩子单独与蜡烛或火柴在一起！在蜡烛燃烧时，你可以向孩子解释说他今天的压力将会随着蜡烛燃烧而熔化。有些孩子喜欢通过说话来进行自我调适，比如"数学测验快走开吧"！燃烧火光带来的轻松能够鼓励他让身体里的压力随着蜡烛而熔化。

选择你自己的结局

当人们面对压力时，最困难的部分就在于那种时常出现的无助感。当你的孩子处在压力之下，他们感觉坏事情不断发生，他们不能做任何事情，不能控制自己的生活。他们感觉到一切事情都在旋转，自己被困在旋涡中。这是非常可怕的感觉。

我们要教导孩子，他们可以控制自己的压力，只要增加一点点的助力，就能帮助他们强大起来。当孩子认识到他们有能力做出改变时，他们就不会再觉得会被那些让人失望的事情完全击倒。你不能控制别人如何对待你，也不能控制某天可能会遇到的挫折，但是你可以控制如何应对这些事情，这一点很重要。感受到压力并且克服它，这与仅仅感觉到压力、感到难以承受是完全不同的。

"选择你自己的结局"可以帮助孩子去改变他们压力故事的结局。举个例子，有个孩子在班级里总是被另一个孩子嘲笑。当嘲笑变得越来越难以承受时，这个孩子无法在课堂上集中注意力。他每天都在花时间对抗嘲笑者，并且试图暗地里报复他。迟早有一天，老师会因为这些事情请家长来，而这也会进一步增加这个孩子的压力。为了避免陷入这样的境地（以及不想接到这样的电话），你可以尝试着让孩子自己来选择一个结局：他想与那个孩子继续相互讥讽，与那个孩子做朋友，还是彻底躲开那个孩子重新找个伙伴。

当孩子认为自己没有选择权时，他就会陷入一种负面状态中。让你的孩子像画分格漫画一样来叙述已经发生的事件，然后在最后一个框里填上他自己设计的结局。这样就能让孩子把关注的重点从已经发生的事情，转移到自己的选择上，并用一个积极的选择和更好的结局来替代它。教孩子重写自己的故事能够让他有能力从负面循环中解脱出来，在未来获得更好的选择，这能减轻他的压力，因为他感觉到有能力而不是无助。当孩子感觉有能力克服压力时，他会觉得快乐和自信。

无压力区

我不知道你是怎么想的，但是过度的混乱会让我发疯。说真的，我确确实实地感觉到我的压力水平上升直接源于我房间里的混乱。然而，我又确实是两个孩子的妈妈，所以我学会了在混乱中平静下来。现在，我已经学着把那些乱七八糟的东西都看作是艺术创作的材料，或者是重要的艺术作品，就像我的两个孩子一样。但是，即使是孩子，也会被太多的杂物所困扰。

我们需要一个"无压力区"，哪怕仅仅是房间里的一个小角落，有时也能切实地帮助孩子应对那些不堪重负的时刻。在我孩子的房间里，离书柜不远的地方放着舒服的椅子和毯子。我还在每一个房间里放了一个压力球和一些柔软的毛绒动物玩具，孩子可以依偎在那里。当他们想在自己的无压力区放松时还会要求我放一些轻松的音乐。

创建一个小的安全区域，供你的孩子用来放松（放满那些能帮助他们放松的东西），这有助于他们学习独立地放松自己。孩子还小的时候，需要许多的拥抱和亲吻，以度过那些艰难的时刻。但是，当他们长大些，他们的感情压力会持续较长的时间，因此他们更需要掌握一些放松的策略。他们也需要学习当爸爸妈妈不在身边时，自己如何独自面对压力。家长要给他们空间来进行独立放松练习，这样才能帮助他们为离家后的压力经历做好准备。

帮助你的孩子学会处理压力，可以保护他们在遇到那些突如其来的压力时不至于被击倒。我们在生活中都会遇到压力，但是，当我们相信自己能够克服那些压力时，我们就能更轻松地度过那些艰难时刻，并且重新找到回归快乐的路。

10. 焦虑的儿童

> 焦虑就像一把摇椅。它可以给你点儿事情做，但却让你一直在原地摇晃。
>
> ——朱迪·皮考特

　　九岁的安德里亚几乎每天都在杞人忧天中度过。她总是会担心一些小事情（比如听不见学校铃声或没有足够时间吃午餐），也会担心一些大事情（如发生空难和自然灾害），还会担心其他介于两者之间的所有事情。每天她都会在治疗室的走廊上徘徊好几次，只是为了向我挥手以确认我是否真的会在她每周治疗的指定时间来接她。她饱受焦虑之苦！

　　她最受不了的就是火灾、地震演习。她对声音极其敏感，感觉惊慌失措。刺耳的警报声太响以至于她应付不来。当她设法从声音中恢复过来时，她焦虑不安的大脑开始过度思考假如真的发生地震或火灾会怎样。但是，灾难逃生训练是强制进行的，她必须学会应付。于是，我们开始练习用自言自语的艺术来应对这种焦虑。我们制作了一份恐惧陈述清单来描述每一种恐惧，并每周练习一次。这需要练习很多次，需要足够的耐心和足够的辅导。终于，她学会了与自己焦虑的大脑交谈，并能够在逃生训练中重新获得自我控制的主动权。

有些孩子天生比别的孩子更焦虑。焦虑和恐惧是很正常的情感反应，大多数儿童在儿童期的某个时间都经历过二者。但是，有些儿童会表现得过度焦虑和恐惧。对有些儿童而言，焦虑会对他们的日常生活产生明显的干扰。

当孩子感到焦虑，即使是相当温和的焦虑时，他们经常会有过度的反应。因为孩子的心率会过速，大脑也会超负荷运转，所以许多孩子倾向于对所有焦虑，无论是大的还是小的焦虑，都做出强烈的反应。晚上在房间里看到蜘蛛真的会把你吓得呼天喊地，对吧？孩子可能会有同样强烈的反应，但他们可能会以更内部的方式来反应。那些倾向于将恐惧和焦虑内化的孩子也会有同样的恐慌和过度忧虑的感觉，但是他们将它隐藏于内部。这些孩子很可能"因为担心而生病"（就像我的保姆常说的那样），或者抱怨腹痛、头痛和其他种类的病痛。其实，孩子的这种"大惊小怪"往往会给父母带来压力，但是焦虑的症状并不一定会转化为焦虑症。

了解不同年龄阶段儿童常见的担心和恐惧有助于应对焦虑。恐惧会随着儿童成长而发生变化。学龄前儿童可能更恐惧黑暗，学龄期儿童对世界有了更好的理解，但是他们又会对全球问题感到恐惧，比如自然灾害或死亡（这就是为什么我说新闻可能会带来额外的恐惧的原因）。儿童发展阶段引发恐惧的常见例子包括：

学步期儿童

- 噪 声

· 分离

· 转变/改变（即使是更换一下家具也能使学步期儿童感到慌乱）

· 陌生人

· 突然的动作

学龄前儿童

· 怪物

· 黑暗

· 晚上的噪声

· 鬼

· 动物

· 化了装的人

· 面具

学龄期儿童

· 风暴和自然灾害

· 蛇、蜘蛛和臭虫

· 蜜蜂和黄蜂

· 独自在家

· 恐怖的电视、电影或新闻

· 医生，打针或其他治疗

· 害怕被拒绝

· 害怕失败

· 害怕不高兴、愤怒或失望的老师

孩子依据自己不同的速度来迎接恐惧的挑战，有些恐惧可能会延迟到下一个发展阶段出现，这很正常。孩子需要时间来应对恐惧和担心。对某一种恐惧的特别的消极经验可能会使孩子很难摆脱这种恐惧。瑞利三岁时，一天早晨，我们一起外出散步，她看见了一条狗突然跑来攻击肖恩。不知道什么原因，这条狗朝着肖恩狂吠，还连续咬了他的手两下。这个场景给瑞利带来了明显的焦虑，直到最近她才开始对某些狗表现出信任。

很多事情是不可预测的，尤其是动物。但是孩子总是喜欢意料之中的可预测的状况，因为当他们知道接下来会发生什么时，他们会觉得自己能够掌控一切。如果你的孩子还没有做好准备，就不要强迫他们克服那些恐惧。我们可以帮助孩子通过阅读书籍作为了解恐惧来源的开端。举个例子，如果你的孩子对蜘蛛感到恐惧，就可以通过图书馆找到一些有关蜘蛛的书籍来了解蜘蛛。你知道有些蜘蛛是传粉昆虫吗？我并不知道。当孩子恳求我手下留情，把它们转移走，而不是要伤害它们的时候，我尝试着把传粉这个事实牢记在心。

学龄前儿童丰富的想象力会导致各种各样的担心和恐惧，其中大多数是与夜晚相关的。怪物和鬼是最常见的恐惧之物，当然，也有些孩子会担心陌生人闯进他们的房间，害怕出现在墙上的阴影。相信我，我也理解，一旦睡觉时间到了，你就希望孩子赶紧上床！但是，千万不要忽视这一类恐惧，以为无关痛痒。虽然恐惧不会永远持续下去，但对于正在经历恐惧的孩子来说，它们是无比强烈的。如果你不能及时协助孩子处理好这些恐惧，你会发现孩子就可能会陷入经常性的梦游和噩梦中。然后，你就会不得不每天面对一个精疲力竭的学龄前儿童（注意，这可不是开玩笑的）。

而学龄前儿童的神奇思维（说实话，那真是一个好玩儿的阶段）让父母随时随地都要小心应对突如其来的恐惧，像什么"鬼喷雾"或"怪物喷雾"，连走路都得小心翼翼。鬼和怪物当然都不是真实的，但是圣诞老人和牙仙子也是假的呀，它们的区别关键在于是不是吓人。保持室内光线柔和，并且检查床前是否有阴影（我不止一次重新摆放女儿的家具，以保证它们处于恰当的位置），可以减缓夜间的恐惧。同时，你还要用你的爱、经常性的检查，以及鼓励孩子勇敢面对，来帮助孩子减少恐惧。在孩子的生活中，恐惧是真实存在的，即使是非常小的孩子，他们也会因为某些原因而感到恐惧。作为家长，我们有责任帮助他们减少那些恐惧。

随着孩子的成长，令他们感到恐惧的东西越来越现实。例如，一个孩子目睹了一场车祸，就可能非常担心他外出工作的爸爸。如果你居住在地震或飓风频繁的区域，你就该把防灾安全计划教给孩子，从而使他们不会过度担心灾难来临时该如何应对。学龄儿童随着年龄的增长，相对而言已经能控制得比较好，他们能够比较恰当地按照计划行事，从而减缓恐惧。你在房屋发生火灾时明白该如何做，但是你的孩子知道吗？每个家庭都应该制定一套突发事件应对预案，无论是针对自然灾害、火灾还是孩子在公共场所走失的状况。家长应该帮助孩子学会战胜恐惧，控制自己的行为，应对这些状况。如果他们知道该做什么，他们在遇到事情时就不会惊慌失措，也更有可能感到自信，相信自己有能力处理那些导致焦虑的情境。这可以保护孩子免于陷入长期的焦虑状态。

那些导致过度焦虑和影响到日常生活（上学、社交、睡觉等等）的焦虑症状可能是焦虑症发生的信号。虽然你可能不会照着一本书或网络上列出的焦虑表现对孩子的任何方面做出诊断（注意，是任何方面！），但它确实有助于你了解严重的焦虑如何体现在年幼的孩子身上。你越早为你的孩子寻求帮助，你的孩子就会越早克服他的焦虑，并找回快乐。如果你怀疑某些焦虑（没有任何具体明显的触发因素的不良情绪，比如不明原因的悲伤）已经对孩子的日常生活造成至少持续两周的影响，那么最好先去咨询一下你的儿科医生。

儿童的焦虑症状因儿童自身和焦虑的性质而有不同的表现方式。知道何时进行调节，会给你的孩子带来很大的不同。提示：下面的简要症状清单可以帮助你理解常见的儿童焦虑症状。不过，它不能代替专业医生或心理健康专家的诊断。

一般性焦虑症状：

· 过度地、非现实地担心日常事务；

· 经常有危险即将发生的侵入性想法；

· 预感到灾难的发生；

· 生活的方方面面可能受到影响；

· 经常坐立不安；

· 精力难以集中；

· 经常腹痛；

· 睡眠障碍；

· 易怒；

· 急躁；

· 肌肉紧张（肌肉痛或抱怨肌肉酸痛）；

· 精疲力竭。

分离焦虑症状：

- · 过度害怕离开家或照料者；

- · 拒绝上学；

- · 经常性突然发怒；

- · 对变化感到惊慌；

- · 做噩梦；

- · 抱怨如头痛和腹痛等身体症状。

恐惧症状：

- · 对某一特定事物或情况持续的、非理性的恐惧；

- · 可能会报告即将发生危险的感觉；

- · 觉得需要逃避；

- · 胸闷气短；

- · 头昏眼花；

- · 过度出汗；

- · 心悸；

- · 害怕失控。

社交焦虑症状：

- · 过分担心受到负面评价或审视；

- · 恐惧尴尬或嘲笑；

- · 拒绝在课堂上起立回答问题、进行口头测试甚至大声朗读；

- · 不愿开口交谈或加入现有的对话；

- · 避免结识新朋友；

· 经常感到孤独。

无端恐惧症状：

· 在没有已知威胁的情况下，持续较长时间的强烈的恐惧，通常突然开始，而且迅速升级；

· 意想不到的攻击；

· 对迫近攻击的担心；

· 身体上的症状包括呼吸困难，胸痛，心跳加速，感到窒息或胸闷，恶心，轻微头痛，发抖；

· 担心自己会发疯；

· 睡觉时可能会发生什么事儿。

在拿着你所担心的症状清单去看医生之前，你一定要记住，大多数孩子偶尔都会出现一些轻微的焦虑症状。孩子的一次恐慌并不意味着会终身恐慌，孩子在六岁时对狗的害怕也不意味着会发展成需要治疗的恐惧症。焦虑是童年非常正常的组成部分。焦虑扮演着一个非常重要的角色，它能够帮助孩子认真考虑是否应该在公共汽车上与陌生人说话。事实上，许多孩子在刚入学和遇到不认识的人时都会出现一些轻微的社交焦虑。

孩子在成长过程中总会经历波峰波谷。当焦虑达到一个节点，使得孩子不能正常上学时，他就需要寻求帮助了。但是轻微的社会焦虑（在群体里保持安静，不愿意接触新的小朋友）不会导致惊慌。大多数孩子因为这样或那样的原因不想去上学，总要经历几个阶段，而有时不想去学校的原因，仅仅是因为疲惫而已。这并不意味着你需要立刻在网上搜索"厌学症",并开始咨询本地区的相关专家。有时孩子仅仅是需要一点儿帮助,让他们能够管理和控制自己的焦虑症状及想法。这样的帮助完全可以从家里开始。

纳塔莉在三年级时开始接受治疗。据她妈妈所说,她总是很焦虑。她是那种需要反复确认安全的孩子,她总是反复检查门是否已经上锁,还总是要去确认燃气灶是否关紧。在三年级以前,这还不是个非常严重的问题。家人让她负责一些事情(例如,离开时关灯,为长途旅行带小吃,或者关车库门),以使她能够化解焦虑。纳塔莉将注意力集中在可以帮助家庭的那些事务上,这看起来似乎能奏效,但没过多久就不管用了。突然地,纳塔莉开始频繁地重新布置她的书架,即使在学校时,也还是不停地想着该如何布置。她经常谈论地震和洪灾那样的事儿,并且对未来感到担忧。她能在高中跟上班级吗?她能够考上大学吗?她的焦虑干扰了她的学习,使她开始落后。到这时,她妈妈不得不开始寻求治疗。

事实表明,纳塔莉总是担心那些未来可能发生的事儿,这种担心随着妈妈更换工作而加剧。她妈妈以前做的是兼职工作,但是随着家里的情况发生变化,妈妈换了一份新的全职工作,而且上下班的路程需要花四十五分钟。纳塔莉为了适应妈妈的时间开始参加学校的晨间和课后项目,妈妈也没有时间来陪她。日常生活的变化,与妈妈长时间的分离导致了强烈的焦虑感,纳塔莉感到自己的生活完全失控了。

纳塔莉需要学会如何控制她的胡思乱想。她总是想着未来会发生的危险,但是事实上她只是太想念妈妈了。我们开始让纳塔莉学习放松呼吸的技巧,从而让她在焦虑时能够平静下来。当她熟练掌握了调节呼吸并能够放松下来后,我们就开始进入自言自语阶段。我把那些纠缠她的侵入性想法描述为"蛮横的"和"误导的"。我帮助纳塔莉学习使用一种"反驳技巧"来抵制那些侵入性想法。经过练习，纳塔莉学会了在焦虑产生时去阻止它，进而重新获得了应对那些困扰她的焦虑的控制权。

管理焦虑和处理负面影响因素需要不断地练习。尽管有一些焦虑看起来似乎微不足道，但是它们对年幼的孩子会产生巨大的影响。毕竟，焦虑是真实存在的，它往往比无理取闹更常见。与长期处于焦虑状态中的孩子相处，对于父母而言，是一件非常困难的事儿；而那些处于焦虑中的孩子，自己也深受其苦。当你需要帮助你的孩子学习处理和对待一系列焦虑时，你要知道这确实不是一件容易的事儿。

当你处在长期的焦虑状态时（不管这些焦虑的想法和担心是否理性），你很难感到快乐。焦虑和担心会占据太多的情感空间，而且总是让孩子感到不舒服。当然，也有一些孩子可能总是经历一些低等级的焦虑或者有一些担心的倾向（主要是先天基因很强，无关环境因素），他们应该学习处理和管理那些焦虑的想法，从而增加快乐的感觉。

帮助焦虑的孩子应对焦虑的窍门

反驳技巧

对于焦虑的孩子来说，学习和掌握自言自语的艺术是非常必要的。我知道你的想法——你可能会怀疑，自言自语真的足以消灭焦虑吗？正如我们从纳塔莉的案例中看到的，通过用积极的相反的想法来替代那些侵入性想法，能够赋予孩子一种力量，足以去控制她的焦虑想法。

尽管听起来很简单，但是对孩子而言，有效地使用自言自语策略并不是一件容易的事儿。焦虑可能让人精疲力竭，侵入性想法一旦开始发作，就容易不受控制，很难平静下来。窍门是在孩子处于平静状态时开始练习自言自语。我经常要求孩子们把他们大脑里的焦虑声音描绘出来。焦虑可能看起来像什么？它很高大吗？它最喜欢的颜色是什么？它有头发吗？有一个具体有形的对象来对话，有助于孩子把对话的过程视觉化，并且在他们感到焦虑时，能紧紧盯着这个对象。

一旦你的孩子产生焦虑，让他告诉你他的最大恐惧和担心。在他讲述的时候，帮他制作一个清单。和他讲讲你的担心和焦虑，让他知道并不是只有他才会焦虑和害怕。一旦你手里有了一张相对稳定的焦虑清单，你就可以开始帮助孩子利用反驳技巧，用积极的相反的陈述来替代那些侵入性想法了。例如，一个孩子对交朋友感到焦虑时，往往会觉得"没有人喜欢我"。这时，我们可以用积极的相反的想法来替代它："因为我善良有趣，所以我擅长交朋友。"父母在这个过程中的积极介入，可以帮助孩子减少不安并慢慢习惯这种策略。父母介入的一个好方法，就是用这种"反驳技巧"去应对自己的焦虑，并且展现给孩子看，由此向孩子示范我们都应该学习掌控自己的情绪。

制作一个焦虑箱

孩子喜欢具体的策略。当看得见、摸得着、伸手可得，他们就能够有一种一切尽在掌握的感觉。制作"焦虑箱"是一个帮助孩子克服夜晚焦虑的有效方法。

给孩子一个小的箱子，让他按照自己的想法来装饰它。你需要提供充足的贴纸、扣子、粉彩笔、杂志夹和各种各样的孩子喜欢并能激发创作欲望的材料。你要向孩子解释清楚，他正在制作的是一个焦虑箱，那是一个很安全的地方，他可以在睡前把自己的焦虑放在箱子里面，这样就可以不用带着焦虑上床了。

每天晚上，请你的孩子说出他最大的焦虑，写在贴纸上，放进这个箱子。每当他说出一种焦虑时，一定要和他认真讨论他所写的内容。千万不要一下子就进入"问题解决模式"，而要专注于单纯地倾听和交流彼此的理解。然后把这些写下焦虑的贴纸放进焦虑箱，问问孩子："今晚想把你的焦虑藏在哪里呢？"请他选择一个地方，他就会很安心地知道他的焦虑今晚在哪里了。对这些焦虑有了控制的能力，孩子就能舒缓焦虑的心情并重新找到快乐幸福。

放松故事

那些白天总是被焦虑所困扰的孩子，晚上也往往仍然难以逃脱。想象一下，当日间的琐事充斥你的大脑，你可能无暇去想那些令你焦虑的事情，但当黑夜降临，焦虑又会席卷而来。这会导致你感觉长夜漫漫难以入睡，以及迎来又一个疲惫的白天。此时，引导想象可以帮到你的孩子。

请再次回到第九章，重温有关教导孩子如何使用放松呼吸的技巧。在上床前，你还需要在深呼吸练习中加入引导想象，这样可以帮助孩子减缓白天被压抑的紧张状态。请孩子想象他喜欢的地方（可以是真实的或虚构的，但必须是令人感到愉悦的），请孩子尽可能多地提供细节，这样你就能为他到达那个想象中的美好地方做出更好的引导。

让孩子舒服地躺在床上，引导他开始放松呼吸。当孩子通过呼吸放松了身体以后，给他讲一个关于那个想象之地的故事，那一定是一段美好的旅程。尽量使用平静稳定的语调，要注意在适当的时候停顿，并进行深呼吸。五到七分钟的引导想象旅程足以让孩子释放焦虑情绪并进入安稳的睡眠。

"三件好事儿"日记

记日记是另外一件有助于夜晚焦虑者放松的好活动。涂涂画画、剪剪贴贴和写下文字一样有效，即使是年龄较小的孩子也能使用这种方法。

记日记的唯一不好之处在于孩子可能会陷入一个恶性循环之中。他们一遍又一遍地写下他们的抱怨，却没有解决问题。你知道总有这样一些人，他们只会向你诉说生活中那些不尽如人意的事情。孩子也会这样，只不过他们是一些年幼的抱怨者。

从胡思乱想中走出来很重要，用积极的方式来替代那些负面的想法和情绪也很重要。"三件好事儿"日记就是这样一种方式。请孩子写下或画出当天最困难的三件事儿，可以是任何事儿，是孩子没有与你分享的任何事儿。一旦你的孩子释放了负面的想法和情绪，就让他在一张新纸上写下当天发生的三件好事儿。可以是很小的事情、很大的事情或不大不小的事情。重点是帮助焦虑的孩子明白即使生活再困难，再令人不安，美好的事情仍然存在。只要有美好的事情，希望就存在。美好的生活就在前面。

快乐脑和焦虑脑

有时，天生焦虑者总是担心他们即将失去他们所在乎的东西。孩子越大，他们的视野就越广阔。他们学到的东西越多，他们所面对的潜在焦虑也就越多。如果孩子不学会如何与他们的"焦虑脑"交谈，这将是一个永无止境的循环。

我们已经看到，学习用自言自语和可视化辅助的方法来满足"快乐脑"而不是填充"焦虑脑"，确实可以帮助他们重获对于焦虑想法的控制权。描绘一幅大脑图（聪明妈妈小窍门：从网络上搜索并下载一张图，然后复印几份），你需要两份空白的大脑图来完成这个项目。

从"快乐脑"开始。谈论一些事实，当快乐的大脑占先时，大脑的掌控者会感到平静，且能够控制大脑。焦虑可能会时不时地突然冒出来，但当快乐的大脑负责时，焦虑就可以控制，焦虑中心也很小。让你的孩子画出各种让他感到快乐的事情（例如家庭团聚、骑车游玩、朋友集会等等），充满整个大脑。你可以在旁边提醒孩子，使他能真正用各种好的想法来充满快乐的大脑。

当孩子完成填充工作，再和他聊一聊那些开心的事情，然后就可以让他考虑他的"焦虑脑"了。和孩子聊一聊那些会触动他的"焦虑脑"的敏感神经的事情，那些事儿可能会触动他的惊恐按钮，让他感到恐慌、焦虑和孤独。请你的孩子用他最常产生的焦虑因素来填满那张"焦虑脑"的图（例如与父母分离、家庭作业、交朋友等等）。告诉你的孩子，当"焦虑脑"占上风时，大脑的掌控者会被削弱，焦虑中心会扩大。事实上，它会变得非常庞大。

一旦你的孩子开始谈论并找到两种大脑的区别，你就可以与他进一步讨论自言自语的内涵。在与焦虑的大脑交谈时，孩子实际上可以关闭那些不理智的想法，重新获得控制权。孩子能够学会这样的话："你吓不到我的，你这个焦虑脑。我知道我能交到朋友。"通过这样的练习，孩子能够学会通过谈论焦虑的触发因素来谈论焦虑。获得对焦虑思想过程的控制权，能够给孩子带来更大的自信，减缓焦虑症状，并最终帮助他获得快乐。

喊叫比赛

焦虑的孩子在学校里总会堆积很多情绪。学校的作息时间总是很紧张，并且有许多规矩。他们没有多少时间或空间来释放焦虑情绪和对抗胡思乱想。但是，如果你身边有一个焦虑者，你就会感受到他在学校积累的那些焦虑情绪，因为他会把那些焦虑带回家里，并且会用他的焦虑影响到你。一声原始的尖叫可能是一个释放压抑情绪的好办法。

在孩子学会喊叫的那一刻，我们的制止也就随即而来了。这世界上谁会喜欢别人大喊大叫？就因为我们拒绝喊叫，所以那些饱受焦虑之苦的孩子就无法通过大声喊叫发泄和调整情绪。但是，喊叫确实是有帮助的。当你整天压抑你的情绪时，你会变得紧张。你会肌肉紧绷，牙关紧咬，你的消极情绪暗流汹涌。如果不加以控制，这些情绪会在某个时刻爆发。

与你的孩子来一场喊叫比赛，将这些情绪释放出来。你们可以对着枕头尖叫。可以进入卫生间，关上门，对着淋浴器大喊。更好的做法是，让淋浴把噪音淹没，尽情地大声喊叫。你们可以一起喊叫，轮流喊叫，跳着，跺着脚，做任何可以帮助释放情绪的事情。然后来一个紧紧的拥抱，多依偎一会儿。看一些你们都喜欢的书，一起平静下来。提示：喊叫可能对一些孩子而言比较恐慌，在与你的孩子开始喊叫比赛前，确保提醒其他孩子注意。

受控的发泄

尽管跺脚和喊叫可能有助于释放被压抑的情绪，但有些孩子需要的却是用言语表达引发他们焦虑的具体诱因。他们需要把导致他们焦虑的所有事情都说出来，他们有时可能需要聊两个小时。

有些发泄是好的，能够帮助孩子释放他们的焦虑情绪并与那些能够帮助他们的人分享感受。但是，太多的发泄可能会适得其反。孩子可能越发泄越焦虑，甚至导致更多的紧张不安，而起不到帮助作用。

这时候你要试试"受控的发泄"。在一天结束时，当焦虑的孩子开始大量发泄负面情绪之前，告诉他可以发泄，但必须在有限的时间内进行。你可以这样对他说："我知道你有许多让你担心的事情要分享，我也很想听你说说那些事儿，但是我也想听你说说这一天中好的经历。你有两分钟时间来告诉我今天发生的坏事情，然后我们再听听发生了哪些好事情。"这样，你就为孩子的发泄设定了一个范围。给他两分钟来发泄和抱怨，而且只能在这两分钟内进行。

几个小时的放松之后，和你的孩子一起重新审视他的焦虑和挫折感，并分享一些可能的解决方案。你可以这样说："我认真考虑了你先前说的事情，也许你明天可以试试我的建议。在我分享之前，你有什么想法要说吗？"这样能够让你的孩子获得力量，从头脑发热中走出来，把注意力放在问题的解决方案上。

搞笑

你知道吗，当一天结束，你的孩子准备上床睡觉时，有时他会发出疯狂的咯咯的笑声。你会觉得那样很惊悚吗？那样的傻笑的确能够像原始的尖叫或者受控的发泄一样释放情绪。笑确实可以释放你的忧虑。

像扮鬼脸、扮大猩猩、顶气球、追逐肥皂泡泡、演滑稽短剧或者唱颠倒歌这样的搞笑活动，真的可以让孩子哈哈大笑，并帮助他们以积极的方式释放情绪。滑稽化装舞会也能起到同样的效果。当你愿意放下身份"认真"搞笑时，总是有无穷的选择可以让你获得简单的乐趣。

强制性的安静时间

焦虑的孩子需要安静的时间来从事令人放松的爱好（不要围坐在一起"碎碎念"）。焦虑者总是用繁忙的工作来充满每一天，以避免焦虑，但这样做仅仅是把情绪累积到以后。你越是累积，你的不良情绪就变得越大。对那些年幼的焦虑者而言，我们可以用火山来向他们形象地说明，告诉他们：你的焦虑就像火山熔岩在不断地上升，直到爆发。拥有一个令人平静的爱好可以帮助焦虑的孩子在学习放松时获得一个积极的通道来疏解情绪。

拥有一个令人放松的爱好，可以让你仔细地去想想你的焦虑，而并非聚焦于它们。爱好为紧张情绪提供了一个出口，以便你能清楚地思考。编织、剪贴、绘画都是很好的放松活动，但孩子们是不同的，活动对于每个人的作用也不同。有些孩子可能喜欢制作汽车或轮船模型，而其他孩子可能喜欢收集邮票或硬币。我曾经与一个女孩儿一起工作，她通过制作友谊手镯来让自己从焦虑中平静下来。带你的孩子去一个手工材料商店或其他兴趣爱好物品商店，帮助他确定什么东西是他喜欢的。每天四十五分钟的安静时间能够切实地帮助孩子平复自己的心情，并准备好处理接下来的事情。

放松箱

你是否曾经盯着窗外，幻想在夏威夷海滩上度过长长的一天呢？我这样做过。作为成年人，当压力和焦虑悄悄出现时，我们会在脑海中给自己偷偷放个假。我们可以放空自己，以免被情绪淹没，而孩子更喜欢具体有形的放松方法。

孩子喜欢把东西拿在手中，那些具体的物体和图画，能够让他们回忆起快乐时光。放松箱是一件非常好的工具，能够帮助孩子在情绪变得紧张时给自己放个假。

让你的孩子用他喜欢的颜色和主题来装饰一个旧的鞋盒儿。他可能会剪贴一些令他感到平静和快乐的图片装饰在盒子外面。请孩子用那些可以唤起快乐回忆的物体和图片填充盒子。例如，全家去海滩度假时得到的一个贝壳可以帮助你的孩子想起在阳光明媚的日子里在海浪中玩耍的情景；一张亲人的照片可以让孩子想起有趣的家庭假期。总之，请你的孩子选择一些对他有特殊意义的物品，制作一个放松箱，用来帮助他走出焦虑，并用快乐的记忆来代替焦虑。

焦虑和恐惧对孩子的日常生活有着深刻的影响。当孩子不知道如何转变情绪和解决焦虑问题时，焦虑会越变越大并且会影响孩子的睡觉习惯、饮食和学业成就。你可以帮助孩子掌握几种具体的减缓焦虑的策略，让他们学会控制那些侵入性想法，并用积极的思维代替消极的思维。尽管焦虑在生命的各个阶段都会发生，但是一个知道如何处理焦虑的孩子将会更好地消除它并回到快乐的状态。

快乐的孩子不是每天每时每刻都与焦虑绝缘的孩子，而是那些有自信有能力处理产生焦虑的情境，并最终能够发现快乐的孩子。

11. 沮丧袭来时

愤怒时，数四下；非常愤怒时，不妨咒骂。

——马克·吐温

一直到四岁，我儿子从来没有真正发过脾气。与其他学步儿或学龄前儿童一样，他也有发脾气的时候，但他确实从来没有发过那种让人极为难堪的脾气，让妈妈心里想着"我的老天哪，我们必须马上离开购物中心，不离开不行"。妈妈们对这种状况的担忧，比在飞机上担心尿布泄漏还糟糕。我的儿子，属于那种比较温和的类型。

可是，等他到四岁半时，天哪，一切都不一样了。突然地，我那个温和的小男孩儿有了许多宏大的想法，而且当有些想法没能如他所愿地实现时，也还好吧！实际上，规律的生活在这里起到了重要的作用。当他按照他自己的既定步调行动时，他的温和风度还能一如往常。但是，他还有一个姐姐，所以，很多时候，生活规律就不得不发生变化。

不久前，我们全家决定到离家约一百五十千米的康涅狄格州的海滩度假。虽然距离遥远，但是在那个地方，孩子可以在街上骑滑板车，可以终日在海滩玩耍，还可以每天和亲戚们相聚在一起。最重要的是他们每一秒都很快乐，但是他们的规律生活被打乱了，持续到很晚的家庭聚餐和过于兴奋的情绪彻底改变了他们的睡觉习惯。这带来的后果很严重。

有一次，当我洗澡时，一阵非常沮丧的尖叫声传来。我当时唯一的想法就是赶紧让这尖叫声结束。于是，我匆匆忙忙地用浴巾裹住身子就跑下楼去。一堆麦格纳拼插片（译者注：一种塑料拼插玩具）散落在地板上，我那亲爱的小男孩儿站在旁边，紧紧盯着被破坏后的一片狼藉，他尖叫着，哭喊着，发誓再也不玩儿这些插片了。他跺着脚，充满愤怒，不停地尖叫。我等到他终于停止了哭叫，这时才能和他一起着手处理这些复杂而强烈的情绪（这当然不是第一次了）。

孩子都会遭遇沮丧时刻。从学步儿发脾气到大孩子情绪崩溃，沮丧简直可以说是孩子日常生活的正常组成部分。但是，这会让一个孩子付出很大代价。爆发式的情绪崩溃会让孩子感到身心俱疲，而且，事后还需要一定时间进行恢复调整。

家长往往担心孩子发脾气和情绪崩溃预示着会发生更大的问题（比如小儿多动症、躁郁症或其他一些疾病），而实际上，孩子的状况表明，他们可能只是在寻求帮助。孩子不是一出生就拥有处理沮丧的能力，他们需要学习如何应对。他们需要练习以健康的方式发泄情绪，需要练习如何平静下来。

愤怒和沮丧都属于强烈的情绪，而且有不断增强的趋向，即使发生在天性温和的孩子身上。一般而言，儿童愤怒的表现包括叫嚷、尖叫、乱踢、打人、撕咬、跺脚以及躺在地上不起来。强烈的愤怒表现会激发旁观者的许多情绪。兄弟姐妹或其他小孩子可能感到害怕或担心。父母可能感到愤怒、崩溃或为难。然而，处于情绪崩溃过程中的孩子经常对周边人的情绪和反应无动于衷。他的情绪强烈到对发生在他周边的事情没有任何意识。

愤怒经常会以伤心、害怕、受伤或失望等不同的面貌出现。孩子年龄很小，但他们的情绪反应却会很大。他们还经常搞不明白情绪和行为之间的区别，也就意味着他们并不理解把玩具扔向某人的头不是适当的愤怒表达方式。在孩子看来，扔玩具能让他感觉好一些，能够缓解愤怒对身体造成的不良影响。当孩子感到愤怒时，他唯一能做的就是跟着自己的感觉走。于是问题就很清楚了：孩子所需要的是一个愤怒工具箱，从很小的时候（学步儿开始）就应该学习使用它。他们需要学习如何区别情绪和行为，学习如何将愤怒和沮丧的情绪以积极的方式表达出来。

运用健康的沮丧管理技巧的一个常见的障碍是问题解决能力不足。对父母而言，很难看到孩子在攻克任务（无论是大的还是小的）时所付出的努力。假如父母真的看到，那他们往往本能地参与进去并试图帮助孩子完成任务，高奏凯歌。相对于救援，我们更应该教导孩子。举个例子，假如你一两岁的孩子因为积木没有摆放到位、自己不能站稳而感到沮丧，此时，父母的天性可能驱使你带着一个甜甜的微笑参与进去，重新摆放好积木，从而使得沮丧时刻尽快结束。然而，更好的做法是与孩子共情，并一步一步地提供帮助，让孩子学习在未来遇到类似情况时，自己如何能够解决问题。随着孩子的成长（他们会变得更理性），父母更应该在提供帮助的同时，与孩子一起寻找解决问题的方法。

当然，建构问题解决技能的关键是增强父母对导致沮丧的原因的敏感性。这些触发因素会随着孩子的成长而改变，但是以下这些导致愤怒和沮丧情绪的因素值得引起注意：

· 改变（很多改变对孩子而言是很难应对的）；

· 掩盖其他情绪（努力掩盖伤心、害怕等情绪）；

· 疲惫；

· 未预料到的情况（你小的时候，惊奇并不总是有趣的）；

· 感到被误解；

· 缺乏掌控感（孩子经常被人指手画脚）；

· 其他人的行为；

· 感到被忽视；

· 饥饿。

孩子的行为模式发展得非常迅速，如果他们不能学会应对愤怒的健康方式，那么不良的应对方式就会成为他们的第二天性。渐渐地，这些不良应对方式可能会升级，让孩子在愤怒事件过后感到崩溃和困惑。事实上，许多孩子对自己的行为失控感到内疚。一次大崩溃对小孩子而言可能会造成很大的情感负担。有时候，像一个卷筒冰激凌那么小的事件所引发的崩溃，会让孩子担心给这段关系造成不可挽回的伤害。

当孩子情绪崩溃时，他可能感觉这种糟糕的情绪已经把全世界都毁了，这时候他往往会陷入一种心烦意乱、无法聚焦的状态。我遇到过这样的案例。在一次长途飞行中，一个精疲力竭的孩子陷入了极度沮丧的状态。我当时成功地使用了将注意力转移到一个焦点上的策略来帮助他安静下来。但是，真正能让孩子学习处理情绪的重要一步，是让他们经历并且表达出他们的情绪感受。教导沮丧管理技巧不是向孩子展示如何避免或控制情绪，而是教导孩子如何理解和应对自己的情绪，从而在购物中心不再尖叫、喊叫和崩溃。

孩子能够学会辨识他们的愤怒预警。如果你仔细观察处于沮丧之中的孩子时，你能从他们的多种行为模式中看出一些规律。孩子可能表现出燥热、浑身瘙痒或者其他一些身体的不适状况，也可能双拳紧握，牙关紧咬，表情僵硬。扔一些小东西或跺脚可能是愤怒和沮丧的初始症状。通过观察掌握这些线索以后，你就可以帮助你的孩子理解他们自己的行为模式。一旦孩子也意识到自己的这些行为模式和规律，你就能够帮助他们确认自己的愤怒预警了。当孩子学会在进入愤怒状态之前就意识到它，他们就能够用更健康的选择来替代不良的反应策略。

有些孩子比别的孩子反应强度更高。他们总是以尖叫和更强烈的反应方式来应对事情。当我们用强度来测量情绪时（强度描述的是一个人应对事情的反应程度，无论是积极的还是消极的），它测量的是孩子用以表达情绪的能量总和。高强度的孩子往往是行动的强者，他们倾向于大声而清晰地向外界表达他们此时的感受。不管他们是疯狂、伤心、兴奋、愤怒或快乐，高强度反应的孩子总是反应剧烈而富有激情。这会帮助他们迅速地满足需要，但是也会使他们终身都反应过度。当他们的情绪聚焦于外部时，他们是吵闹而戏剧化的（无论是快乐还是不快乐）；当他们的情绪聚焦于内部时，他们是安静、内敛和高度敏感的。

苏希属于看起来总是高强度反应的孩子。她在课堂上学习勤奋努力，一遍又一遍地涂涂抹抹和重写，以确保全对。她在课间休息和体育课上总是玩儿到精疲力竭。她在兴趣小组活动中也很活跃，经常大声讲话并喜欢下命令，而且在她的愿望实现之前，决不会考虑从一个小组移到另一个小组。在家里，她也总是如此。一天，她的妈妈流着泪来找我，她说她非常担心苏希时而发生的崩溃，而且一下子能持续一个小时（她会撕扯她房间里的一切东西，为此，她的父母移走了除了床之外的所有东西）。她会在不合时宜时突然大笑，她会在兄弟姐妹玩儿得好好儿的时候，做一些动作去吸引他们的关注。苏希的妈妈很担心苏希需要借助药物的治疗才能解决问题，但是她没有办法让一个七岁的女孩儿从此走上这条治疗道路，她需要我的帮助。

我要求苏希妈妈对苏希的情绪进行跟踪记录，不管是好的还是坏的，大的还是小的，而且至少持续一个月。她需要详细地记录可能的触发因素、反应的强度、当时起作用的解决方法，以及苏希的行为如何影响全家。在月底，我鼓励苏希妈妈将这些信息编辑成清单，以发现其中的规律。她发现苏希对负面触发因素的崩溃反应总是发生在放学后和睡觉前那段时间。当她不得不为某些积极的东西等待很长时间而疲惫时，或者当她的日常习惯被打乱时（比如在周末和假期），她的兴奋反应会增强。当苏希情绪崩溃时，拥抱她会有助于她放松，给她足够的有关改变的提醒也会有助于她在环境中增加安全感。

当高强度反应的孩子不能够满足自己的需要时，他们会情绪崩溃。他们会迅速做出反应，情绪崩溃会立即发生（父母倾向于将其称为"突然发作"）。高度强反应的孩子也会在需要满足时充满激情地喊叫。他们非常兴奋，倾向于快速说话，并且往往表现得像参加聚会一样兴高采烈。

高强度反应孩子的特征：

· 反应迅速，包括积极和消极；

· 具有爆发性和比较吵闹；

· 当遇到他们不喜欢的事情时，可能会沮丧地哀号；

· 以极端的方式表达情绪（超快乐、超愤怒、超兴奋等等）；

· 父母总是不断地要求他们平静或安静下来。

高强度反应的孩子在管理变化巨大的情绪时需要得到帮助。当他们强烈地表达情绪时，他们会不停地讲话、喊叫、高声大笑……并且不知休止，这些都会导致他们精疲力竭。这对他们来说是非常耗费精力的。如果没有足够的休息时间，孩子就会倍感压力。对所有事情（从坏掉的玩具到不喜欢的晚餐）都过度反应并不是一件有趣的事儿，它所带来的显然是不快乐的日子。想要有效帮助高强度反应的孩子获得快乐，首先需要教导孩子辨识愤怒的症状，其次要密切关注环境中的导致紧张的因素，并且提供持续的指导。高强度反应的孩子需要高度耐心的父母的帮助才能留在快乐的气氛里。

当高强度反应的孩子不断地消耗父母和身边人的精力时，耐心可能是一个很高的要求。对父母而言，最紧要的是协同合作，一起努力找到对全家有用的策略。对年幼的孩子来说，体验对情绪的过度反应可能是让他们感到害怕和疲惫的事儿。他们可能在大多数时候拥有稳定的情绪，但一旦过度反应发生，就会快速抽干他们的精力。而这种突如其来的快速反应也导致孩子感觉自己不受控制。想象一下，当你不能够控制你的情绪反应时（积极或消极）你将会是什么样。

因为对各种情绪的反应都过于强烈，高强度反应的孩子往往从父母、兄弟姐妹、同伴那里经受了相当多的负面对待。父母面对他们时难免感到沮丧和疲惫，对教师和其他成人而言也是一样。兄弟姐妹可能对他们受到更多关注而产生嫉妒，甚至可能演变成对他们的嘲讽和责骂。

要知道，无论是高强度反应还是强烈的愤怒反应，其实都是个性使然。在第一章中我们讨论了了解孩子个性的重要性。有些孩子是内向的，倾向于将他们的情绪指向内部，甚至当他们感到沮丧时，也不会轻易表现出来。当感到愤怒或失望时，他们可能会独自跑开，或者躲藏起来。有些孩子则是外向的，他们会将情绪指向外部，但是不会像高强度反应的孩子那样经历过度的情绪反应。绝大多数孩子都处在两个极端之间的某一点上，他们可能会把一些情绪指向外部，而把另一些情绪指向内部。高强度反应的孩子则将所有情绪都极端化。当沮丧来袭时，你对孩子的个性了解得越清楚，你就越容易选择最适宜的方式来帮助他应对状况。

那些倾向于将情绪内化的孩子，需要有人帮助他们把情绪表达出来。这些孩子会抱怨自己长期腹痛或其他疾病。压抑情绪是一件很辛苦的事儿，它会导致孩子感觉身体不适。尽管你每次询问他们发生什么事儿时他们可能回答“没事儿”或“我很好”，但这其实就是他们的一种防御机制，以避免将情绪流露出来。当他们感到沮丧时，你可以试着改变你的询问重点，这样可能会有所帮助。举个例子，你可以向孩子描述你看到的情况，再引导孩子讲讲触发沮丧情绪的细节，而不是笼统地问问题。例如：“我注意到当你兄弟不经你同意就改变游戏时你有点儿沮丧。告诉我你想要怎么做。”那些情绪内隐的孩子不喜欢公开地讨论情绪。改变你们交流的方式能够帮助你的孩子以更适宜的方式描述他们的情绪。

相反，那些倾向于将情绪反应指向外部的孩子，可能需要的帮助是在学会应对情绪前先能够平静下来。那些将情绪外化的孩子经常倾向于先行动，后思考。这些孩子往往在充分了解所处情境之前就直接表达了自己的情绪。当你的孩子感到沮丧时，让他表达情绪是很重要的事儿，同样地，通过引导让他在反应之前先停下来了解所处情境，帮助他放慢反应速度也是很重要的事儿。你可以用一个简单的提示来帮助孩子慢下来，让他在情绪崩溃之前先来全面地考虑一下状况。例如你可以这样说："我知道你现在确实很难过。让我们一起做三下深呼吸，然后谈谈发生了什么事儿，再看看到底哪里出了问题。"

高强度反应的孩子都是快速反应者。这意味着在触发与反应之间你总是没有足够的时间引导他放慢步伐。当强烈反应一触即发时，需要记住的一点就是你的孩子越是处于最高强度时，他越是需要你的帮助。是的，孩子在杂货店发脾气会令你感到沮丧和难堪，但是，他这样做不是为了让你失望，他这样做是在表明他需要帮助。同样的，他在教堂发出咯咯的笑声并不意味着是让你难堪或是故意扰乱仪式。你的孩子仅仅是对一些事情做出反应并且需要你协助他管理好他的情绪。

无论你的孩子个性如何，帮助孩子学会建设性地管理愤怒情绪的重要一步是营造一个良好的家庭环境，在这个环境里，大家总会以一种平静和健康的方式来处理愤怒。由肾上腺素的"原始喷发"引起的愤怒导致了"战逃"的急性应激反应。孩子经常想攻击或反击那些导致愤怒的事情（比如姐姐抢走自己的玩具，或者父母让孩子在朋友面前丢脸）。大多数孩子到了五六岁的时候，都能够容忍这种急性应激反应，而不是一有风吹草动就马上行动。他们可能还会喊叫或哭，但是他们已经不会为了抢玩具而打人。然而，父母对这些情绪的反应很关键。如果父母贸然插手，并对矛盾一方或另一方的孩子喊叫，那么孩子就会对情绪表达建立起负面联系，并将这些混乱的信息内化。他们会学会通过喊叫恢复控制并解决问题。反之，如果父母接纳孩子的愤怒并保持平静和关注，那么孩子会将积极的信息内化。孩子会学到愤怒是可以被接受的，并相信自己可以以中立的态度来处理愤怒。

提升情绪管理技巧，发展独立地平息情绪的能力，是学习问题解决技能的重要一步。相对于总是期待找到立竿见影的办法让孩子度过情绪困难时刻而言，沮丧管理技能要求多年的练习和父母的引导。这样的持久战听起来让人有点儿望而却步，但是你帮助孩子度过的每一个愤怒事件，都让你的孩子向着独立管理情绪迈进了一步。

沮丧会发生在成长的任何阶段，包括成年以后。我们不能将沮丧从生活中排除出去。但是，我们能够改变对待它的态度，以及改变我们与这些强势情绪相处的方式。当孩子学会管理他们的沮丧，从而让崩溃的强度和频率减少时，他们就有更多自由的时间来享受生活，他们也将因此能够获得更多快乐。

提高孩子抗挫折能力的重要一步是建立一个愤怒工具箱。请记住，有些工具对一些孩子而言可能是奇迹，但对另一些孩子而言则完全是浪费时间。你需要帮助孩子发展更多处理问题的技能，包括试误法。最重要的是你要注意倾听孩子的愤怒，并依此建立适用于他的独特的工具箱，这很重要。如果你认为自己的孩子是高强度反应儿童，请从第261页的"帮助高强度反应孩子的诀窍"开始阅读。

如何教孩子提升抗挫折能力

创造一张"疯狂"清单

孩子需要把他们的情绪表达出来。大发脾气无疑是表达情绪的一种方式，但是，这不是最适宜的处理策略。通常，遭遇到情绪崩溃之后，他们会感到疲惫和后悔。如果情绪崩溃经常发生，他们可能更易生病（情绪崩溃让他们的精力消耗太大）。他们需要学会以平静和更适宜的方式来表达情绪。

首先，请孩子把让他们感到非常沮丧的事情列出一个"糟糕清单"（如果孩子还不会写字，你可以代笔，但要确保是他们自己所想的）。你可以同时列出你自己的"糟糕清单"。当孩子遇到困难时，我们如果能够陪在孩子的身边，他们会感到不那么孤独。当清单完成后，你们需要用非常戏剧化的方式夸张地大声读出来（你可以不失时机地插入一两句这样的评论："噢，这也让我发疯！"，这样可以更好地传递同情）。

下一步，疯狂撕扯。把这个"糟糕清单"交回孩子手中，要求他倾尽所能地撕碎清单，然后把碎纸揉成一个很小的纸球儿。我的儿子一边撕和揉，一边非常兴奋地喊"再见，糟糕的东西！"撕和揉的动作为紧张的情绪提供了身体放松的机会。最后，你们可以一起将这些情绪扔进垃圾桶并消灭它们。

这是一个有趣的提高抗挫折能力的练习，它能够有效地释放沮丧的情绪，并让孩子在整个过程中都带着微笑。

纸巾游戏

你知道当你发疯时什么能让你觉得好一点儿？是的，扔东西！孩子总是在发疯的时候扔东西（一些成人也这样做）。从一方面看，扔东西至少比打人强，因此也算是一件好事儿。另一方面，扔东西可能损坏心爱的玩具或房间中的其他东西，也可能让兄弟姐妹处于危险之中。

沮丧不仅仅是一种情绪状态，同时也会伴有一些身体症状。当孩子感到沮丧时，他们经常会反映感到发热、心跳加快、手腿抽筋或僵硬。这对愤怒情绪而言是非常正常的反应，而此时进行一些身体上的放松活动也是必需的。

纸巾游戏可以帮到你。将一叠纸巾浸泡在一碗冷水中，把碗放在室外（或者一些不那么整洁的乱七八糟的地方就好）。拿出一张纸巾，挤一下，别带太多水，然后交给你的孩子，让他一边大声喊出让他发疯的糟糕东西，一边用力往墙上扔。不断重复这个过程，直到碗里的水都用完。

扔湿纸巾为不良的身体反应症状提供了一个放松的机会，喊叫出沮丧情绪的触发因素为释放情绪提供了机会。同时，纸巾撞在墙上的有趣声音经常会带来欢笑。

当孩子内化了负面情绪，他们会陷入僵局。他们会形成负面的核心信念，并开始以"我不能、我不行、我很差"等负面方式来思考。这些情绪日积月累，会让他们感到愤怒和沮丧。如果孩子能定期释放情绪，他们就能重新获得快乐。

分解任务

你知道那些令人难以置信的沮丧吗？就像"宜家家居指南"，一页页的家具部件的图片和必要的组装家具的零件，指导你组装完成如小孩儿桌子那样小的家具。当你打开盒子，看到部件、零件和手册时，你会感觉到一阵阵的胃部疼挛吗？这种感觉就是许多孩子力不从心时的真实感觉。有难度的拼图、积木，缺乏社交技能，朋友不理解你所说的，以及老师一遍又一遍地让你做，而你却完全不知道老师想让你做什么时，这些例子就是儿童版的"宜家家居指南"。

成人知道他们可以将高难度的任务分解成若干可执行的部分，从而使问题得到解决，但是，孩子不会。当你把盒子里的三百多块儿拼图一下子都倒出来，堆在地板上时，那看起来真是一点儿都不好玩儿。对小孩子而言，学会在面对令人沮丧的任务时，一次完成一点点，是一种重要的生活技能，它能帮助孩子减少操作过程中的挫败感。

小孩子喜欢分类和组合，这是日后能够学会分解高难度任务的重要一步。尽管分类和组合能力会在学前期达到高峰，并且随着孩子长大学习新的技能而逐渐衰退，但是保持这些技能的活力很重要。在你的孩子面对困难情境并做出反应之前，帮助他学习分类和组合，以便让他学会一次处理一个问题。对学步儿和学龄前儿童而言，依据大小、形状和颜色分类组装积木能够帮助他们学会在搭建塔之前先制订一个计划。拼图则更适合大一点儿的孩子，因为他们可以通过比较最终图形和组合进程中图形的差异，以及某个组片与整个图形的关系来学习分类和组合。起到类似效果的活动还有：鼓励孩子进行收藏，没有具体指导步骤的美工活动，洗衣（这样也可以帮你干点活儿），一起做饭和整理玩具等。

桌面游戏

不管相不相信，玩儿五十七回合的滑坡和梯子游戏（译者注：一款经典桌面游戏）或者其他可能令你抓狂的桌面游戏。确实能帮助孩子提高抗挫折能力。桌面游戏包括轮流、等待、一点点运气（当你感到不幸运时，会感到沮丧）、灵活性（有时你不得不采取新的策略以应对不可预测的坏运气）、赢和输。小孩子往往输不起。谁不想在"糖果乐园"里成为第一个到达糖果城堡的人？谁不想抽到罕见的冰激凌海卡片？遗憾的是，不可能每次都赢。

有时，父母与孩子玩儿桌面游戏时会故意输掉。我能理解为什么这样做。令人梦寐以求的一对一亲子时间应该是有趣而且充满活力的，谁愿意花时间来安慰一个每走一步都往下滑的五岁小孩儿？（译者注：滑坡和梯子游戏里的规则，往下滑会延缓棋子向终点走）反正我不喜欢这样做。想让游戏顺利进行，你们可以一起修订游戏的规则。但是，如果你让你的孩子每一次都赢，你就会失去一个重要的机会（这对你的孩子也毫无益处）。

游戏过程中发生的小小沮丧为形成相应的处理能力提供了练习的机会。当沮丧发生在安全的家庭情景中，与平静、慈爱的父母在一起时，孩子能够学习应对这些情绪，并形成一定的问题解决技能。当然，他可能会哭一会儿，但是情绪反应就摆在眼前，你们可以一起努力提高问题解决技能。你可以帮助孩子重新组织一次游戏，这样他就可以再来一次了。

放松休息一下

当孩子莫名其妙地陷入长期崩溃时，对疲惫的父母而言，"暂停"经常是首选策略。就某种意义而言，暂停是有效的。通常，我们会将孩子与焦虑触发因素暂时隔离开，直到他安静下来。说实话，我和肖恩还从未使用过暂停策略。将尖叫的孩子一个人留在房间里需要父母下狠心，我们难以做到。除此以外，暂停看起来是有违直觉的。

当孩子发脾气时，他经常会感到害怕和有巨大的压力。孩子发脾气和崩溃时的失控状况确实令父母感到沮丧，但对孩子而言，不能恢复控制也同样令他感到害怕。你曾经注意过你的孩子发生崩溃后出现无精打采或筋疲力尽的情况吗？这是由巨大的情绪释放所带来的身体疲惫。

我不想让一个处于情绪化状态中的孩子独处，相反，我会选择用放松休息的方法来处理。我确切地知道我的孩子有他们自己的冷静和放松空间。我女儿需要放松时可能会在床上画画儿，而我的儿子可能会玩儿玩具车和看书。他们现在可以这样做，是因为他们小的时候，我与他们一起采用过放松休息这种方式。

重要的是，你要知道崩溃会来，但也会走，它们是有时间限制的。在某一时刻，崩溃好像是没完没了的，但是尖叫会变成哭泣，哭泣会变成叹息，最终会留下一个疲惫的孩子。在轻松的音乐中把他们揽在怀里轻轻摇晃，这样总是能帮助孩子在那个时刻平静下来。但是你的孩子可能有不一样的需要。无论孩子处于平静状态还是伤心时刻，你都需要为他创造一个安静的空间，并且在这个空间和他共度一段时光。当你发现孩子的情绪已经出现"红色预警"时，你需要和他一起放松休息一下，这样能够帮助你的孩子管理他的情绪，避免情绪崩溃。

共情

我知道，共情是贯穿这本书始终的主题，这是有道理的。千万不要低估共情的力量。孩子每天都会遇到各种各样不易应对的情绪，有时他们能够轻松度过，有时则会被这些情绪击倒（这会令年幼的孩子感到困惑和害怕）。在为他们提供帮助之前，你需要确切地了解这些。

你需要用一些能够安抚他们情绪的语言来传达你对他们所处情境的理解。例如："你的兄弟损坏了你最喜爱的玩具车，这令你感到非常沮丧。你感到很愤怒。我知道这感觉很糟糕，我也有过这样的经历。"这样的共情陈述，能够向他阐明你对事态的了解，可以帮助处于崩溃情绪中的孩子集中注意力。也许你的孩子会就此停止发脾气并询问你愤怒时的经历，或者在你的怀抱里一边哭泣一边询问那些问题。孩子需要被倾听和被理解（我们不也是？）。与他们共情可以将那些被放大的情绪变得正常。

触发因素跟踪器

不同的孩子有不同的情绪触发因素，这些触发因素会随着孩子成长而改变。对许多学步儿而言，分享看起来是不可能的事儿，但是到了学龄前阶段，他们可能会更多地被那些不公平的事件所触发（他们经常会高喊"那不公平！"）。正如前面所述，大多数孩子会遭遇一些比较普遍的触发因素，包括较大的环境改变、被误解、超出预想的情境等等。"触发因素跟踪器"能教孩子学会发现自己的触发因素，还可以让你和孩子一起建立一种问题解决模式。

当孩子发脾气时，你要认真观察。发脾气之前发生了什么事儿？什么时间发的脾气？在这之前吃的最后一顿饭在什么时间？睡觉习惯如何？记录下这些细节，会帮助你理解孩子发脾气的触发因素。一旦你建立起发现触发因素的模式，就与你的孩子讨论这些触发因素。通常，我们在试图修正孩子的某些问题时，并不愿意告诉孩子我们做了些什么。但是，如果我们使用孩子能理解的语言和他们讨论这些触发因素，实际上能够帮助他们理解自己的情绪，而且这会帮助他们学会未来更有效地管理自己的情绪。

当孩子平静下来时，你可以这样和他交流："我看到你下午似乎非常沮丧。我想知道你是不是肚子很饿或者觉得有点儿累。"这可是真的，我的儿子利亚姆就经常会被快速的成长耗尽体力。所以，我必须在他成长的过程中提供更多的零食和休息的时间。和孩子一起创建一个触发因素跟踪器列表，这样他就可以在调查触发自己的情绪崩溃因素时扮演更积极的角色。你要鼓励他在经历沮丧情绪后写下或者画出这个列表，或者对它进行检查和修订，你当然也要帮助他一起思考可行的解决方案。

平静感觉活动

放松身体的感觉总是不错的。不知道你的情况如何，对我而言，一个适宜的慢跑总能有助于我从不同的角度来看待事情。当我放松身体时，我能够用更加冷静的态度对待问题并用适宜的策略来解决它。孩子也同样可以从平静感觉活动中获益。

对于一个健康、快乐的孩子而言，日常的身体运动是必不可少的，但是你不太可能让一个正处于情绪低谷的孩子出去跑步散心。不过，你可以用一系列平静感觉活动，来帮助他达到放松身体的目的。

- 把纸揉皱或撕碎
- 手指画
- 一个迷你沙盘（用一个长方形托盘，里面放上细沙、小鹅卵石和一些小型玩具）
- 玩儿水（你不需要太多东西——只要厨房有一个水池和一些塑料杯碗就够了）
- 制作自己的多彩面团儿（加入几滴可以舒缓情绪的香草精油）
- 玩儿黏土
- 到户外去玩儿泥巴，拍泥饼儿

原谅

我知道这听起来似乎是一种放弃，但是如果你有一个经常发脾气的孩子，你就知道做父母会多么沮丧。那种感觉就像是被压垮了，是无限的疲惫和永无出头之日的无望。所以学会原谅吧。

许多孩子在发脾气后会感到内疚和害羞。他们不是故意失去控制的，他们不是有意把家里搞得一团糟或让父母失望。有时候，就算你假装若无其事，你的孩子还是会把一些状况归咎于自己（即使有时候是一种胡思乱想）。孩子需要被原谅，而且是你大声地讲出来。他们需要听到你说你不失望，你不生气，你已经原谅他们。无条件的爱才能养育出快乐的孩子，原谅在表达无条件的爱中扮演着重要角色。

帮助高强度反应孩子的诀窍

使事情平静下来

高强度反应的孩子往往会对感知到的信息做出反应。他们反应快速而夸张，并且倾向于对周围的各种事物，包括对纺织品、灯光和人做出负面反应。仔细观察环境中可能存在的触发因素，并尝试做出相应调整是非常重要的。

- 尝试调暗灯光或让灯光更柔和。
- 音乐很好，但是不要把音乐放大到舞会程度。开始时将音量调到最低，然后逐渐增大直到你（或你的孩子）能接受的程度。
- 选择柔软的纺织品，并且记得去掉标签。

当高强度反应的孩子感到烦乱或者压力过大时，他们需要一个舒缓的环境来帮助他们平静下来。仔细检查，看看有哪些地方需要做出调整。有时候，即使是很小的细节，比如舒服的墙壁颜色（考虑一下哑光色，比如古铜色、奶油色、蓝色和绿色，它们色度较高，但明度较低，不会过度刺激），也会造成不同的结果。

提供身体安抚

我知道当你的孩子大发脾气时，他可能会在房间里乱扔东西，你此时根本不想拥抱他。但这恰恰是他在那时最需要的。高强度反应的孩子会很快地失控，对自己失去控制有一种非常可怕的感觉。他不知道该做什么或怎么让自己平静下来。

你可以这样为孩子提供身体上的抚慰，让他们感到舒适：

- 紧紧拥抱孩子，减缓其身体反应。轻轻地抚摸有助于降低心率，并放慢因情绪激动带来的过快呼吸；
- 温柔地按摩他的背部或大腿以舒缓紧张反应；
- 用他喜欢的柔软毯子包着他并紧紧地依偎着他。

提供身体安抚能够帮助舒缓当前的紧张反应，以便你的孩子可以减缓当前的情绪困扰。你一定要克制马上开始解决问题的冲动，要知道，高强调反应的孩子通常需要时间来恢复和解决情绪问题。

承认性格

你是否意识到你曾经和别的父母不知不觉地谈起过孩子的性格？或者你用孩子的性格作为理由来解释一些问题？父母经常这样做，因为我们喜欢让事物存在意义。我们总是希望事物可以被解释。但是，我们却并不总是能为孩子提供一个合理的解释。

你需要用一种对孩子来说有意义的方式和他们谈论他们的性格，让孩子知道心烦和情绪化可以帮助他们学会理解自己的反应。例如，当一个孩子能够认识到他总是比别的孩子更容易激动，他就能学会使用自我暗示来平静自己在学校或运动队的反应，从而不那么容易失控。对自己的特点理解得越清楚准确，越能帮助我们学会管理情绪，也就越能让我们自主提升我们的整体幸福感。

为能量寻找通道

高强度反应的孩子需要学会为他们的能量寻找更为积极的出口。是的，团队运动显然是首选，因为它通常适用于任何年龄。但是，不是每一个孩子都喜欢团队运动，并且团队运动的竞争性有时反倒会提升反应强度。跑步和踢球不只是释放身体能量，还能将身体和情绪能量放置在一个比较安全的地方。

对于高强度反应的孩子来说，单人运动可能更为合适，因为他们可以聚焦于自己的目标。练习空手道和体操也是很好的能量出口。但是也有许多高强度反应的孩子愿意将他们的能量投入到建构活动、艺术活动或科学探究活动中。你需要做的是发现一个真正适合你的孩子的能量转换通道，让它激励孩子取得最好的效果。

避免硬碰硬

当你遇到高强度反应的孩子时，你必须谨慎选择是否开战。他们会深挖战壕，与你血战到底，所以你要确保你所选择的这场战斗是胜券在握势在必行的。我没法儿告诉你多少高强度反应孩子的父母曾这样抱怨不休："不管我要他做什么，他只想反着来。"

高强度反应的孩子不会仅仅是为了惹恼你而毫无意义地跟自己较劲儿，他们只是经历着巨大的情绪变动，有时他们只是想先对你说

"不"，然后再想一想到底应该如何。这时候，提供有限的选择（一般是两种选择，而不是十种选择）和一些可能发生状况的预警可以帮助他们。

当孩子感到失去控制时，他们就会选择硬碰硬的解决方式。那些始于只关注"是"或"否"的争论会因为亲子双方的脾气爆发而升级为一场彻底的崩溃。不妨给孩子两个你可以接受的选择（例如：我们现在可以离开，或者我们可以在三分钟内离开），实际上，一定的过渡时间可以帮助你的高强度反应孩子用相对平和的态度来对待你的要求。

父母休息

有一个高强度反应的孩子意味着父母总是处于"开机"状态，这会导致你精疲力竭，事实上你也需要休息。你必须在孩子处于强烈情绪反应时保持冷静，因为这样可以为你的孩子做出正确的示范，但是可不是那么容易做到的。

在这种时刻，你一定要避免自己在沮丧中落荒而逃。如果你感觉快要达到自己的极限时，就用定时器设定三分钟，然后向孩子平和地解释说你需要三分钟时间在别的房间里冷静一下，以便再重新回来和他进行讨论。在你离开房间之前，你需要利用手边的材料（例如减压球、轻音乐、黏土等）做一下自我舒缓，为孩子创造一个轻松的氛围。

三分钟听起来并不是很久，但它足以让你做一些呼吸放松练习，并且可以让你重新整理思绪，这样你才能更好地帮助孩子。提示：如果你的孩子正处于大发脾气的顶点状态，并且没法儿保证自己的安全，那么你最好还是先让孩子平静下来，然后自己再去休息调整。

教授适宜的情绪表达方式

你知道吗，高强度反应的孩子实际上并不明白因为一点儿小事儿就兴奋地跑来跑去是不适宜的表达方式。他们只是怎么高兴就怎么做，而这在他人看起来则往往是过度反应。他们需要学习适宜地表达情绪。

角色扮演是帮助高强度反应孩子学会正确表达情绪的好方法。列出一个日常情绪触发因素清单，包括积极情绪和消极情绪，这些触发因素是孩子每天都可能遇到的。举例而言，这个清单可能包括：老师给你额外的休息时间（兴奋），一个朋友离你而去（伤心），或者妈妈不让你去玩儿（愤怒）。你可以尝试使用适合你的孩子的案例来进行角色扮演活动，逐个表演那些可能触发孩子强烈反应的情境。当孩子反应过度时，请他暂停，和他聊聊当下的感受如何，以及他能否将这种情绪用其他形式表达出来。你可以使用录像机记录你们的角色扮演游戏，以便反复观看和讨论。

情绪报告

高强度反应的孩子很难彻底理解自己的情绪。"情绪报告"可以提供帮助。情绪报告有点儿像写一份书面报告作业，只是不会被打分。当你的孩子发生强烈的情绪反应（不论是积极的还是消极的）时，就让你的孩子写下或画出这种状况，尽可能详尽地记录当时的反应。通过亲子合作，你可以帮助孩子未来以相对平缓的心态面对相似的情境。

对孩子而言，画出他们的情绪反应通常比写下来更容易。写下来要花费更长的时间，而且有时感觉像家庭作业（谁需要更多的家庭作业呢？）。这时你可以用一些包含特定栏目的表格来帮助他们更轻松地完成这项工作。表格的第一栏可能写："我经历的情绪是……"，第二栏写："在这之前发生了……"，第三栏将会引导你的孩子描述（或画出）他是如何反应的。最后一栏应要求你的孩子描述事后他的感觉如何。在经历了情绪反应事件之后，孩子可以学会评估他们在这一事件中反应的适宜性。他们也能够开始思考未来应该如何处理相应的情绪。

愤怒温度计

"愤怒温度计"是一个很好的工具，可以帮助高强度反应的孩子衡量他们对沮丧情绪的反应——"温度"越高，反应强度越大。如果孩子习惯于使用"愤怒温度计"——无论是愤怒时还是平静时都可以使用——他们就能学会预测自己对情绪触发因素的反应。他们也能学会发现自己的底线，以便在爆发之前先寻求帮助。

你可以在网上下载温度计的模板，也可以自己画一个温度计。温度计的刻度可以帮助孩子理解什么是冷、热和不冷不热的感觉，以及将情绪低落、高涨和不高不低的状态与此类比。一开始，你可以先让孩子在白天的各个时间点记录自己情绪温度的变化，然后请他们用红色笔填写在"愤怒温度计"上来标明自己的情绪变化，并和他们讨论为什么会有这样的情绪和变化。帮助你的孩子确认他的情绪温度最高点，并和他讨论当他有这种感觉时，可以使用哪些策略来"降温"。

红绿灯游戏

红绿灯是一个很好的比喻，可以用来教孩子如何对引发各种情绪的事件做出反应。它既适用于兴奋和过度敏感的孩子，也适用于愤怒和沮丧的孩子。信号灯是一个简单明了的概念，但是它变换颜色的视觉信息将在很长时间里影响你的孩子。

你可以画出一张红绿灯图画并上色，也可以直接打印一张，并把它放在你最常待的房间里，你甚至可以在卧室、背包和桌子上贴一些小的红绿灯图片。向你的孩子解释红绿灯的颜色代表不同的反应，这些反应是他们遇到情绪情境时应该做的。

- **红色：停止**——停止你正做的事儿，深呼吸三下，并对这个情境做出思考和判断。

- **黄色：思考**——思考你的选择。谁能帮助你？你应该走开吗？最好的反应是什么？

- **绿色：行动**——选择最好的策略来应对情境并继续行动。

把红绿灯游戏作为家庭日常活动可以让你的孩子知道，在对高强度情绪诱因做出反应之前，每个人都可以先花一些时间来停止反应和评估状况，然后再采取行动，我们都将从中获益。

舒缓活动

高强度反应的孩子可能看起来总是闲不住，但是他还是需要足够的休息时间来消除压力。你一定要优先考虑保证他的休息时间，尤其是在周末。平时每天至少有四十五分钟安静、舒缓的活动，如果可以的话，周末的休息时间还要再延长一些。假以时日，你的孩子就能学会自我舒缓，并且能选择平静的活动来保持自己的平衡。

舒缓活动的效果因人而异，因此要努力发现适合孩子个性的活动方式。例如：

- 瑜伽；
- 编织或缝纫；
- 烘焙；
- 绘画；
- 手工活动；
- 在摇椅或吊床上读书；
- 在林间漫步；
- 玩儿水。

12. 快乐父母养育快乐儿童

当我的孩子变得狂野和不守规矩时，我会拿出婴儿围栏。

当他们平静以后，我再从里面爬出来。

——艾尔玛·邦贝克

杰西卡第一次向我咨询时，她看起来已经精疲力竭了。她带着黑眼圈，几乎就要哭出来，一遍又一遍地向我道歉，因为她没有与我预约，她认为这样有点儿强人所难。当你得不到足够的休息时，你就会是她这样的状态。

杰西卡首先描述的是她大女儿的行为。她经常挑衅，拒绝接受指挥，经常性地攻击妹妹。她总是奚落弟弟，每当杰西卡批评她时，她就会顶嘴。糟糕的是，她的妹妹看起来也在学姐姐的样子，两个女孩儿在学校里互不相让。每当接到学校送来的行为报告时，杰西卡就会感到很无助。她确信心理咨询不会有作用，她认为她们并不需要和治疗师交谈，她们需要改善行为。杰西卡想要立竿见影的解决方案。在将孩子的问题和自己的沮丧一口气述说出来后，她睁大眼，饱含期待地盯着我。

当我考虑什么对她有帮助的时候，我让这些信息在空气中盘旋了几分钟。参考资料？书籍？最后，我选择了"共情"。我对她说，这些事情听起来对她很困难，她有很多事儿要做，这让她感到异样的疲惫和巨大的压力。听到这些，她开始流眼泪。她告诉我她和丈夫总是争执。他们不知道如何帮助孩子们。她不停地担心并为此东奔西跑，可孩子们根本不听。她承认她经常对孩子们喊叫，甚至是每天都会吼叫。她无法控制自己因为一些小事儿发火，比如混乱的房间和作业问题。她处于压力之中，这些压力被传递到她的孩子身上。

压力和对压力的负面反应能对孩子产生持续的影响。发表在《儿童发展（2013）》上的一篇研究报告指出，在孩子生命的最初几年中，如果父母表现出明显强烈的压力，孩子的一些遗传因素可能会发生改变，其影响可能会在几年后表现出来，甚至在青春期表露出来。不可否认，心理压力在很大程度上会影响我们养育孩子的方式。当一切秩序井然，气氛一片祥和，我们怡然自得，似乎忘记了那些令人沮丧的育儿时刻。但是当秩序被破坏，我们的压力指数也随之飙升，我们会变得脾气暴躁，疲惫不堪，毫无存在感，即使是育儿中的微小冲突也会让我们过度反应。不同育儿阶段的父母在承受的育儿压力上会有轻重之分吗？这样的想法往往会让我们增加另一层育儿压力。事实上，2011年发表在《个性和个人差异》上的一项研究显示，那些相信随着育儿经验增长而育儿技能越发完美的"新手"父母所承受的压力也在增加，并且他们对自己的育儿技能缺乏信心。

压力有随着时间而累积的趋势，特别是当压力没有得到良好处理时。有的人，特别是妈妈们，经常告诉我她们在压力之下反倒可以保持一种兴奋的状态，她们说那些压力会使她们更有效率。我相信这种感觉在当时可能是真切的。当钟声嘀嗒，一秒钟比一秒钟响时，我的写作速度也会更快。但是，这种感觉和这种效率是短期的。如果你不触及问题的核心，并解决实际的压力源（例如，在时间管理方面），压力就会开始增加、累积，最终，之前那种所谓的兴奋和高效就会被打碎。压力累积到一定程度会导致失眠、体重急剧增加或者突然减少（不是那种合理的体重控制）、高血压、心脏问题、亢奋或抑郁。压力能影响你的心情、效率、人际关系和养育孩子的能力，它也会对你的孩子产生深远的影响。

不管你信不信，孩子确实会在你不经意的行为中学到很多东西。你可能以为当你对着迟到的有线电视修理员大喊大叫，抱怨他害你在房间里傻等一整天时，你的孩子只是在一边悄悄地玩儿着他的卡车，但实际上他很可能是在学习你在他眼前展现出来的应对压力的反应方式，你那时的反应和面对他乱放卡车时的反应是一样的。儿童可能不了解压力的触发因素，但是他们可以轻易地在他们熟悉的家里、学校里和所有他们去的地方感受到不同程度的压力。即使是婴幼儿，当妈妈处于压力状态之中时，他们也会敏锐地感受到，并且比平常更易哭，在进食和睡觉方面也会更加困难。

高压力水平的激素能压抑身体的免疫反应，导致更经常性地生病，甚至导致慢性疾病。在一些案例中，孩子长期处于高压力水平之下甚至会伤害到发育中的大脑，影响记忆和学习。就目前所知，儿童处于经常性的压力环境中会导致经常性感冒、学业失败、社会关系和交往不利，以及对不利状况的过度反应。这意味着什么呢？可以确认的是，这意味着他们不幸福，他们不喜欢童年。

为什么现在的父母总是如此紧张？我没法儿在这里提供一个简

单、唯一的解释。孩子给我们的生活带来了不可思议的快乐、无条件的爱和无数的馈赠，但是他们也带来了一些额外的压力。为人父母要求很高，这是一份全职工作，没有"假期"。当然，许多父母会说在大多数时间里他们得到的快乐远远超过他们所付出的，但是正是这些要求他们付出的部分，给他们带来了非常大的压力。尽管每个家庭都不一样，每对父母都有独特的压力来源，但是以下的这些压力来源看起来是普遍的。

- **自我怀疑。** 不管你在育儿方面的自我评价有多高，孩子们都会使你一遍又一遍地陷入自我怀疑。把一个孩子从出生养育到成人是一个巨大的、充满神秘色彩的、漫长的、不可预料的使命。我是一个足够好的妈妈吗？我能很好地履行妈妈的职责吗？我的孩子拒绝上床睡觉是我的错误吗？可以说，所有的父母都会犯错，我们不得不不断前行，但是怀疑自己是好父母会导致明显的情绪压力。

- **时间要求。** 人们喜欢打趣极度缺乏睡眠的"新手"父母，说他们的孩子如闹钟一样准时，每两小时醒一次。人们没有告诉"新手"父母的是"你们将从此再没有属于自己的时间"。不管你有没有工作，有没有爱人或者伴侣，有无其他一些可以提供帮助的途径，你都要花费大量时间来照顾和养育这个不断成长的孩子。做父母是一个每周七天每天二十四小时的终身工作（不信的话，你可以问问我的妈妈，她正准备至少再工作十五年）。在父母的必修清单上，那些像是洗衣、购物和其他迅速增加的不可计数的工作层出不穷而且迅速增加。许多父母都感

272

到每天时间不够用，而这会给他们带来巨大的压力。

· **不足的"自我"时间。**所有人都需要独处时间以放松自我。我喜欢跑步，也喜欢读书，还喜欢喝一杯热气腾腾的爱尔兰茶。不管你信不信，我每天连全部做完这些事情的时间都没有（除非我想在孩子们睡觉后熬一整夜，才能好好儿喝一杯茶，读读书）。好在我每天还是会确保能为自己做一些小事情。但是对于许多父母来说，不管是忙于送大一点儿的孩子去学校或是参加其他活动，还是照顾新生儿和学步儿，他们都感觉几乎完全丧失了属于自己的时间。

· **人际关系受损。**当孩子进入我们的生活以后，我们的友谊和婚姻关系往往就要屈居次要地位。许多父母既想满足孩子的需求，又想维系人际关系，他们在寻求二者的平衡中会感到心有余而力不足。反之，越是想要平衡每个人的需求，这种两全其美的压力就越会让父母感到孤立。

· **保护的冲动。**人们总是告诉"新手"父母不要想把孩子保护起来以避免接触到世界的黑暗面（最终决定如何做父母还是要靠自己的判断），但是父母的天然保护本能是很强大的。父母总是有一个长长的担心清单，从安全到行为问题到学业压力再到社会性发展（不用担心，大家都这样）。即使父母学会退一步海阔天空，让孩子在失败中学习，他们也不会停止对孩子的担心，这往往是引发父母过度焦虑的重要因素。

· **财务状况。**财务警报，养孩子是一笔很大的消费支出。它从买尿布开始，在便盆训练完成后，还远没有结束。衣服、托儿服务、食物、学校教育、各种各样的活动和不可计数的计划外之事，都会给家庭的经济带来巨大的压力。

丹尼尔开始治疗是因为他的人际关系出现问题。说实话，他看起来有点儿孤僻，他并不像别人以为的那么寂寞，相反，他似乎蛮喜欢这种独来独往的状态。他有一个丰富的内心世界，而且他喜欢每周两次的空手道课，但是他也确实显示出抑郁的症状。他的母亲倾向于将他的抑郁问题归咎于学校。她每周都会在上班路上给我打好几次电话，在电话里一次又一次地告诉我，学校没有满足儿子独特的学业需要。她认为她的儿子需要更好的教育，我同意她的观点，丹尼尔确实需要更好的教育，但这不是学校的问题，而是家庭的问题，是家庭带给丹尼尔过大的压力。

丹尼尔小的时候，父母离婚了，他的父亲迁到几个小时车程的地方居住。丹尼尔的哥哥进入了另一所学校，而且并不是很喜欢丹尼尔。他总是无视丹尼尔的存在。丹尼尔的妈妈工作压力很大，离家远，工作时间长。她总是很忙，很少休息，离婚后的经济紧张让她没有选择。然而她没有意识到她的高压力水平对孩子们产生了影响。她总是在东奔西走的路上，遇到事情马上就会咆哮起来，甚至常常对老师和我大喊大叫。她缺乏耐心，显而易见，难以解决的愤怒时时缠绕着她。而丹尼尔的问题也正是来源于此。

当我最终说服她尝试做家庭治疗时，我们取得了令人满意的结果。她根本不知道原来自己那么喜欢大喊大叫，她不知道她到处奔波的状态会引发丹尼尔的压力，她甚至根本没有意识到兄弟间的负面影响。她自己忙着为每个人做每件事儿，但是最终却导致她无法处理整个家庭面临的压力。

压力可能来得无声无息。它可能来自微不足道的事情，让你感觉在某种程度上是可控的，直到有一天它渗透一切，甚至完全让家庭功能发生了改变。孩子的幸福可能来自自己内心，但也一定会受到父母的影响。养育幸福的孩子不只是关照他们的需要和确保他们的情绪稳定，还要创造一个平稳、幸福和充满爱的家庭环境，而这些则来自父母。不管你的家庭状况如何，你自己的幸福是重要的，你的情绪健康至关重要。

减少父母压力的诀窍

认识信号

如果你不能认识到压力正在发生，那么你就无法打败压力。尽管压力的症状因人而异，但总是有迹可循的。

认知症状

- 记忆问题
- 不能集中注意力（或很难集中注意力）
- 胡思乱想
- 持续担心

身体症状

- 头痛、背痛和其他部位的疼痛
- 胃部不适

· 昏厥

· 胸痛或心动过速

· 经常生病

· 低（或没有）性欲

情绪症状

· 易怒

· 感觉不知所措

· 感觉孤独

· 紧张不安，很难放松

· 很难感到快乐

行为症状

· 睡眠障碍

· 吃得过多或过少

· 总是独处

· 拖延

知道你的局限

在养育孩子的过程中我一遍又一遍学到的一个道理就是，承担责任越多，意味着压力越大。我的丈夫经常出差，这就意味着在那段时间里，我要承担一切。做出选择和减轻责任可以帮助我将自己的压力控制在可承受的范围内，而这反过来又能帮助我的孩子在父亲不在的时候也能泰然处之。

记得我在第十一章中建议的压力触发因素跟踪器吗？你可以试着创造自己的版本来追踪你的压力源。了解产生压力的特定原因将帮助你决定如何做出改变以降低过高的压力水平。父母总是倾向于尽可能地满足孩子的需要，甚至不惜自己精疲力竭。尽管有时这是必要的，但不能成为常态。经常性地殚精竭虑将使你处于高压力风险之中，而这将会对你的身体健康产生持续的不良影响。

主动寻求帮助

　　没有哪个妈妈（或爸爸）是一座孤岛。我不知道什么时候育儿的趋势从"给我帮个忙"转变成"别担心，我自己来"，但我们早就应该重新回到守望相助的心态了。养育孩子并不是越独立越好，何况父母还要兼顾许多事情。在育儿中并不存在竞赛和评比，相反我们需要的是平衡和协调，而寻求帮助是让我们幸福养育孩子的重要一步。

　　如果你的亲人不知道你处于困境，他们就无法为你提供帮助。你不需要告诉全世界，但是你能选择告诉家庭成员或亲密朋友，他们能够帮到你。也许你妈妈的一个朋友知道附近就有个既便宜又得力的"保姆"，或者住在附近的家人可以来帮你洗衣服、洗碗，或者照顾蹒跚学步的孩子，这样你就能好好儿睡一觉休息一会儿。事实上，人们通常喜欢帮助别人，虽然次数有限。所以，你需要勇敢地打个求助电话。你值得这样做。

磨炼时间管理技巧

　　如果你每天都忙得团团转，那你的效率肯定不高。时间管理是养育孩子中的关键部分。它开始于饮食、睡眠规律的建立，直到入学、上课、运动和家庭作业的安排。你需要管理的是你要去做什么，要去哪里做，聚焦在时间管理上。

管理时间最好的起点是设定一些限制。你根本不可能参加每一个生日派对和每一场体育赛事。提前做好计划，不要让自己绷得太紧，你需要做出选择。这样你也能教会你的孩子建立优先等级。当你教会孩子如何设置限制和避免让自己绷得太紧时，你也就教会了他们如何避免过度的压力。

用于处理待办事项的应用程序和数字日历数不胜数，但是有时候，一个好用的老式日历或手写的待办事项列表可以帮你一切按部就班地进行。找到一个适合你的方式并将其付诸行动。早上，在孩子们起床前先查看一下你当日的计划；晚上，孩子们睡觉后再检查一下并且修订它。你要掌控你的待办事项清单，不要让它来控制你。

扩展你的支持网络

找到你的部落。

从你看到验孕棒上两条蓝线的那一刻起，你就应该开始意识到有一些妈妈朋友的重要性。妈妈朋友们知道你需要知道的一切，她们是过来人。她们知道给婴儿喂奶前应该先把尿，她们知道什么时候该对你笑，什么时候该给你一个拥抱，什么时候会让你气急败坏、大喊大叫。相信我，妈妈朋友和爸爸朋友超级重要，你绝对需要他们的帮忙。

即使你忙到没时间和朋友交往，你也至少需要一个经验丰富乐于助人的妈妈朋友，哪怕只是网友。当日子特别艰难时，有一个坚强的支持网络会帮你渡过难关。你会得到朋友们的关心，在最艰难的时刻不感到那么孤单。

不一定每个妈妈朋友都是你的及时雨，不过没关系，在一个群体里，我们都会带着不同的个性，把自己的所长贡献给朋友团体，有一些人的意见会被人即刻采纳，有一些则会慢慢让人受益。你需要找几个妈妈朋友或爸爸朋友，你可以和他们一起渡过难关，也可以和他们共同分享最好的时光。你会发现，你得到的支持越多，你就越有能力应对为人父母的压力。

睡觉优先

许多家长会夸口说，他们是按照科学规律来安排夜晚时间的（我也希望能这样）。创造一个完美的就寝时间可以确保你的孩子有足够的睡眠，这当然很重要，但是它看起来像在奥运会上夺冠那么困难。我们若希望有一个休息得足够好、健康幸福的孩子，就必须不断尝试各种办法让他们入睡，直到找到起作用的那一种。然后我们再熬夜躺在床上看电视剧。天哪，那是因为我们需要减压（好吧，或许只有我这样）。

虽然父母都会很认真地对待孩子的就寝时间，但他们却容易忘记自己的睡眠需求。充足的睡眠对父母来说至关重要。是的，婴儿会在半夜吵醒你，但没有规定说婴儿午睡时你必须擦地板。相反，你应该趁机午睡。是的，许多父母利用安静的夜晚时间来完成工作，发电子邮件或完成其他任务，但必须适可而止。

建立自己的规律睡眠习惯，并且坚决执行。你需要每晚睡七到八个小时，而且必须保证做到。如果你有一份日间工作，还有一名婴儿，再加上一个蹒跚学步的孩子，你该怎么办？请回到主动寻求帮助那一条，并训练自己早点儿入睡。你需要它，你也应该得到它。

设定现实的期望

你不可能每时每刻都满足每个人的需要，同时还能照顾好自己。别相信互联网上那些鸡汤文章，没有人的育儿生涯是十全十美的。你需要为自己和家人设定更加现实的期望，并设定合理的界限来帮助你达到这些期望。

有些父母真心喜欢做助教志愿者，在教室里帮助孩子；另一些父母喜欢给体育训练队当教练或记分员。有些父母没有时间从事志愿者工作，但是他们很高兴为聚会或比赛提供零食；还有一些父母什么都不做。你得学会分辨哪些是你的家庭力所能及的事情。当你做了太多并感到压力巨大时，你就不可能成为你想成为的那种父母。如果你想有一个健康幸福的家庭，你就得开始设定现实的期望并且坚定地去实现它。

优先考虑你和另一半的关系

到目前为止，我母亲给我的最好的育儿建议是在我走进婚礼大厅和丈夫结婚之前的三十秒。那时，我正全神贯注于不要从摇摇欲坠的木楼梯上掉下来。我觉得她简直太疯狂了，我的意思是，谁会在新娘说"我愿意"之前就提出为人父母的建议。尽管如此，这些年来，这个建议像一颗珍贵的宝石一直陪伴着我："更多地爱你的丈夫。你会有很多孩子，并且会超乎想象地爱他们，但是你得爱他更多，不管是好的时候还是不好的时候，他都需要你的爱。"做了妈妈才真的懂了这句话。

爱是无法量化的，我对肖恩的爱让我怦然心动，而我对孩子们的爱难以言表，这二者不尽相同，可是我一样爱他。

父母生涯有时阳光明媚，有时阴云密布，有时会给婚姻或伴侣关系带来重大压力，你有必要优先考虑和伴侣的关系。成人的关系需要培育，就像养儿育女一样。如果不给予关注，不积极营造，关系也会慢慢变淡。相互倾诉是非常重要的，它能让内心的情绪得以宣泄，这让夫妻更像夫妻。你必须为你所爱的人留出时间，这样才可能拥有一个幸福和谐的家庭。

团结一致

无论出于何种原因，无论你是已婚、离异，还是单亲父母，你都需要表现出一种平静和团结的态度，这将有助于家庭的温馨和谐。即使没和父母住在一起，只要能达成共识，团结合作，为一致的育儿目标而努力，也可以让孩子们感到平静、自信和快乐。

增加自我时间

父母需要时间来自我减压和恢复精力。如果我们每个星期都能去一次水疗中心那当然很棒，但对大多数父母来说，这是不可能的。有些父母觉得自我时间是一件大事儿，非常耗费精力，所以就不得不放弃享受"自我时间"的想法。确实，来一次足疗固然很好，单独去看一场电影也正好可以趁机睡一觉，但你并不一定非得需要一个保姆和足足三个小时才算是享受了自我时间。

即使在家里，你也可以充分享受自我时间。沉浸在一本引人入胜的书里可以彻底改变你看待生活的视角。趁孩子睡觉时泡个泡泡浴，再配上一杯葡萄酒，完全可以与你向往的水疗生活媲美。虽然我个人并不喜欢电视真人秀，但偶尔看一看还是会让你恢复活力，重新振作起来。你可以专心地为自己做些小事儿，这样你就可以放松下来，然后再精力充沛地回到父母角色中去。提示：请你把拖把放下一会儿，好吗？等孩子们再大一点儿，你再去打扫也来得及。

互助育儿

想要获得真正的自我时间，而你又确实没法儿摆脱家务，那么和你的一个妈妈朋友互助育儿将是一个很好的法子。我有一个理论：一个羊是赶，一群羊也是放，既然一个孩子都能制造混乱，那就干脆再多加几个孩子，就让这种混乱持续一两个小时，实际上也不会像想象中那么糟。绝大多数时候，这个理论是可行的。

你可以在邻居中找到认同这个想法的妈妈朋友，你可以和她一周一次互助育儿。我就和我自己的朋友尝试过这种方法，这会让你获得一种巨大的解脱（我是说，你有没有不带孩子自己去过塔吉特百货？那简直就是人间天堂！）。你只需要和你的妈妈朋友设定好轮换安排，这样你就能够和她互相帮助了。这会极大地降低你的压力水平并且向你的孩子展示出友谊的价值。

给手机放个假

说实话，我对技术又爱又恨。视频聊天软件让我的孩子和出门在外的肖恩保持联系。肖恩最近在澳大利亚，他通过视频聊天软件参加了儿子幼儿园的开放日活动。这简直是无价之宝。但是，我又讨厌社交媒体不断产生的噪音。别误会，脸书能让我和老朋友保持联系，而且我的朋友们还非常有趣。但有时我感觉这个世界太紧密了，人们对即时互动的依赖和期待会导致工作倦怠。还有图钉照片分享网站上贴出的那些完美育儿范例……我实在是不想吐槽那个了。

让自己从数字过载中解脱出来一会儿吧。当你过度依赖于手机和电脑与他人互动时，你很有可能冷落你身边的人。而你身边的这个人很小，他很想和你一起玩儿，很想被你拥抱。人与人的联系非常重要。现代通信技术确实至关重要，但是没有什么比面对面的互动、拥抱，以及牵着我们所爱之人的手更真实更紧密。你可以为自己的数字生活设定一个界限，从而给自己换来一段自由时光。避开手机和网络，你会发现这个转变会给你和你的家庭带来意想不到的变化。

最后我要说的是，幸福是我们自己的选择。生活总会困难重重，人世间不如意事十常八九，并不总会按照我们的意愿进行，但我们可以选择一种更快乐的方式。当我们选择一种快乐的态度去养育孩子时，我们要坚信至暗时刻也会有光明随行，而我们的快乐育儿态度，会赋予孩子选择积极情绪的能力。当我们允许他们做自己，追逐自己的梦想，并教会他们如何应对道路上的坎坷时，我们就为他们度过充满希望、随机应变、幸福快乐的一生做好了准备。

他们说童年很短，但困惑的父母却会度日如年。我说，珍惜那些微不足道的育儿时刻，拍下那些幸福的画面，虽然无人观看也要尽情表演。你不会后悔的，我保证。我只能帮你到这里了。